Seguridad informática

Seguridad informática

Jesús Costas Santos

Ingeniero de Telecomunicación por la Universidad de Sevilla
Investigador del CSIC en el Centro Nacional de Microelectrónica
Profesor de informática del IES Camas (Sevilla)

Ra-Ma®

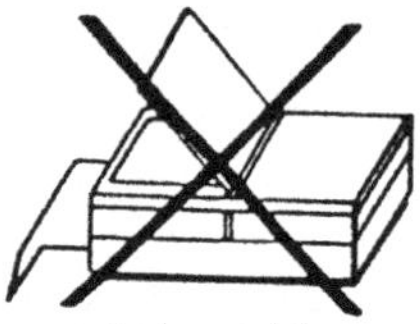

La ley prohíbe
fotocopiar este libro

Seguridad Informática

Editado por:
RA-MA Editorial
Calle Jarama, 3A, Polígono Industrial Igarsa
28860 PARACUELLOS DE JARAMA, Madrid
Teléfono: 91 658 42 80
Fax: 91 662 81 39
Correo electrónico: editorial@ra-ma.com
Internet: **www.ra-ma.es y www.ra-ma.com**
ISBN: 978-84-7897-979-0
Depósito Legal: M-26196-2010
Maquetación: Antonio García Tomé
Diseño de Portada: Antonio García Tomé
Impresión: Closas-Orcoyen, S. L.
Impreso en España

A mis padres, mi familia, amigos,

a los que confían que siempre

podemos superarnos,

sobre todo a ti Patricia.

Índice

AGRADECIMIENTOS

Este libro nunca se hubiera hecho realidad sin el apoyo, consejos y contribuciones realizadas por numerosas personas.

En primer lugar a todas las personas que desde pequeño me inculcaron el valor de aprender y de la constancia en el trabajo, sobre todo mis padres, hermanos y profesores.

En segundo lugar, tenemos que dar las gracias con especial atención a José Luis Raya, por sus consejos y correcciones realizadas sobre el estilo y los contenidos. Como especialista en redes de comunicaciones y sistemas operativos y con una abultada experiencia en la publicación de manuales y documentación didáctica, su apoyo ha resultado vital en la consecución de esta obra.

Gracias a todo el equipo de la editorial Ra-Ma (**http://www.ra-ma.es**) por el trabajo realizado y por la oportunidad que nos ha brindado para hacer realidad este manual.

Por último, nos gustaría agradecer al lector la confianza depositada en nosotros. Esperamos que los conocimientos adquiridos le sirvan para su desarrollo profesional c intelectual y abran puertas hacia nuevos aprendizajes.

Introducción

Este libro surge con el propósito de acercar al lector a los aspectos más importantes que encierra la seguridad informática, ante la creciente inseguridad en los sistemas informáticos, donde cada vez contenemos más valiosa información. Con la reforma curricular de formación profesional, enmarcada en la Ley Orgánica de Educación (LOE) los ciclos formativos de la familia profesional de Informática y Comunicaciones poseen como contenido transversal la materia de Seguridad Informática, debido a la creciente demanda de personal cualificado para su administración. Con tal propósito, puede servir de apoyo también para estudiantes del las Ingenierías Técnicas.

Hoy en día, existen muchos usuarios y profesionales de la Informática que discuten las ventajas e inconvenientes de la utilización de un determinado sistema operativo, antivirus o cortafuegos, como solución única a los problemas de la seguridad informática, no entendiendo que en esta materia ha de trabajarse en todos los frentes posibles. Aquí no hay preferencia por ningún sistema en particular, ni se intenta compararlos para descubrir cuál es el mejor de todos, sino enriquecer los contenidos al exponer sus principales características, manejo y métodos para conseguir la máxima fiabilidad de los sistemas.

A lo largo del libro se analiza la seguridad informática desde distintas perspectivas, para completar una visión global de la materia, y no dejar ningún aspecto vulnerable:

- ✓ Principios básicos y problemática de la Seguridad Informática. Capítulo 1.
- ✓ Seguridad física y ambiental en los sistemas informáticos. Capítulo 2.
- ✓ Seguridad lógica. Gestión de usuarios, privilegios, contraseñas, y actualizaciones de sistemas y software. Capítulo 3.
- ✓ Software de seguridad, principalmente antimalware: antivirus y antiespías. Capítulo 4.

- ✓ Gestión de almacenamiento de la información, copias de seguridad y restauraciones. Capítulo 5.
- ✓ Seguridad en redes y comunicaciones, con especial atención a inalámbricas. Capítulo 6.
- ✓ Encriptación de la información. Capítulo 7.
- ✓ Normativa legal en materia de seguridad informática. LOPD y LSSICE. Capítulo 8.
- ✓ Auditoría de sistemas de información disponiendo una metodología para analizar, documentar y mejorar las políticas de seguridad, desde todas las perspectivas analizadas en el presente libro. Capítulo 9.

Uno de los objetivos de este libro es conocer las innovaciones en ataques y vulnerabilidades más actuales en materia informática, haciéndonos más prevenidos y realizar acciones totalmente seguras.

Para el seguimiento de este libro y principalmente de sus actividades y prácticas, se recomienda realizarlas en un blog, que permita el trabajo colaborativo entre autor, docentes y alumnos.

Para todo aquél que use este libro en el entorno de la enseñanza (Ciclos Formativos o Universidad), se ofrecen varias posibilidades: utilizar los conocimientos aquí expuestos para inculcar aspectos genéricos de la seguridad informática o simplemente centrarse en preparar a fondo alguno de ellos. La extensión de los contenidos aquí incluidos hace imposible su desarrollo completo en la mayoría de los casos.

Ra-Ma pone a disposición de los profesores una guía didáctica para el desarrollo del tema que incluye las soluciones a los ejercicios expuestos en el texto. Puede solicitarla a editorial@ra-ma.com, acreditándose como docente y siempre que el libro sea utilizado como texto base para impartir las clases.

1 Seguridad informática

Objetivos del capítulo

- ✓ Analizar la problemática general de la seguridad informática.
- ✓ Ver desde qué puntos de vista se puede analizar.
- ✓ Identificar las principales vulnerabilidades y ataques a los sistemas.

Supongamos que un día su unidad de DVD empieza a abrirse y cerrarse por sí sola, sin que haya ninguna explicación de ningún otro tipo; supongamos que en la carpeta donde usted archivó unas fotos de sus amigos aparecen, inexplicablemente, fotos de delfines; o supongamos que usted recibe la visita de un vecino, quien lo acusa de haberlo atacado informáticamente, es decir, el vecino recibió un ataque en su ordenador, y al tratar de averiguar quién lo hizo, encontró los datos del ordenador de usted.

Prevenir, corregir y entender estas situaciones son las que dan sentido al estudio de la seguridad informática.

Con la proliferación de la informática en todos los ámbitos de la vida, el número de usuarios y profesionales de informática ha crecido exponencialmente en los últimos años, del mismo modo que las necesidades de comunicación y compartir recursos en red. El desarrollo de las telecomunicaciones en la década de los noventa posibilitó la interconexión de las distintas redes existentes mediante la red global Internet.

Del mismo modo que surgen nuevas posibilidades y ventajas derivadas de la comunicación entre distintos usuarios remotos, en los últimos años han crecido el número de ataques y vulnerabilidades de los sistemas informáticos.

1.1 PRINCIPIOS DE LA SEGURIDAD INFORMÁTICA

La seguridad informática, en general, está teniendo una importancia cada vez mayor. Los usuarios, particulares y trabajadores de las empresas, deben ser conscientes de que el funcionamiento correcto de sus sistemas depende en gran medida, de protegerlos como el mayor de sus tesoros.

"

La seguridad informática consiste en asegurar que los recursos del sistema de información (material informático o programas) de una organización sean utilizados de la manera que se decidió y que el acceso a la información allí contenida, así como su modificación, sólo sea posible a las personas que se encuentren acreditadas y dentro de los límites de su autorización.

ACTIVIDADES →

La seguridad informática lleva asociada un **conjunto de términos**, en muchos casos nuevos términos en inglés, que hacen difícil la tarea de estar al día en materia de seguridad.

Te proponemos que leas un **artículo de actualidad** en el cual deberás identificar palabras relacionadas con conceptos de seguridad informática que no conozcas y realizar un glosario de términos con sus definiciones.

A lo largo del curso te proponemos realizar tus actividades en un **blog** personal, donde puedas compartir tu trabajo con otros usuarios de la red.

Es impresionante la cantidad de sitios web que visitamos, y de empresas/ organizaciones que ofrecen vía web los servicios que demandamos, ya sea como forma de vida, por trabajo, ocio, hobbies, interés particular, etc.

Cada día nos suscribimos a nuevos foros, compramos billetes de avión, tren, reservamos hoteles, accedemos a nuestra banca online, facturas de telefonía, luz, gas,... participamos en redes sociales (como Facebook, Twitter, Tuenti, Linkedin,...), gestionamos diferentes cuentas de correo (hotmail, gmail, yahoo,...), compramos y vendemos (Ebay, Paypal), foros varios dependiendo de si nos gustan los coches, los libros, el cine, la música,... entre otros.

Para cada sitio web, es necesario introducir unas credenciales: en algunos casos podremos elegir el nombre de usuario (siempre y cuando no exista, o tendremos que derivar uno diferente al que generalmente usamos) y una contraseña (que en algunos casos deberá seguir un formato dado por la organización para satisfacer ciertos requisitos de complejidad). A no ser que seamos felices viviendo en el campo, ajenos a una conexión a Internet, estamos obligados a tener un montón de identidades digitales o una única con un nombre de usuario lo suficientemente raro y una misma contraseña.

¿Problemas? Pues ambas posibilidades tienen sus ventajas e inconvenientes. Tener diferentes identidades (pares usuario/contraseña) permite ser uno diferente en cada sitio, de manera que no se pueda concluir mediante herramientas online o mediante análisis las costumbres (a veces contradictorias) de un mismo individuo. Así, si un sitio de los que somos usuarios se ve comprometido (o picamos ante un ataque de *phishing*) y nuestras credenciales son expuestas, las que usamos para el resto de los servicios seguirán seguras. Mucha gente, incluso importante en el mundo de la seguridad, utiliza mecanismos de generación de credenciales basados en el nombre del sitio web o servicio que visitan. Una vez comprometido el algoritmo pensado, todas las credenciales de ese individuo, quedan expuestas.

Por lo mismo y dada la cantidad de servicios online que consumimos, lo más normal es que olvidemos aquellos que no utilizamos tan a menudo y haya que usar las opciones *Lost Password*.

En el caso de usar el mismo usuario/contraseña (siempre que se pueda) para todos los servicios, si alguien averigua nuestras credenciales (por *sniffing*, *shoulder surfing*, compromiso de uno de los *websites*, *ingeniería social*, *phishing*, etc...) podrá probar en otros sitios que exista el mismo usuario o de otros en los que conozca nuestros hábitos.

Para evitar este tipo de disyuntivas, las empresas se gastan un dineral anualmente en lo que se llaman proyectos de gestión de identidades, *single sign-on* y *provisioning*. Para el usuario de a pie, hay en el mercado variedad de productos, comerciales y libres (como por ejemplo KeepassX), que permiten mantener en un contenedor cifrado las diferentes identidades. Para aplicaciones web, incluso los navegadores proveen de servicios propios de auto-rellenado de usuario y contraseña.

En general, estos programas de protección de contraseñas, así como los de gestión de identidades, requieren una autenticación basada en una contraseña maestra. Lo cual nos lleva a otro problema más, si esa contraseña maestra cae, todas las demás quedan expuestas.

Este problema se solucionaría utilizando algún tipo de autenticación fuerte como contraseña maestra, basada en al menos dos factores de estos tres: algo que se tiene, algo que se sabe, algo que se es.

Si no es posible la autenticación fuerte, al menos:

Aseguraos de que cuando insertéis la contraseña maestra de vuestro gestor de credenciales no haya nadie mirando. Si tapáis el PIN cuando metéis la tarjeta en el cajero automático, ¿por qué no tener ciertas precauciones en el teclado del PC?

Como extensión al punto anterior, que no nos miren ni desde fuera ni desde dentro del PC: mantenedlo libre de *troyanos* y *keyloggers*. Política de parches y antivirus actualizados, *firewalls* personales, instalar sólo aquello que estéis seguros que no contiene *spyware/malware* y cuidado con los *rogue antivirus*.

Cerrad la sesión cuando terminéis la actividad para la que os hayáis tenido que autenticar (sobre todo para entornos de banca online).

Cuidado con los enlaces sobre los que pincháis (los que veáis en foros, los que os lleguen por correo), puede llevaros a no dar vuestra contraseña, pero sí a ceder vuestra sesión por robo de *cookies*.

Cuidado con las preguntas secretas para recuperar contraseñas. Extremad precauciones con respuestas demasiado triviales que puedan comprometer vuestra información de una forma trivial por quien os conoce.

Y sobre todo y más importante, cuidado con los ataques basados en ingeniería social. Cuando hay que dar una contraseña a alguien, no fiarse siempre es la opción correcta.

1.2 FIABILIDAD, CONFIDENCIALIDAD, INTEGRIDAD Y DISPONIBILIDAD

Si bien es cierto que todos los componentes de un sistema informático están expuestos a un ataque (hardware, software y datos) son los datos y la información los sujetos principales de protección de las técnicas de seguridad. La seguridad informática se dedica principalmente a proteger la confidencialidad, la integridad y disponibilidad de la información. Por tanto, actualmente se considera generalmente aceptado que la seguridad de los datos y la información comprende tres aspectos fundamentales:

- ✓ Confidencialidad, es decir, no desvelar datos a usuarios no autorizados; que comprende también la privacidad (la protección de datos personales).
- ✓ Integridad, permite asegurar que los datos no se han falseado.
- ✓ Disponibilidad, esto es, que la información se encuentre accesible en todo momento a los distintos usuarios autorizados.

Hay que tener en cuenta que tanto las amenazas como los mecanismos para contrarrestarlas, suelen afectar a estas tres características de forma conjunta. Así por ejemplo, fallos del sistema que hacen que la información no sea accesible pueden llevar consigo una pérdida de integridad.

Generalmente **tienen que existir los tres aspectos descritos para que haya seguridad.**

Dependiendo del entorno en que un sistema trabaje, a sus responsables les interesará dar prioridad a un cierto aspecto de la seguridad. Por ejemplo, en un sistema militar se antepondrá la confidencialidad de los datos almacenados o transmitidos sobre su disponibilidad: seguramente, es preferible que alguien borre información confidencial (que se podría recuperar después desde una cinta de backup) a que ese mismo atacante pueda leerla, o a que esa información esté disponible en un instante dado para los usuarios autorizados.

En cambio, en un servidor NFS de archivos en red, de un departamento se premiará la disponibilidad frente a la confidencialidad: importa poco que un atacante lea una unidad, pero que esa misma unidad no sea leída por usuarios autorizados va a suponer una pérdida de tiempo y dinero.

En un entorno bancario, la faceta que más ha de preocupar a los responsables del sistema es la integridad de los datos, frente a su disponibilidad o su confidencialidad: es menos grave que un usuario consiga leer el saldo de otro que el hecho de que ese usuario pueda modificarlo.

Los conceptos confidencialidad, integridad o disponibilidad son muy comunes en el ámbito de la seguridad y aparecen como fundamentales en toda arquitectura de seguridad de la información, ya sea en el ámbito de la protección de datos, normativa vigente relacionada con la protección de datos de carácter personal, como de códigos de buenas prácticas o recomendaciones sobre gestión de la seguridad de la información y de prestigiosas certificaciones internacionales, éstas últimas, relacionadas con la auditoría de los sistemas de información.

Junto a estos tres conceptos fundamentales se suelen estudiar conjuntamente la autenticación y el no repudio en los sistemas de información. Por lo que suele referirse al grupo de estas características como CIDAN, nombre sacado de la inicial de cada característica.

- ✓ Confidencialidad.
- ✓ Integridad.
- ✓ Disponibilidad.
- ✓ Autenticación.
- ✓ No repudio.

Por estos motivos es importante tener una idea clara de estos conceptos. Veamos con algo más de profundidad los mismos.

1.2.1 CONFIDENCIALIDAD

Se trata de la cualidad que debe poseer un documento o archivo para que este sólo se entienda de manera comprensible o sea leído por la persona o sistema que esté autorizado.

De esta manera se dice que un documento (o archivo o mensaje) es confidencial si y sólo si puede ser comprendido por la persona o entidad a quien va dirigida o esté **autorizada**. En el caso de un mensaje esto evita que exista una intercepción de éste y que pueda ser leído por una persona no autorizada.

Por ejemplo, si Andrea quiere enviar un mensaje a Bruno y que sólo pueda leerlo Bruno, Andrea cifra el mensaje con una clave (simétrica o asimétrica), de tal modo que sólo Bruno sepa la manera de descifrarlo, así ambos usuarios están seguros que sólo ellos van a poder leer el mensaje.

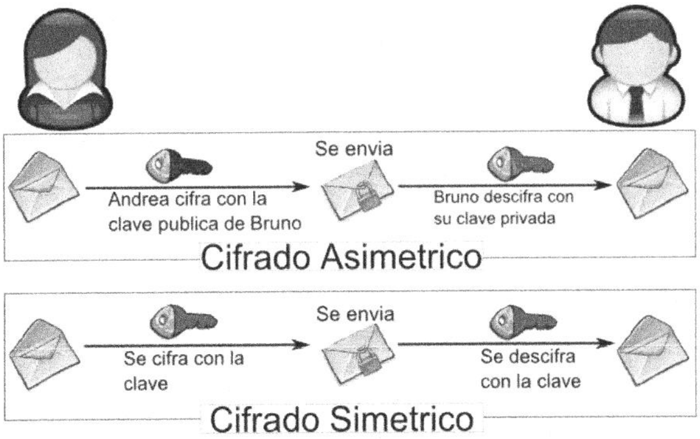

ACTIVIDADES

Analiza el significado de clave simétrica y asimétrica leyendo el siguiente texto. ¿Podrías poner algunos ejemplos donde se dispongan típicamente claves simétricas y asimétricas? ¿Cómo es que siendo una clave pública en el cifrado asimétrico es más seguro que el cifrado simétrico?

- Cifrado simétrico: es la técnica más antigua, la más extendida y mejor conocida. Una clave secreta, que puede ser un número, una palabra o simplemente una cadena de letras, aleatorias, se aplica al texto de un mensaje para cambiar el contenido en un modo determinado. Esto podría ser tan sencillo como desplazando cada letra a un número de posiciones en el alfabeto. Siempre que el remitente y destinatario conozcan la clave secreta, puede cifrar y descifrar todos los mensajes que utilizan esta clave.
- Cifrado asimétrico: el problema con las claves secretas intercambiadas a través de Internet o de una gran red es que caigan en manos equivocadas. Cualquiera que conozca la clave secreta puede descifrar el mensaje. Una respuesta a este problema es el cifrado asimétrico, en la que hay dos claves relacionadas, un par de claves. Una clave pública queda disponible libremente para cualquier usuario que desee enviar un mensaje. Una segunda clave privada se mantiene en secreto, de forma que sólo pueda conocerla el destinatario.

Cualquier mensaje (texto, archivos binarios o documentos) que están cifrados mediante clave pública sólo puede descifrarse aplicando el mismo algoritmo, pero mediante la clave privada correspondiente, por lo que aunque algún usuario de la red intercepte y disponga de la clave pública y del mensaje, también deberá disponer de la clave privada que sólo dispone el destinatario. Del mismo modo, cualquier mensaje que se cifra mediante la clave privada sólo puede descifrarse mediante la clave pública correspondiente.

En este caso, cada usuario ha de poseer una pareja de claves:

- Clave privada: será custodiada por su propietario y no se dará a conocer a ningún otro.
- Clave pública: puede ser conocida por todos los usuarios.

Esta pareja de claves es complementaria: lo que cifra una SÓLO lo puede descifrar la otra y viceversa.

Estas parejas de claves se obtienen mediante métodos matemáticos complejos.

Un problema con el cifrado asimétrico, sin embargo, es que es más lento que el cifrado simétrico. Requiere mucha más capacidad de procesamiento para cifrar y descifrar el contenido del mensaje, pero este coste de tiempo hace del mismo un mecanismo más seguro.

1.2.2 INTEGRIDAD

La integridad es la cualidad que posee un documento o archivo que no ha sido alterado y que además permite comprobar que no se ha producido manipulación alguna en el documento original. Aplicado a las bases de datos sería la correspondencia entre los datos y los hechos que refleja.

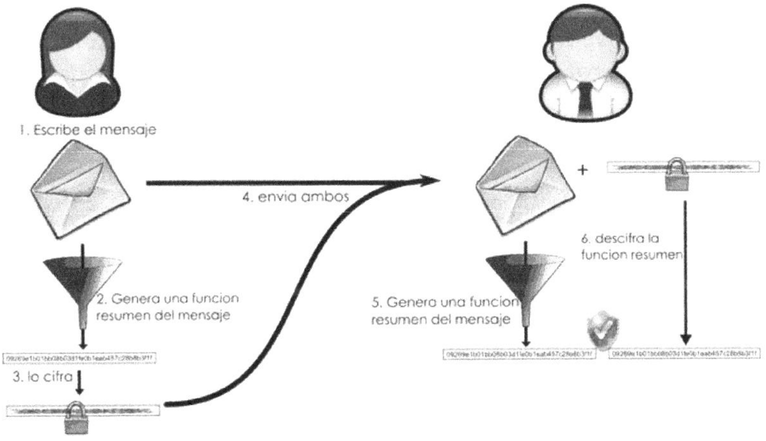

En el caso del envío de información y su no modificación durante su viaje a través de una red, teniendo como muestra el ejemplo anterior, Andrea envía tanto el propio mensaje como un resumen cifrado del mismo. Finalmente, Bruno en el lado del receptor, compara el mensaje como resumen (aplicando la misma función que Andrea) y el resumen cifrado enviado. Si en el transcurso de la comunicación el mensaje ha sido alterado por fallos en el canal de comunicaciones o por algún usuario intruso, la comparación será errónea, y si ésta da como resultado "iguales", quiere decir que no ha existido manipulación del mensaje.

1.2.3 DISPONIBILIDAD

Se trata de la capacidad de un servicio, de unos datos o de un sistema, a ser accesible y utilizable por los usuarios (o procesos) autorizados cuando éstos lo requieran.

También se refiere a la seguridad que la información pueda ser recuperada en el momento que se necesite, esto es, evitar su pérdida o bloqueo, bien sea por ataque doloso, mala operación accidental o situaciones fortuitas o de fuerza mayor.

ACTIVIDADES →

» Lee el siguiente artículo sobre alta disponibilidad y explica si el equipo que dispones la posee. Indica algunas medidas para aumentar la disponibilidad ante por ejemplo cortes de suministro de luz, o el error de lectura/escritura en una unidad de disco duro. ¿Qué es un sistema o centro de respaldo? ¿Los sistemas de alta disponibilidad cuántas horas y días a la semana deben funcionar?

Nos referimos a alta disponibilidad (en inglés High Availability) a los sistemas que nos permiten mantener nuestros sistemas funcionando las 24 horas del día, manteniéndolos a salvo de interrupciones.

Debemos diferenciar dos tipos de interrupciones en nuestros sistemas.

- Las interrupciones previstas: las que se realizan cuando paralizamos el sistema para realizar cambios o mejoras en nuestro hardware o software.
- Las interrupciones imprevistas: las que suceden por acontecimientos imprevistos (como un apagón, un error del hardware o del software, problemas de seguridad, un desastre natural, virus, accidentes, caídas involuntarias del sistema).

Y distintos niveles de disponibilidad del sistema:

- Los sistemas de la disponibilidad base: el sistema está listo para el uso inmediato, pero experimentará tanto interrupciones planificadas como no planificadas.
- Los sistemas de disponibilidad alta: incluyen tecnologías para reducir drásticamente el número y la duración de interrupciones imprevistas. Todavía existen interrupciones planificadas, pero los servidores incluyen herramientas que reducen su impacto.
- Entornos de operaciones continuas: utilizan tecnologías especiales para asegurarse de que no hay interrupciones planificadas para backups, actualizaciones, u otras tareas de mantenimiento que obliguen a no tener el sistema disponible.
- Los sistemas de la disponibilidad continua: van un paso más lejos para asegurarse de que no habrán interrupciones previstas o imprevistas que interrumpan los sistemas. Para alcanzar este nivel de la disponibilidad, las compañías deben utilizar servidores duales o los clusters de servidores redundantes donde un servidor asume el control automáticamente si el otro servidor cae.
- Los sistemas de tolerancia al desastre: requieren de sistemas alejados entre sí para asumir el control en cuanto pueda producirse una interrupción provocada por un desastre.

Normalmente, un sistema de alta disponibilidad funciona sobre un sistema de producción y otro sistema de respaldo (o varios, en caso de que queramos un sistema de alta disponibilidad con tolerancia al desastre), donde en caso de alguna incidencia podremos recuperar la información del sistema de producción.

Para que este sistema de respaldo sea realmente efectivo, no tan sólo debe recuperar la información (base de datos) del sistema de producción, sino que debe reflejar cualquier cambio realizado en el mismo (usuarios, autorizaciones, programas, configuraciones, colas de trabajo, etc.) y sobre todo que estos cambios se reflejen en el sistema de respaldo de la forma más automatizada posible.

Las herramientas de alta disponibilidad deben permitirnos por lo tanto disponer de nuestros equipos funcionando **24 horas al día, 7 días a la semana**, ofreciéndonos la seguridad de que bajo cualquier supuesto, nuestro sistema de producción estará disponible casi inmediatamente.

Dada la creciente dependencia en los sistemas, la globalización de los mercados, el comercio electrónico y la alta competencia entre las compañías, los costes asociados a los tiempos de parada (sea cual sea el tipo) son cada vez mayores y las empresas empiezan a tenerlos en consideración.

En el actual entorno de negocios, la alta disponibilidad de nuestros sistemas se ha convertido en una necesidad y no en un lujo.

1.2.4 AUTENTICACIÓN

La autenticación es la situación en la cual se puede verificar que un documento ha sido elaborado (o pertenece) a quien el documento dice.

Aplicado a la verificación de la identidad de un usuario, la autenticación se produce cuando el usuario puede aportar algún modo de que se pueda verificar que dicha persona es quien dice ser, a partir de ese momento se considera un usuario autorizado. La autenticación en los sistemas informáticos habitualmente se realiza mediante un usuario o login y una contraseña o password.

Otra manera de definirlo sería la capacidad de determinar si una determinada lista de personas ha establecido su reconocimiento sobre el contenido de un mensaje.

1.2.5 NO REPUDIO

El no repudio o irrenunciabilidad es un servicio de seguridad estrechamente relacionado con la autenticación y que permite **probar la participación de las partes en una comunicación**. La diferencia esencial con la autenticación es que la primera se produce entre las partes que establecen la comunicación y el servicio de **no repudio se produce frente a un tercero**, de este modo, existirán dos posibilidades:

- **No repudio en origen**: el emisor no puede negar el envío porque el destinatario tiene pruebas del mismo, el receptor recibe una prueba infalsificable del origen del envío, lo cual evita que el emisor, de negar tal envío, tenga éxito ante el juicio de terceros. En este caso la prueba la crea el propio emisor y la recibe el destinatario.

- **No repudio en destino**: el receptor no puede negar que recibió el mensaje porque el emisor tiene pruebas de la recepción. Este servicio proporciona al emisor la prueba de que el destinatario legítimo de un envío, realmente lo recibió, evitando que el receptor lo niegue posteriormente. En este caso la prueba irrefutable la crea el receptor y la recibe el emisor.

Si la autenticidad prueba quién es el autor de un documento y cuál es su destinatario, el "no repudio" prueba que el autor envió la comunicación (no repudio en origen) y que el destinatario la recibió (no repudio en destino).

Relación de los servicios de seguridad:

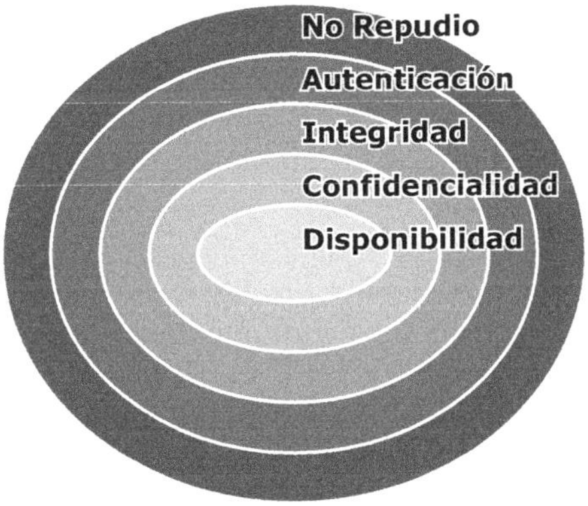

En la imagen superior se ilustra cómo se relacionan los diferentes servicios de seguridad, unos dependen de otros jerárquicamente, así si no existe el de más abajo, no puede aplicarse el superior. De esta manera, la **disponibilidad** se convierte en el primer requisito de seguridad, cuando existe ésta, se puede disponer de **confidencialidad**, que es imprescindible para conseguir **integridad**, para poder obtener **autenticación** es imprescindible la integridad y por último el **no repudio** sólo se obtiene si se produce previamente la autenticación.

1.3 ELEMENTOS VULNERABLES EN EL SISTEMA INFORMÁTICO: HARDWARE, SOFTWARE Y DATOS

Seguridad es un concepto asociado a la certeza, falta de riesgo o contingencia. Conviene aclarar que no siendo posible la certeza absoluta, el elemento de riesgo está siempre presente, independientemente de las medidas que tomemos, por lo que debemos hablar de **niveles de seguridad**. La seguridad absoluta no es posible y en adelante entenderemos que la seguridad informática es un conjunto de técnicas encaminadas a obtener **altos niveles de seguridad** en los sistemas informáticos. Además, la seguridad informática precisa de un nivel organizativo, por lo que diremos que:

Sistema de Seguridad = TECNOLOGÍA + ORGANIZACIÓN

La seguridad es un problema integral: los problemas de seguridad informática no pueden ser tratados aisladamente ya que la seguridad de todo el sistema es igual a la de su punto más débil. Al asegurar nuestra casa no sacamos nada con ponerle una puerta blindada con sofisticada cerradura si dejamos las ventanas sin protección. De manera similar el uso de sofisticados algoritmos y métodos criptográficos es inútil si no garantizamos la confidencialidad de las estaciones de trabajo.

Por otra parte, existe algo que los hackers llaman Ingenieria Social que consiste simplemente en conseguir mediante engaño que los usuarios autorizados revelen sus passwords. Por lo tanto, la educación de los usuarios es fundamental para que la tecnología de seguridad pueda funcionar. Es evidente que por mucha tecnología de seguridad que se implante en una organización, si no existe una clara disposición por parte de los directores de la empresa y una cultura a nivel de usuarios, no se conseguirán los objetivos perseguidos con la implantación de un sistema de seguridad.

Los tres elementos principales a proteger en cualquier sistema informático son el *software,* el *hardware* y los datos. Por **hardware** entendemos el conjunto formado por todos los elementos físicos de un sistema informático, como CPU, terminales, cableado, medios de almacenamiento secundario (cintas, CD-ROM, disquetes...) o tarjetas de red. Por **software** entendemos el conjunto de programas lógicos que hacen funcionar al *hardware,* tanto sistemas operativos como aplicaciones, y por **datos** el conjunto de información lógica que manejan el *software* y el *hardware*, como por ejemplo paquetes que circulan por un cable de red o entradas de una base de datos. Aunque generalmente en las auditorías de seguridad se habla de un cuarto elemento a proteger, los **fungibles** (elementos que se gastan o desgastan con el uso continuo, como papel de impresora, *tóners,* cintas magnéticas,...), aquí no consideraremos la seguridad de estos elementos por ser externos a la red.

Habitualmente **los datos constituyen el principal elemento** de los tres **a proteger**, ya que es el más amenazado y seguramente el más difícil de recuperar: con toda seguridad un servidor estará ubicado en un lugar de acceso físico restringido, o al menos controlado, y además en caso de pérdida de una aplicación (o un programa de sistema, o el propio núcleo del sistema operativo) este *software* se puede restaurar sin problemas desde su medio original (por ejemplo, el CD-ROM con el sistema operativo que se utilizó para su instalación). Sin embargo, en caso de pérdida de una base de datos o de un proyecto de un usuario, no tenemos un medio "original" desde el que restaurar: hemos de pasar obligatoriamente por un sistema de copias de seguridad, y a menos que la política de copias sea muy estricta, es difícil devolver los datos al estado en que se encontraban antes de la pérdida.

También debemos ser conscientes de que las medidas de seguridad que deberán establecerse comprenden el hardware y el sistema operativo, las comunicaciones (por ejemplo, medios de transmisión), medidas de seguridad físicas (ubicación de los equipos, suministro eléctrico, etc.), los controles organizativos (políticas de seguridad, niveles de acceso, contraseñas, normas, procedimientos, etc.) y legales (por ejemplo, la Ley Orgánica de Protección de Datos, LOPD).

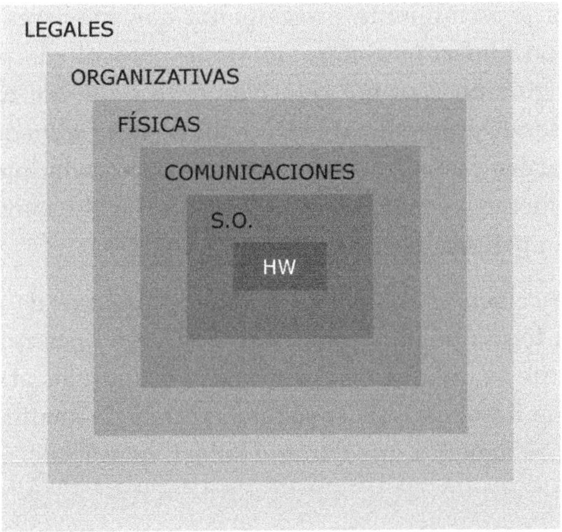

1.4 AMENAZAS

Las amenazas a un sistema informático pueden provenir desde un hacker remoto que entra en nuestro sistema con un troyano, pasando por un programa descargado gratuito que nos ayuda a gestionar nuestras fotos, pero que supone una puerta trasera a nuestro sistema permitiendo la entrada a espias, hasta la entrada no deseada al sistema mediante una contraseña de bajo nivel de seguridad. Se pueden clasificar por tanto en amenzas provocadas por:

- ✓ Personas.
- ✓ Amenazas lógicas.
- ✓ Amenazas físicas.

A continuación se presenta una relación de los **elementos que potencialmente pueden amenazar a nuestro sistema.**

- **Personas.** No podernos engañarnos: la mayoría de ataques a nuestro sistema van a provenir en última instancia de personas que, intencionada o inintencionadamente, pueden causarnos enormes pérdidas. Generalmente se tratará de piratas que intentan conseguir el máximo nivel de privilegio posible aprovechando alguno (o algunos) de los riesgos lógicos de los que hablaremos a continuación, especialmente agujeros del *software*. Pero con demasiada frecuencia se suele olvidar que los piratas "clásicos" no son los únicos que amenazan nuestros equipos: es especialmente preocupante que mientras que hoy en día cualquier administrador mínimamente preocupado por la seguridad va a conseguir un sistema relativamente fiable de una forma lógica (permaneciendo atento a vulnerabilidades de su *software*, restringiendo servicios, utilizando cifrado de datos...), pocos administradores tienen en cuenta factores como la ingeniería social o el basurero, a la hora de diseñar una política de seguridad.

  Aquí se describen brevemente los diferentes tipos de personas que de una u otra forma pueden constituir un riesgo para nuestros sistemas; generalmente se dividen en dos grandes grupos: los atacantes **pasivos** aquellos que fisgonean por el sistema pero no lo modifican o destruyen, y los **activos** aquellos que dañan el objetivo atacado, o lo modifican en su favor.

- ***Personal.*** Se pasa por alto el hecho de que casi cualquier persona de la organización, incluso el personal ajeno a la infraestructura informática (secretariado, personal de seguridad, personal de limpieza y mantenimiento...) puede comprometer la seguridad de los equipos. Aunque los ataques pueden ser intencionados (en cuyo caso sus efectos son extremadamente dañinos, recordemos que nadie mejor que el propio personal de la organización conoce mejor los sistemas... y sus debilidades), lo normal es que más que de ataques se trate de **accidentes** causados por un error o por desconocimiento de las normas básicas de seguridad.

- ***Ex-empleados.*** Generalmente, se trata de personas descontentas con la organización que pueden aprovechar debilidades de un sistema que conocen perfectamente, pueden insertar troyanos, bombas lógicas, virus... o simplemente conectarse al sistema como si aún trabajaran para la organización (muchas veces se mantienen las cuentas abiertas incluso meses después de abandonar la universidad o empresa), conseguir el privilegio necesario, y dañarlo de la forma que deseen, incluso chantajeando a sus ex-compañeros o ex-jefes.

- ***Curiosos.*** Junto con los *crackers,* los curiosos son los atacantes más habituales de sistemas. En la mayoría de ocasiones esto se hace simplemente para leer el correo de un amigo, enterarse de cuánto cobra un compañero, copiar un trabajo o comprobar que es posible romper la seguridad de un sistema concreto. Aunque en la mayoría de situaciones se trata de ataques no destructivos (a excepción del borrado de huellas para evitar la detección), parece claro que no benefician en absoluto al entorno de fiabilidad que podamos generar en un determinado sistema.

- ***Hacker***. Es un término general que se ha utilizado históricamente para describir a un experto en programación. Recientemente, este término se ha utilizado con frecuencia con un sentido negativo, para describir a una persona que intenta obtener acceso no autorizado a los recursos de la red con intención maliciosa, aunque no siempre tiene que ser esa su finalidad.

- ***Cracker***. Es un término más preciso para describir a una persona que intenta obtener acceso no autorizado a los recursos de la red con intención maliciosa.

- ***Intrusos remunerados.*** Se trata de piratas con gran experiencia en problemas de seguridad y un amplio conocimiento del sistema, que son pagados por una tercera parte generalmente para robar secretos (el nuevo diseño de un procesador, una base de datos de clientes, información confidencial sobre las posiciones de satélites espía...) o simplemente para dañar la imagen de la entidad afectada.

- **Amenazas lógicas.** Bajo la etiqueta de "amenazas lógicas" encontramos todo tipo de programas que de una forma u otra pueden dañar a nuestro sistema, creados de forma intencionada para ello (*software* malicioso, también conocido como *malware*) o simplemente por error (*bugs* o agujeros).

  - ***Software incorrecto.*** A los errores de programación se les denomina *bugs*, y a los programas utilizados para aprovechar uno de estos fallos y atacar al sistema, *exploits*.

  - ***Herramientas de seguridad.*** Cualquier herramienta de seguridad representa un arma de doble filo: de la misma forma que un administrador las utiliza para detectar y solucionar fallos en sus sistemas o en la subred completa, un potencial intruso las puede utilizar para detectar esos mismos fallos y aprovecharlos para atacar los equipos. Herramientas como NESSUS, SAINT o SATAN pasan de ser útiles a ser peligrosas cuando las utilizan *crackers* que buscan información sobre las vulnerabilidades de un *host* o de una red completa.

  - ***Puertas traseras.*** Durante el desarrollo de aplicaciones grandes o de sistemas operativos es habitual entre los programadores insertar "atajos" en los sistemas habituales de autenticación del programa o del núcleo que se está diseñando.

  - ***Bombas lógicas.*** Las bombas lógicas son partes de código de ciertos programas que permanecen sin realizar ninguna función hasta que son activadas; en ese punto, la función que realizan no es la original del programa, sino que generalmente se trata de una acción perjudicial.

  - ***Canales cubiertos.*** Los canales cubiertos (o canales ocultos, según otras traducciones) son canales de comunicación que permiten a un proceso transferir información de forma que viole la política de seguridad del sistema; dicho de otra forma, un proceso transmite información a otros (locales o remotos) que no están autorizados a leer dicha información.

- ***Virus.*** Un virus es una secuencia de código que se inserta en un fichero ejecutable (denominado *huésped*), de forma que cuando el archivo se ejecuta, el virus también lo hace, insertándose a sí mismo en otros programas. Todo el mundo conoce los efectos de los virus en algunos sistemas operativos de sobremesa como Windows; sin embargo, en GNU/Linux los virus no suelen ser un problema de seguridad grave.

- ***Gusanos.*** Un gusano es un programa capaz de ejecutarse y propagarse por sí mismo a través de redes, en ocasiones portando virus o aprovechando *bugs* de los sistemas a los que conecta para dañarlos. Al ser difíciles de programar su número no es muy elevado, pero el daño que pueden causar es muy grande: el mayor incidente de seguridad en Internet fue precisamente el *Internet Worm,* un gusano que en 1988 causó perdidas millonarias al infectar y detener más de 6.000 máquinas conectadas a la red.

- ***Caballos de Troya.*** Los troyanos o caballos de Troya son instrucciones escondidas en un programa de forma que éste parezca realizar las tareas que un usuario espera de él, pero que realmente ejecute funciones ocultas (generalmente en detrimento de la seguridad) sin el conocimiento del usuario; como el Caballo de Troya de la mitología griega, al que deben su nombre, ocultan su función real bajo la apariencia de un programa inofensivo que a primera vista funciona correctamente.

- ***Programas conejo o bacterias.*** Bajo este nombre se conoce a los programas que no hacen nada útil, sino que simplemente se dedican a reproducirse hasta que el número de copias acaba con los recursos del sistema (memoria, procesador, disco...), produciendo una negación de servicio.

■ **Amenazas físicas.** Algunas de las amenazas físicas que pueden afectar a la seguridad y por tanto al funcionamiento de los sistemas son:

- Robos, sabotajes, destrucción de sistemas.

- Cortes, subidas y bajadas bruscas de suministro eléctrico.

- Condiciones atmosféricas adversas. Humedad relativa excesiva o temperaturas extremas que afecten al comportamiento normal de los componentes informáticos.

- Las catástrofes (naturales o artificiales) son la amenaza menos probable contra los entornos habituales: simplemente por su ubicación geográfica. Un subgrupo de las catástrofes es el denominado de riesgos poco probables. Como ejemplos de catástrofes hablaremos de terremotos, inundaciones, incendios, humo o atentados de baja magnitud (más comunes de lo que podamos pensar); obviamente los riesgos poco probables los trataremos como algo anecdótico.

Hasta ahora hemos hablado de los aspectos que engloba la seguridad informática, de los elementos a proteger, de los tipos de amenazas que contra ellos se presentan y del origen de tales amenazas; parece claro que, para completar nuestra visión de la seguridad, hemos de hablar de las **formas de protección de nuestros sistemas**.

Para proteger nuestro sistema hemos de realizar un **análisis de las amenazas potenciales** que puede sufrir, las **pérdidas** que podrían generar, y la **probabilidad de su ocurrencia**; a partir de este análisis hemos de **diseñar una política de seguridad** que defina responsabilidades y **reglas a seguir** para evitar tales amenazas o minimizar sus efectos en caso de que se produzcan. A los mecanismos utilizados para implementar esta política de seguridad se les denomina **mecanismos de seguridad** son la parte más visible de nuestro sistema de seguridad, y se convierten en la herramienta básica para garantizar la protección de los sistemas o de la propia red.

Se distinguirán y estudiarán en los próximos temas las medidas de seguridad:

- **Activas:** que evitan daños en los sistemas informáticos, mediante:
  - Empleo de contraseñas adecuadas en el acceso a sistemas y aplicaciones.
  - Encriptación de los datos en las comunicaciones.
  - Filtrado de conexiones en redes.
  - El uso de software específico de seguridad informática. Antimalware.
- **Pasivas:** que minimizan el impacto y los efectos causados por accidentes, mediante:
  - Uso de hardware adecuado, protección física, eléctrica y ambiental.
  - Realización de copias de seguridad, que permitan recuperar los datos.

A lo largo de los siguientes temas analizaremos desde distintas perspectivas la seguridad informática:

- Capítulo 2: Seguridad física y ambiental.
- Capítulo 3: Seguridad lógica. Gestión de usuarios, privilegios, contraseñas, y actualizaciones.
- Capítulo 4: Software de seguridad, principalmente antimalware.
- Capítulo 5: Gestión de almacenamiento de la información, copias de seguridad y restauraciones.
- Capítulo 6: Seguridad en redes y comunicaciones.
- Capítulo 7: Encriptación de la información.
- Capítulo 8: Normativa legal en materia de seguridad. LOPD y LSSICE.
- Capítulo 9: Auditorías de seguridad informática.

ACTIVIDADES

Realiza un glosario de términos nuevos que encuentres en el siguiente artículo y busca sus definiciones formales en Internet. ¿Has recibido alguna vez un spam? ¿Podrías indicar algún ejemplo?

Realiza un debate en el que se analicen las posibles amenazas existentes en los sistemas del aula y qué tipo de medidas de prevención preliminares se podrían tomar.

El término phishing aparece por primera vez en el año 1996 en las newsgroups de hackers y en la edición del Magazine 2600. Este término tiene dos orígenes: 1) Fishing o pesca, refiriéndose a la pesca de credenciales o a la pesca de ingenuos para intentos de fraude, 2) Phishing - Password Harvesting que viene a significar cosecha de contraseñas.

En 1996 un phisher se hizo pasar por técnico de AOL y envió mensajes haciendo uso de la ingeniería social en los que solicitaba que el usuario verificase su cuenta o confirmase una factura y así poder solicitar las credenciales personales de la víctima. Con estos datos ya podía realizar acciones como el envío de spam. Para intentar solucionarlo, AOL incluyó como texto por defecto en el intercambio de mensajes: AOL nunca le solicitará contraseñas o información de facturación.

En 2001 aparecen los primeros scam en Hotmail con el texto "Usted es uno de los 100 ganadores de Hotmail" junto con un formulario que solicitaba el usuario y la contraseña de la cuenta de la víctima. Aunque este mensaje aparecía firmado por el Staff de Hotmail, en realidad provenía de una dirección IP de Ucrania. También AOL informó de un caso similar en donde el usuario recibía un mensaje que le avisaba de un error en su registro y no podían facturarle, para evitar que se le diera de baja debería rellenar un formulario lo antes posible. Además, incluía un enlace a una página para realizar la facturación de AOL. Ese mismo año se recibieron mensajes informando que un grupo de hackers había accedido a la base de datos de MSN en donde solicitaban el envío de un correo con los datos personales y la cuenta (usuario y contraseña) porque de lo contrario serían borrados de la base de datos.

En 2002 fueron los usuarios de ICQ quienes recibieron mensajes simulando la imagen de ICQ, en los que les solicitaban sus datos personales en un formulario, y mediante un script redireccionaban sus datos a una dirección de Hotmail. A finales de año Yahoo informaba que varios de sus clientes habían recibido correos donde les solicitaban los datos de sus tarjetas de crédito.

En 2003 le tocó el turno a los usuarios de EBAY quienes recibieron correos que simulaban alertas de Paypal solicitando sus datos bancarios y los números de sus tarjetas de crédito. Después aparecieron los primeros phishing a entidades de banca online como Barclays Bank, BBVA, en donde los phishers usaron técnicas para la ofuscación de URL. También comenzaron a registrarse nombres de dominio similares a los de las entidades bancarias. A finales de año se detectaron los primeros correos dirigidos a banca online que incluían troyanos con técnicas de ocultación. Un caso fue un ataque que introducía un troyano embedido en código HTML e incluía un script en la máquina de la víctima. Ese troyano era una variante del Spy-Tofger.

Las técnicas que se usaron a partir de entonces se enfocan hacia intentos de fraude como:

- Correos electrónicos: masivos de spam, selectivos, acompañados por ingeniería social para captar la atención de la víctima, también podían hacer uso de webspoofing o falsas páginas web, algunas venían acompañadas de malware que redirige el nombre de dominio a otra máquina (pharming). Aparece por primer vez un troyano con capacidad para capturar las pulsaciones de teclado (Keylogger).
- Sitio web: malware que explotaba las vulnerabilidades sin parchear de los navegadores, en el sistema operativo, y una vez infectado redireccionaba a los usuarios a servidores web en donde estaban las páginas que suplantaban a las originales. También se

insertaba código malicioso en HTML, frames, scripts PHP, en donde se ocultaban keyloggers, capturadores de pantalla, backdoors. Banners publicitarios para redireccionar al usuario a sitios con confiables.

- IRC y mensajería instantánea: donde se enviaban imágenes, URL, a los usuarios con contenidos maliciosos. Se enviaba SPAM y se conectaban bots para propagar los contenidos.
- VoIP: simulación telefónica, uso de Bots-IVR que solicitaban las credenciales personales. Redirección a webspoofing, otros canales.
- Buscadores: que proporcionaban sitios maliciosos en respuesta a las búsquedas de comercio electrónico o banca online.
- Mensajes en foros, en redes sociales, tablones de anuncios, con mensajes con ingeniería social para captar a la víctima.
- Redes P2P, descarga de software desde páginas de descarga masiva.
- Plataformas de juegos online, recordamos los casos de phishing que han sufrido los jugadores del World of Warcraft.
- Falsos antivirus y antispyware, utilizando llamativos anuncios o pop-ups con avisos alarmantes que advierten al usuario que su sistema está infectado y debe comprar la solución que se le propone. Al usar su tarjeta para obtener este producto sus datos son capturados para su posterior uso fraudulento.
- Vía teléfono móvil (SMiShing), enviando un SMS al usuario en donde se le invita a enviar su información privada o visitar un sitio web con contenidos maliciosos.
- Botnets: que tratan de controlar un número masivo de máquinas para la captura de datos bancarios, cuentas de correo.

El objetivo de estas mafias es la búsqueda de usuarios y los datos de sus cuentas bancarias. Haciendo uso de la ingeniería social, el spam y el malware. Entrando en las redes sociales como Facebook o Twitter. Aprovechándose de mensajes con carga emocional, como por ejemplo la catástrofe en Haití (terremoto 2010), en donde ya se han detectado casos de phishing para lucrar a estas organizaciones.

Los usuarios y las entidades deben tener una actitud responsable y utilizar medidas de protección. Se debe concienciar y educar al ciudadano para estar alerta y evitar que sus datos personales y bancarios sean robados.

ACTIVIDADES

En esta actividad vamos a analizar el centro de seguridad de sistemas Windows. Verifica que tienes correctamente configuradas sus opciones.

Sistema operativo Windows XP. Ir a Panel de control / Seguridad / Centro de seguridad.

En esta ubicación podemos encontrar algunos aspectos centralizados sobre seguridad del sistema:

Para acceder al Centro de seguridad en Windows XP, debemos pulsar en el Inicio de Windows e ingresar al Panel de control.

Hacemos clic sobre "Centro de seguridad". A continuación, se abrirá la ventana del Centro de seguridad. Aquí encontraremos

- Firewall.
- Actualizaciones automáticas.
- Protección antivirus.

Una luz verde nos indicará si están activados y una luz roja nos informará si están desactivados, o si hay que verificar su estado.

En la parte inferior de la ventana, tenemos tres opciones: Opciones de Internet, Firewall de Windows y Actualizaciones de Windows.

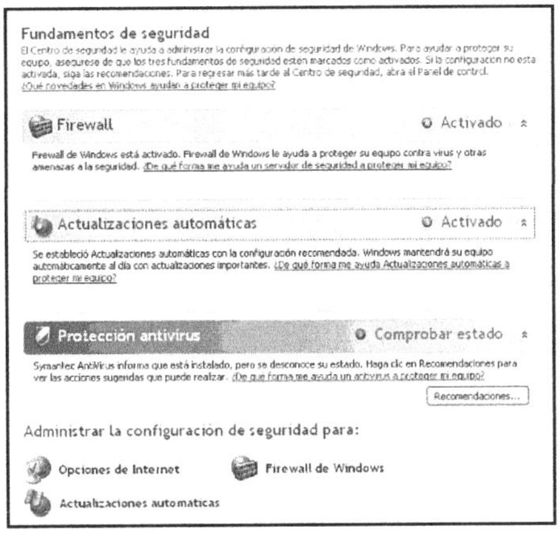

Ingresando a Opciones de Internet, en la solapa "Seguridad", podremos definir el nivel de seguridad de la navegación. Esta ventana, tiene botones que nos permiten agregar "Sitios de confianza" o definir una lista de "Sitios restringidos".

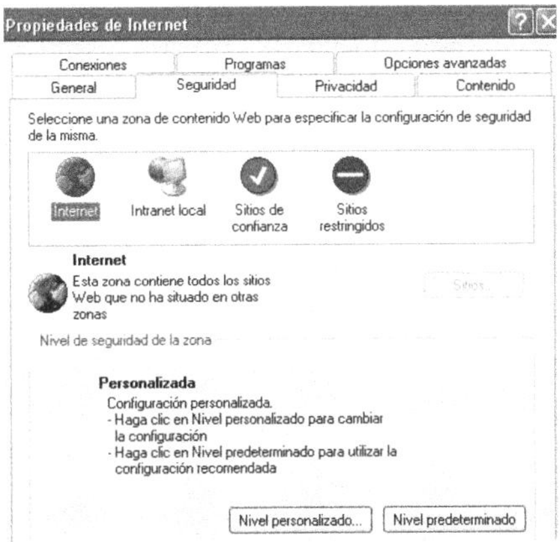

Si realizamos algún cambio en la configuración, debemos confirmarlo con el botón "Aplicar" y luego con "Aceptar".

Nuevamente, desde el Centro de seguridad de Windows, podremos configurar el Cortafuegos ingresando a "Firewall de Windows".

En esta ventana, podremos elegir entre tres opciones:

- Activado (es la opción por defecto).
- No permitir excepciones (es una alternativa útil cuando se necesita mayor seguridad), no permitiendo que ninguna aplicación tenga conexión de red.

- Desactivado (esta opción se puede utilizar si vamos a instalar un firewall distinto al que provee Windows).

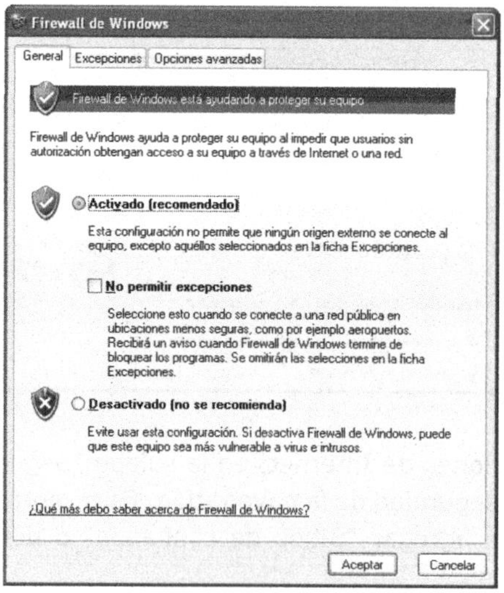

Si ingresamos a la solapa "Excepciones" encontraremos una lista de programas que podremos marcar o desmarcar, para permitirles o prohibirles el acceso a la red.

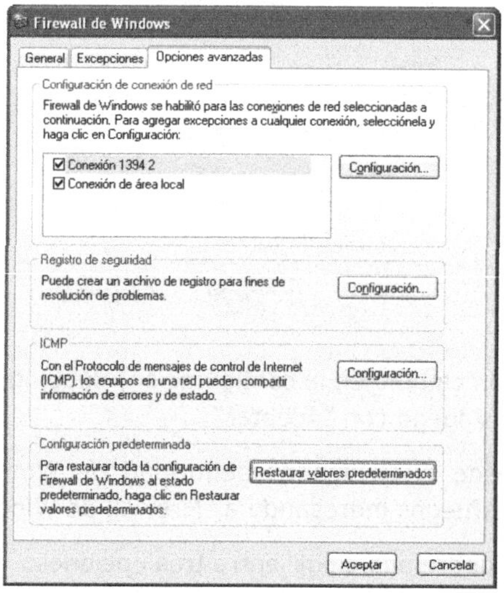

Podremos agregar nuevos programas a la lista y también puertos. Contamos con la posibilidad de configurar el firewall, para que nos advierta cuando está bloqueando un programa.

Dentro de la solapa "Opciones avanzadas" podremos habilitar o deshabilitar conexiones de red y configurar el registro de seguridad, entre otras opciones.

Si realizamos algún cambio, podremos confirmarlo con el botón "Aceptar".

Desde el Centro de seguridad de Windows, podremos ingresar a la opción "Actualizaciones automáticas". En esta ventana elegimos si deseamos que Windows descargue las actualizaciones de seguridad de manera automática.

Si escogemos esta alternativa, podremos indicar qué día y a qué hora, el equipo debe conectarse para verificar si hay alguna actualización.

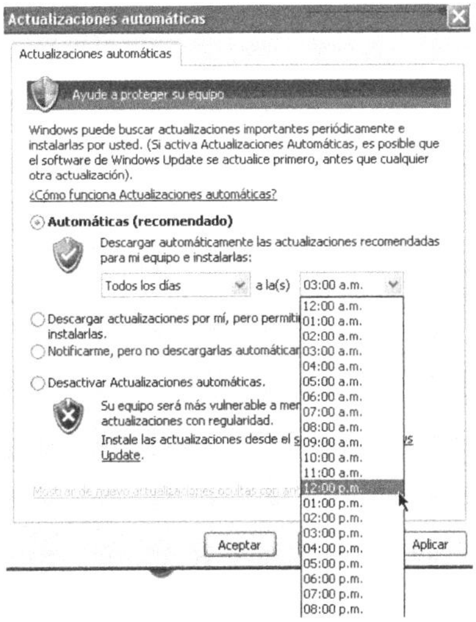

También podremos optar para que se realice la descarga, pero elegir cuándo se instalan; notificación sin descarga automática; o desactivar la descarga automática, para manejar este tema por nuestra cuenta.

Si realizamos alguna modificación en la configuración, debemos confirmarlo con el botón "Aplicar" y luego con "Aceptar".

Nota: Si deseamos acceder a Microsoft Update para ver las últimas actualizaciones de nuestro sistema operativo, podremos hacerlo entrando con Internet Explorer 5 o superior a: http://www.update.microsoft.com/

En el ítem "Protección de virus" el sistema puede detectar si tenemos instalado un antivirus. Sin embargo, en algunos casos, nos puede alertar si no logra verificar al fabricante o las definiciones de virus.

Si preferimos manejar el antivirus por nuestra cuenta, sin que Windows nos muestre las alertas del centro de seguridad para este ítem, hacemos clic en el botón "Recomendaciones" y accedemos a una ventana donde podemos tildar la opción "Tengo un programa antivirus que yo supervisaré".

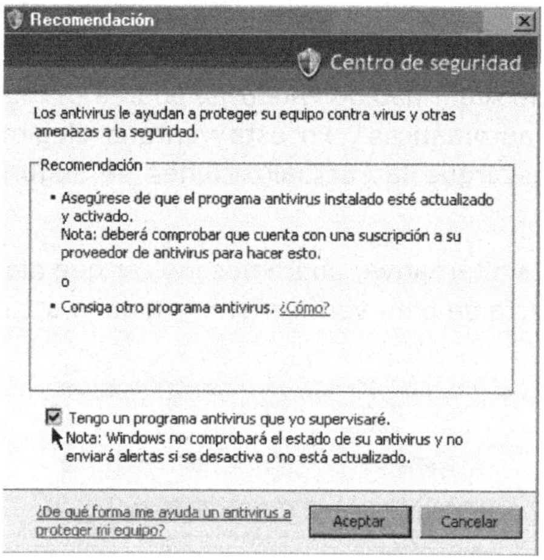

De esta manera, el ítem "Protección antivirus" en el Centro de seguridad se pondrá de color amarillo y nos mostrará un cartel "Sin supervisión".

1.5 REFERENCIAS WEB

- ✓ Sitio web sobre seguridad informática de Microsoft:
  http://www.microsoft.com/spain/protect/default.mspx
- ✓ Sitio web sobre seguridad informática de GNU/Linux, de Criptonomicón, un servicio ofrecido libremente desde el Instituto de Física Aplicada del CSIC:
  http://www.iec.csic.es/CRIPTonOMICon/linux/
- ✓ *INTECO* - Instituto Nacional de Tecnologías de la Comunicación:
  www.inteco.es/
- ✓ Hispasec Sistemas: Seguridad y Tecnologías de información. Resúmenes anuales de noticias de actualidad sobre seguridad informática:
  http://www.hispasec.com/

RESUMEN DEL CAPÍTULO

En este capítulo se han analizado los fundamentos y conceptos de la seguridad informática.

Los principios que todo sistema informático debe contemplar son:

- **Confidencialidad**, es decir, no desvelar datos a usuarios no autorizados; que comprende también la privacidad (la protección de datos personales).
- **Disponibilidad**, esto es, que la información se encuentre accesible en todo momento a los distintos usuarios autorizados.
- **Integridad**, que permite asegurar que los datos no se han falseado.
- **Autenticación**, verificación de la identidad de un usuario, a partir de ese momento se considera un usuario autorizado.
- El **no repudio** o irrenunciabilidad, estrechamente relacionado con la autenticación, permite probar la participación de las partes en una comunicación.

Las amenazas a los sistemas que provienen de distintos ámbitos:

- **Personas:** como personal de la empresa, ex-empleados, curiosos, hacker, cracker, Intrusos remunerados
- **Amenazas lógicas**: software incorrecto, herramientas de seguridad, puertas traseras, bombas lógicas, canales cubiertos, virus, gusanos, caballos de Troya, programas conejo o bacterias
- **Amenazas físicas**: robos, sabotajes, destrucción de sistemas, cortes, subidas y bajadas bruscas de suministro eléctrico, condiciones atmosféricas adversas, catástrofes (naturales o artificiales como incendios).

Por otro lado en cuanto a las medidas para la prevención y recuperación se distinguen entre:

- **Activas:** contraseñas, encriptación y filtrado en las comunicaciones, uso de antimalware.
- **Pasivas:** protección física, eléctrica y ambiental, copias de seguridad, control de acceso físico.

Debemos ser conscientes de que las medidas de seguridad que deberán establecerse comprenden un conjunto de elementos que no pueden ser tratados dejando de lado o desprotegido ninguno de ellos: hardware, sistema operativo, comunicaciones (por ejemplo, medios de transmisión), medidas de seguridad físicas (ubicación de los equipos, suministro eléctrico, etc.), los controles organizativos (políticas de seguridad, niveles de acceso, contraseñas, normas, procedimientos, etc.) y legales (por ejemplo, la Ley Orgánica de Protección de Datos, LOPD).

En los siguientes capítulos analizaremos dichas medidas para hacer de la seguridad la seña de identidad de nuestros sistemas.

EJERCICIOS PROPUESTOS

- **1.** Configura el firewall de tu sistema operativo para evitar contestar a peticiones de red de echo entrante.
- **2.** Configura el firewall para evitar que su navegador web tenga acceso a Internet.
- **3.** Contesta a las siguientes preguntas:
  ¿Qué nivel de seguridad posees en tu navegador web Internet Explorer? Puedes analizarlo en las propiedades de Internet / pestaña de privacidad.

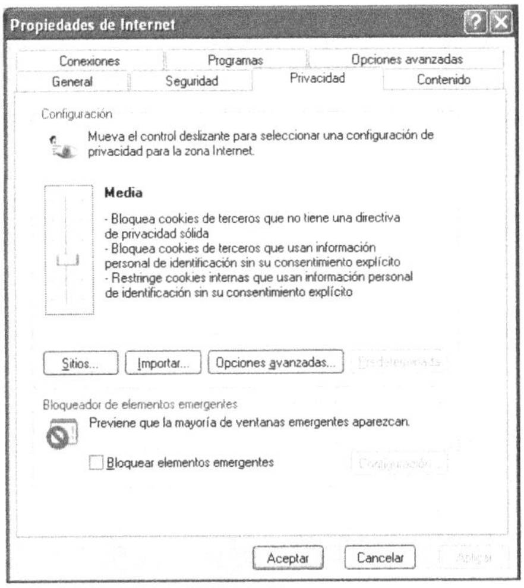

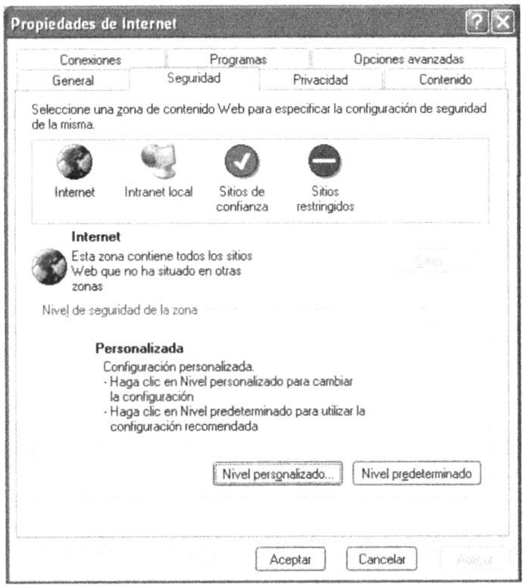

En opciones avanzadas. Entre el nivel de configuración de seguridad a nivel medio y a nivel básico encuentra las diferencias de configuración de las opciones de seguridad. ¿Qué restricciones propone el nivel alto?

- **4.** ¿Dispones de restricciones de acceso a sitios web? Ver pestaña de seguridad en el apartado Sitios restringidos.
- **5.** ¿Tu sistema posee protección antivirus? ¿Te la proporciona el sistema operativo?
- **6.** Busca un software antivirus en línea y realiza un análisis de tu sistema.

TEST DE CONOCIMIENTOS

1 El servicio de no repudio:

a) Se produce entre dos partes de una comunicación.
b) Lo verifica el receptor.
c) Se puede verificar por un tercero.
d) Se realiza por emisor y un agente externo a la comunicación.

2 Indica qué sentencia es falsa:

a) La integridad permite asegurar que los datos no se han falseado.
b) Confidencialidad es desvelar datos a usuarios no autorizados; que comprende también la privacidad (la protección de datos personales).
c) Disponibilidad es que la información se encuentre accesible en todo momento a los distintos usuarios autorizados.

3 ¿Cúal de estos principios no es aplicable a la seguridad informática?:

a) Confidencialidad.
b) Integridad.
c) Disponibilidad.
d) Verificación.
e) No repudio.

4 ¿Qué elemento de un sistema informático se considera más crítico a la hora de protegerlo?:

a) Comunicaciones.
b) Software.
c) Hardware.
d) Datos.

5 Un hacker:

a) Siempre tiene una finalidad maliciosa.
b) La mayoría de las veces tiene una finalidad maliciosa.
c) A veces posee una finalidad maliciosa, entonces se denomina cracker.
d) Es un curioso con finalidad impredecible.

6 El phishing:

a) Es un tipo de fraude bancario.
b) Es un tipo de malware o virus.
c) Se contrarresta con un spyware.
d) Se propaga mediante correo electrónico siempre.

2 Seguridad física

Objetivos del capítulo

- ✓ Profundizar en aspectos de seguridad física y ambiental.
- ✓ Analizar los distintos dispositivos hardware que permiten mejorar la seguridad física.
- ✓ Valorar la importancia para la empresa de un centro de procesamiento de datos (CPD).
- ✓ Investigar sobre nuevos métodos de seguridad física y de control de acceso a los sistemas mediante biometría.

2.1 PRINCIPIOS DE LA SEGURIDAD FÍSICA

Es muy importante ser consciente que por más que nuestra empresa sea la más segura desde el punto de vista de ataques externos, hackers, virus, etc., la seguridad de la misma será nula si no se ha previsto cómo combatir un incendio.

La seguridad física es uno de los aspectos más olvidados a la hora del diseño de un sistema informático. Si bien algunos de los aspectos tratados a continuación se prevén, otros, como la detección de un atacante interno a la empresa que intenta a acceder físicamente a una sala de operaciones de la misma, no.

Esto puede derivar en que para un atacante sea más fácil lograr tomar y copiar una cinta de la sala, que intentar acceder vía lógica a los datos que contiene la misma.

Así, la seguridad física consiste en la ***aplicación de barreras físicas y procedimientos de control, como medidas de prevención y contramedidas ante amenazas a los recursos e información confidencial***. Se refiere a los controles y mecanismos de seguridad dentro y alrededor de la ubicación física de los sistemas informáticos, así como los medios de acceso remoto al y desde el mismo; implementados para proteger el hardware y medios de almacenamiento de datos.

En este tema se abarcarán medidas aplicables tanto a equipos de hogar y pequeñas oficinas como a servidores y centros de procesamiento de datos (CPD), que por su gran valor en la empresa requieren de medidas de seguridad específicas.

Analizaremos a continuación las principales amenazas a las que se ven sometidos los sistemas informáticos en general, y medidas adoptadas para su protección.

Cada sistema es único y por lo tanto la política de seguridad a implementar no será única. Es por ello que siempre se recomendarán pautas de aplicación general y no procedimientos específicos.

La **seguridad física** está enfocada a cubrir las amenazas ocasionadas tanto por el hombre como por la naturaleza del medio físico en que se encuentra ubicado el centro.

Las principales **amenazas** que se prevén en la seguridad física son:

- ✓ Amenazas ocasionadas por el hombre, como robos, destrucción de información, o equipos, etc.
- ✓ Desastres naturales, alteraciones y cortes de suministro eléctrico, incendios accidentales, tormentas e inundaciones.
- ✓ Disturbios, sabotajes internos y externos deliberados.

No hace falta recurrir a películas de espionaje para sacar ideas de cómo obtener la máxima seguridad en un sistema informático, además de que la solución sería extremadamente cara.

A veces basta recurrir al sentido común para darse cuenta que cerrar una puerta con llave o cortar la electricidad en ciertas áreas siguen siendo técnicas válidas en cualquier entorno.

2.1.1 CONTROL DE ACCESO

Los ordenadores, servidores, así como las copias de seguridad con datos importantes y el software, son elementos valiosos para las empresas y están expuestas a posibles robos y actos delictivos como sabotajes o destrozos, por parte de personal ajeno o propio de la empresa.

El software es una propiedad muy fácilmente sustraíble y las cintas y discos son fácilmente copiados sin dejar ningún rastro.

El control de acceso no sólo requiere la capacidad de identificación, sino también **asociarla a la apertura o cerramiento de puertas**, permitir o negar acceso basado en restricciones de tiempo, área o sector dentro de una empresa o institución.

El **Servicio de vigilancia** es el encargado del control de acceso de todas las personas al edificio. Este servicio es el encargado de colocar los guardias en lugares estratégicos para cumplir con sus objetivos y controlar el acceso del personal.

A cualquier personal ajeno a la planta se le solicitará completar un **formulario** de datos personales, los motivos de la visita, hora de ingreso y de regreso, etc.

El uso de **credenciales de identificación** es uno de los puntos más importantes del sistema de seguridad, a fin de poder efectuar un control eficaz del ingreso y egreso del personal a los distintos sectores de la empresa.

En este caso la persona se identifica por **algo que posee**, por ejemplo una llave, o una tarjeta de identificación, o tarjeta inteligente (SmartCard). Cada una de éstas debe tener un PIN (Personal Identification Number) único, siendo este el que se almacena en una base de datos que controla el servicio de vigilancia para su posterior seguimiento, si fuera necesario. Su mayor desventaja es que estas tarjetas pueden ser copiadas, robadas, etc., permitiendo ingresar a cualquier persona que la posea.

Estas credenciales se pueden clasificar de la siguiente manera:

- ✓ Normal o definitiva: para el personal permanente de la empresa.
- ✓ Temporal: para personal recién ingresado.
- ✓ Contratistas: personas ajenas a la empresa, que por razones de servicio deben ingresar a la misma.
- ✓ Visitas. Para un uso de horas.

Las personas también pueden acceder mediante **algo que saben** (por ejemplo un número de identificación o una password) que se solicitará a su ingreso. Al igual que el caso de las tarjetas de identificación los datos introducidos se contrastarán contra una base donde se almacenan los datos de las personas autorizadas. Este sistema tiene la desventaja que generalmente se eligen identificaciones sencillas, bien se olvidan dichas identificaciones o incluso las bases de datos pueden verse alteradas o robadas por personas no autorizadas.

La principal desventaja de la aplicación de personal de guardia es que éste puede llegar a ser sobornado por un tercero para lograr el acceso a sectores donde no esté habilitado, como así también para poder ingresar o salir de la empresa con materiales no autorizados. Esta situación de soborno puede ocurrir frecuentemente, por lo que es recomendable la utilización de sistemas biométricos para el control de accesos.

ACTIVIDADES

En esta actividad vamos a analizar distintas soluciones de seguridad física para evitar posibles robos, como son:

- Armarios de seguridad con llave, para sistemas informáticos.
- Cables de seguridad para portátiles.
- Llaves y candados para equipos y periféricos.

Una solución muy empleada para la seguridad de los sistemas informáticos, es disponer los mismos en un **armario o rack bajo llave**.

Un rack es un bastidor destinado a alojar equipamiento electrónico, informático y de comunicaciones. Sus medidas están **normalizadas** para que sea compatible con equipamiento de cualquier fabricante. También son llamados bastidores, cabinets o armarios.

Los racks son un simple armazón metálico con un ancho normalizado de **19 pulgadas**, mientras que el alto y el fondo son variables para adaptarse a las distintas necesidades. El armazón cuenta con guías horizontales donde puede apoyarse el equipamiento, así como puntos de anclaje para los tornillos que fijan dicho equipamiento al armazón. En este sentido, un rack es muy parecido a una simple estantería.

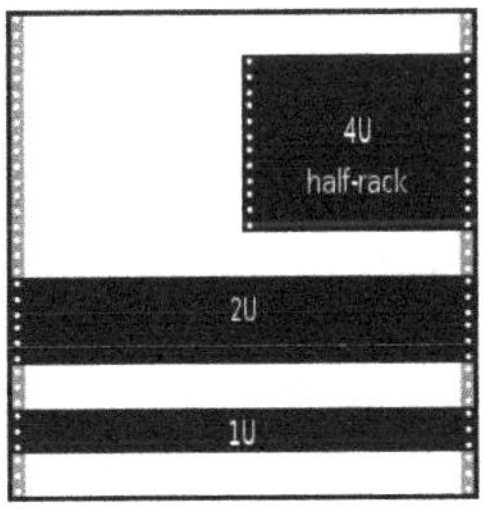

Los racks son muy útiles en un centro de proceso de datos, donde el espacio es escaso y se necesita alojar un gran número de dispositivos. Estos dispositivos suelen ser:

Servidores cuya carcasa ha sido diseñada para adaptarse al bastidor. Existen servidores de 1U, 2U y 4U, y recientemente, se han popularizado los servidores blade que permiten compactar más, compartiendo fuentes de alimentación y cableado.

- Conmutadores y enrutadores de comunicaciones.
- Paneles de parcheo, que centralizan todo el cableado de la planta.
- Cortafuegos.
- Sistemas de audio y vídeo.

El equipamiento simplemente se desliza sobre un raíl horizontal y se fija con tornillos. También existen **bandejas** que permiten apoyar equipamiento no normalizado o atornillado en la guías de 19". Por ejemplo, un monitor, PC de sobremesa y un teclado.

Las guías poseen agujeros a intervalos regulares llamados unidades de Rack (U) agrupados de tres en tres. Verticalmente, los racks se dividen en regiones de **1,75 pulgadas de altura**. En cada región hay tres pares de agujeros siguiendo un orden simétrico. Esta región es la que se denomina altura o U.

Lo normal es que existan desde 4U de altura hasta 46U de altura. La profundidad del bastidor no está normalizada, ya que así se otorga cierta flexibilidad al equipamiento. No obstante, suele ser de 600, 800 o incluso 1001 milímetros.

- Encuentra un armario y sus características en dimensiones para que dé cabida a un switch, panel de parcheo, PC (sobremesa con funciones de servidor) con monitor, teclado, ratón, y SAI. En primer lugar, deberás elaborar una lista con las dimensiones de cada componente, para poder hacer una estimación del espacio necesario en el armario.
- ¿Qué precio y en qué distribuidor has encontrado dicho armario? ¿Qué características tiene la puerta y la llave de dicho armario, crees que sería totalmente seguro? Explica tus razones.
- A través del distribuidor www.senfor.com podrás encontrar un conjunto de soluciones de seguridad para aulas de ordenadores. Diseña una solución con presupuesto, que permita dar seguridad a un aula como la que dispones, en la que se quiera tener también 15 ordenadores portátiles.

ACTIVIDADES

- Busca en la web de alguna empresa que facilite soluciones de control de accesos a CPD, como por ejemplo www.zksoftware.es, encuentra y explica las diferencias existentes, entre los terminales de presencia (con tarjeta identificadora), terminales de huella dactilar, y terminales con código y password. Analiza y explica cómo funciona el software de control de accesos, para una empresa con cientos de empleados.

2.1.2 SISTEMAS BIOMÉTRICOS

Definimos a la **Biometría** como *la parte de la biología que estudia en forma cuantitativa la variabilidad individual de los seres vivos utilizando métodos estadísticos*.

La Biometría es una tecnología que realiza mediciones en forma electrónica, guarda y compara características únicas para la identificación de personas.

La forma de identificación consiste en la comparación de características físicas de cada persona con un patrón conocido y almacenado en una base de datos. Los lectores biométricos identifican a la persona **por lo que es** (manos, ojos, huellas digitales y voz).

Beneficios de una tecnología biométrica:

- Pueden eliminar la necesidad de poseer una tarjeta para acceder, y de una contraseña difícil de recordar o que finalmente acaba siendo escrita en un papel visible por cualquier persona.
- Utilizando un dispositivo biométrico los costes de administración son más pequeños, se realiza el mantenimiento del lector, y una persona se encarga de mantener la base de datos actualizada. Sumado a esto, las características biométricas de una persona son intransferibles a otra.

Emisión de calor

Se mide la emisión de calor del cuerpo (termograma), realizando un mapa de valores sobre la forma de cada persona.

Huella digital

Basado en el principio de que no existen dos huellas dactilares iguales, este sistema viene siendo utilizado desde el siglo pasado con excelentes resultados.

Cada huella digital posee pequeños arcos, ángulos, bucles, remolinos, etc. (llamados **minucias**) características y la posición relativa de cada una de ellas es lo analizado para establecer la identificación de una persona. Está aceptado que cada persona posee más de 30 minucias, y que dos personas no tienen más de ocho minucias iguales, lo que hace al método sumamente confiable.

ACTIVIDADES

Muchas aplicaciones de negocios y sitios web requieren que los usuarios introduzcan un nombre de usuario y contraseña para acceder a la información protegida. El lector de huellas digitales permite iniciar sesión en un sitio protegido colocando el dedo sobre un sensor, en lugar de usar el teclado para ingresar sus datos. El lector de huellas digitales puede adquirirse independiente del equipo mediante soluciones USB lectores de huella dactilar o puede venir integrado en la carcasa de muchos equipos portátiles como es el caso de los equipos HP, pero no en todos.

En este último caso HP, el administrador de acceso por huella digital (Fingerprint Logon Manager) es un software que permite acceder a diversas aplicaciones y sitios web con su huella digital. Fingerprint Logon Manager guarda un registro de los diferentes sitios visitados y de los nombres de usuario y contraseñas utilizados.

Cuando se abre un sitio web o un programa en la página de inicio para el cual se requiere inicio de sesión con huella digital, una vez se use la huella, Fingerprint Logon Manager ingresa automáticamente el nombre de usuario y contraseña correctos. Este procedimiento es mucho más fácil que intentar recordar e introducir nombre de usuario y contraseña.

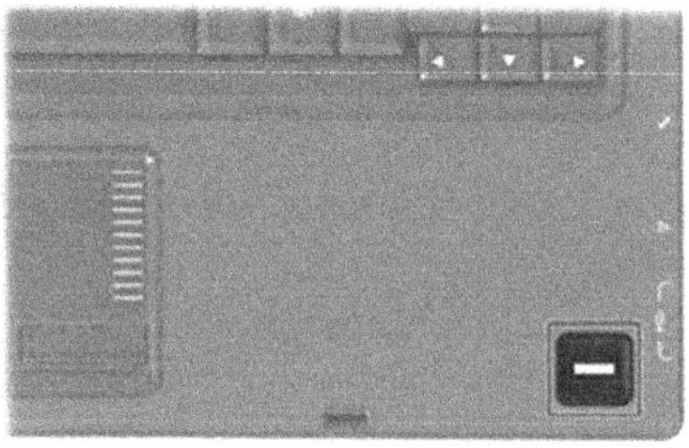

En los notebooks y portátiles HP, el lector de huellas digitales es un pequeño sensor metálico ubicado cerca del teclado o pantalla. Al pasar el dedo sobre el sensor metálico puede **iniciar sesión en el PC, una red o abrir un programa**.

- Busca información referente al lector de huella dactilar de hp y contesta las siguientes preguntas como entrada en tu blog:
  - **a.** ¿Cuáles son las ventajas de usar el lector de huellas digitales para iniciar sesión en mi equipo?
  - **b.** ¿Cómo es el proceso de configuración software del lector de huellas digitales?

c. ¿Qué precauciones o recomendaciones de uso se recomiendan a la hora de emplear el lector de huella?

d. ¿Se puede iniciar la sesión en Windows con el lector de huellas digitales?

e. ¿Se puede usar un dedo diferente para iniciar sesión en el PC?

f. ¿Es posible que varios usuarios inicien sesión con el lector de huellas digitales en el mismo PC?

ACTIVIDADES

Ya existen ratones informáticos con lectores de huellas digitales. El ratón es capaz de reconocer nuestra huella digital e identificarnos. Vinculando ese ratón con nuestra huella digital y solamente identificándonos como dueños del ratón gracias a nuestras huellas podríamos usarlo. También existe este concepto para el teclado.

Un teclado y ratón con lector de huellas digitales.

La idea consiste en ampliar este concepto de forma que cuando el ratón reconozca nuestras huellas también se active automáticamente el teclado, sin necesidad de que el teclado incorpore el lector, al menos en los equipos no portátiles. El lector de huellas digitales serviría tanto para desbloquear el ratón como para desbloquear el teclado. De manera que el sistema quedaría totalmente protegido, inaccesibles todos los archivos de tu ordenador para los amigos de lo ajeno. Es cierto que se pueden poner contraseñas antes del inicio de sesión e incluso, con determinados programas, encriptar las carpetas deseadas. Pero, ¿y si nos hemos dejado el ordenador encendido para descargar algo de Internet y nos hemos ido? O, como ocurre frecuentemente, con el messenger conectado donde cualquiera puede chatear con nuestros contactos y ver nuestros mensajes. La novedad de este sistema consiste en que el bloqueo y el desbloqueo de tu ordenador se realiza en cuestión de segundos. Cada vez que se retiran los dedos del ratón, el ratón y el teclado exigirán el reconocimiento dactilar para ponerse de nuevo en funcionamiento.

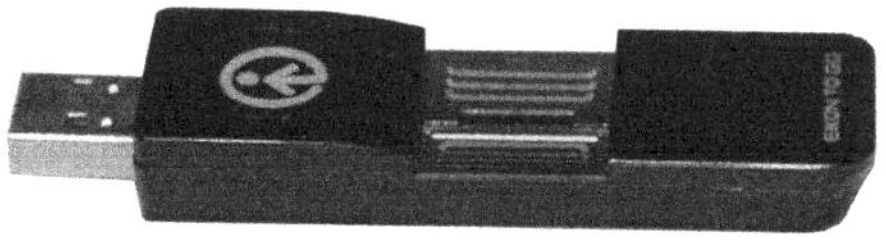

- Si tu equipo no dispone de lector de huella existen diversos periféricos que permiten el control del PC únicamente mediante la utilización de la huella registrada de usuario. Investiga acerca de los precios y características de periféricos como teclado, ratón, o lector de huella USB, así como las opciones de software que existen, como eNDeSS. Realiza una tabla resumen. ¿Qué niveles de acceso controla dicho software?

Verificación de voz

La dicción de una (o más) frase es grabada y en el acceso se compara la voz (entonación, diptongos, agudeza, etc.).

Este sistema es muy sensible a factores externos como el ruido, el estado de ánimo y enfermedades de la persona, el envejecimiento, etc.

ACTIVIDADES

- Analiza el sistema BioCloser de reconocimiento de voz en la web: http://www.biometco.com/productos/control.acceso/biocloser.php.
- Explica, mediante una entrada en tu blog, su principio de funcionamiento y para qué se puede emplear.

Verificación de patrones oculares

Estos modelos pueden estar basados en los patrones del iris o de la retina y hasta el momento son los considerados más efectivos (en 200 millones de personas la probabilidad de coincidencia es casi 0).

Su principal desventaja reside en la resistencia por parte de las personas a que les analicen los ojos, por revelarse en los mismos, enfermedades que en ocasiones se prefiere mantener en secreto.

Verificación Automática de Firmas (VAF)

Mientras es posible para un falsificador producir una buena copia visual o facsímil, es extremadamente difícil reproducir las dinámicas de una persona: por ejemplo la firma genuina con exactitud.

La VAF, usando emisiones acústicas, toma datos del proceso dinámico de firmar o de escribir.

La secuencia sonora de emisión acústica generada por el proceso de escribir constituye un patrón que es único en cada individuo. El patrón contiene información extensa sobre la manera en que la escritura es ejecutada. El equipamiento de colección de firmas es inherentemente de bajo coste y robusto.

Esencialmente, consta de un bloque de metal (o algún otro material con propiedades acústicas similares) y una computadora con una base de datos con patrones de firmas, asociadas a cada usuario.

Tabla-Resumen comparativa de soluciones biométricas:

Existen algunas otras soluciones a la biometría más complejas y menos usadas en acceso a organizaciones o a un sistema informático concreto, como son la geometría de la mano y el reconocimiento facial.

Lo que sigue a continuación es una tabla en la que se recogen las diferentes características de los sistemas biométricos:

Tabla 2.1

	Ojo (Iris)	Huellas dactilares	Escritura y firma	Voz
Fiabilidad	Muy alta	Muy alta	Media	Alta
Facilidad de uso	Media	Alta	Alta	Alta
Prevención de ataques	Muy alta	Alta	Media	Media
Aceptación	Media	Alta	Muy alta	Alta
Estabilidad	Alta	Alta	Baja	Media

2.1.3 PROTECCIÓN ELECTRÓNICA

Se llama así a la detección de robo, intrusión, asalto e incendios mediante la utilización de **sensores conectados a centrales de alarmas**. Estas centrales tienen conectados los elementos de señalización, que son los encargados de hacer saber al personal de una situación de emergencia. Cuando uno de los elementos sensores detectan una situación de riesgo, éstos transmiten inmediatamente el aviso a la central; ésta procesa la información recibida y ordena en respuesta la emisión de señales sonoras o luminosas alertando de la situación.

Barreras infrarrojas y de micro-ondas

Transmiten y reciben haces de luces infrarrojas y de micro-ondas respectivamente. Se codifican por medio de pulsos con el fin de evadir los intentos de sabotaje. Estas barreras están compuestas por un transmisor y un receptor de igual tamaño y apariencia externa.

Cuando el haz es interrumpido, se activa el sistema de alarma, y luego vuelve al estado de alerta. Estas barreras son inmunes a fenómenos aleatorios como calefacción, luz ambiental, vibraciones, movimientos de masas de aire, etc.

Detector ultrasónico

Este equipo utiliza ultrasonidos para crear un campo de ondas. De esta manera, cualquier movimiento que realice un cuerpo dentro del espacio protegido generará una perturbación en dicho campo que accionará la alarma. Este sistema posee un circuito refinado que elimina las falsas alarmas. La cobertura de este sistema puede llegar a un máximo de 40 metros cuadrados.

Circuitos cerrados de televisión (CCTV)

Permiten el control de todo lo que sucede en la planta según lo captado por las cámaras estratégicamente colocadas. Los monitores de estos circuitos deben estar ubicados en un sector de alta seguridad. Las cámaras pueden estar a la vista (para ser utilizadas como medida disuasiva) u ocultas (para evitar que el intruso sepa que está siendo captado por el personal de seguridad).

Todos los elementos anteriormente descriptos poseen un control contra sabotaje, de manera que si en algún momento se corta la alimentación o se produce la rotura de alguno de sus componentes, se enviará una señal a la central de alarma para que ésta accione los elementos de señalización correspondientes.

ACTIVIDADES

Las **cámaras IP** son dispositivos autónomos que cuentan con un servidor web de vídeo incorporado, lo que les permite transmitir su imagen a través de redes IP como redes **LAN**, **WAN** e **Internet**. Las cámaras IP permiten al usuario tener la cámara en una localización y ver el vídeo en tiempo real desde otro lugar a través de Internet.

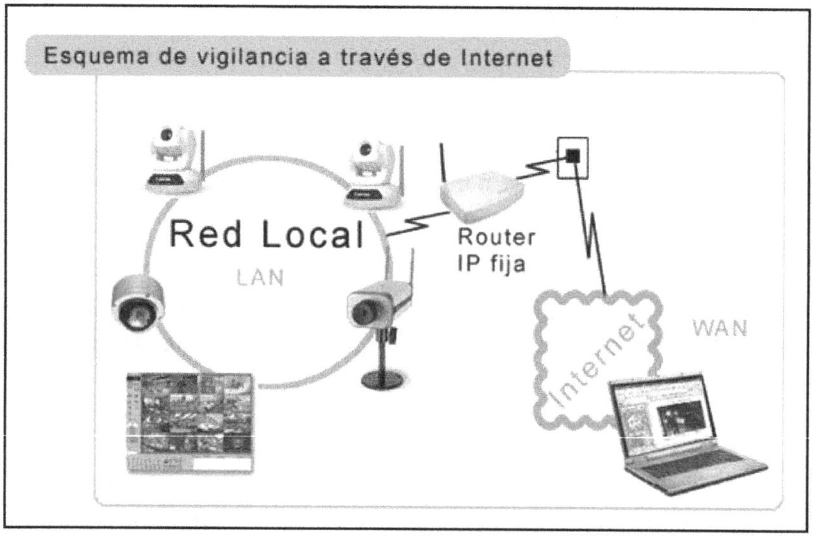

Las cámaras IP tienen incorporado un microprocesador, pequeño y especializado en ejecutar aplicaciones de red. Por lo tanto, la cámara IP no necesita estar conectada a un PC para funcionar. Esta es una de sus diferencias con las denominadas cámaras web o webcam. Algunas cámaras IP tienen sensor de movimiento, e incluso pueden ser controladas remotamente a nivel de zoom y rotación para enfocar algún objeto o posición concreta.

Las imágenes se pueden visualizar utilizando un navegador web estándar y pueden almacenarse en cualquier disco duro. Tanto si necesita una solución de vigilancia IP para garantizar la seguridad de personas y lugares, como para supervisar propiedades e instalaciones de modo remoto o retransmitir eventos en la Web con imágenes y sonidos reales, las cámaras IP satisfacen sus necesidades.

Una cámara IP tiene su propia dirección IP y se conecta a la red como cualquier otro dispositivo; incorpora el software necesario de servidor de web, servidor o cliente FTP, de correo electrónico... y tiene la capacidad de ejecutar pequeños programas personalizados (denominados scripts).

- Diseña una infraestructura de cámaras de vigilancia IP inalámbricas, con 4 cámaras que permita controlar la planta de un edificio. Indica los equipos necesarios aparte de las cámaras, espacio de almacenamiento necesario, y períodos de realización de copias de seguridad.
- Crea una tabla con el coste de la instalación desglosado con cada uno de sus componentes así como la mano de obra de instalación y configuración.
- ¿Qué leyes se aplican sobre la filmación de vídeo en espacios públicos y en privados?. A modo de resumen, ¿qué precauciones y recomendaciones se deben tomar a la hora de realizar grabaciones de seguridad? Busca alguna noticia sobre la implantación de cámaras de seguridad en las vías públicas de las ciudades y qué tipo de controversias ha originado.

2.1.4 CONDICIONES AMBIENTALES

Normalmente se reciben por anticipado los avisos de tormentas, tempestades, tifones y catástrofes sísmicas similares. Las condiciones atmosféricas severas se asocian a ciertas partes del mundo y la probabilidad de que ocurran está documentada.

La frecuencia y severidad de su ocurrencia deben ser tenidas en cuenta al decidir la construcción de un edificio. La comprobación de los informes climatológicos o la existencia de un servicio que notifique la proximidad de una tormenta severa, permite que se tomen precauciones adicionales, tales como la retirada de objetos móviles, la provisión de calor, iluminación o combustible para la emergencia.

Incendios

Los incendios son causados por el uso inadecuado de combustibles, fallo de instalaciones eléctricas defectuosas y el inadecuado almacenamiento y traslado de sustancias peligrosas.

El fuego es una de las principales amenazas contra la seguridad. Es considerado el enemigo número uno de las computadoras ya que puede destruir fácilmente los archivos de información y programas.

Desgraciadamente los sistemas antifuego dejan mucho que desear, causando casi igual daño que el propio fuego, sobre todo a los elementos electrónicos. El dióxido de carbono, actual alternativa del agua, resulta peligroso para los propios empleados si quedan atrapados.

Los diversos factores a contemplar para reducir los riesgos de incendio a los que se encuentra sometido un centro de procesamiento de datos (CPD) son:

- ✓ El área en la que se encuentran las computadoras debe estar en un local que no sea combustible o inflamable.
- ✓ El local no debe situarse encima, debajo o adyacente a áreas donde se procesen, fabriquen o almacenen materiales inflamables, explosivos, gases tóxicos o sustancias radioactivas.
- ✓ Las paredes deben hacerse de materiales incombustibles y extenderse desde el suelo al techo.
- ✓ Debe construirse un falso suelo instalado sobre el suelo real, con materiales incombustibles y resistentes al fuego.

- No debe estar permitido fumar en el área de proceso.
- El suelo y el techo en el recinto del centro de cómputo y de almacenamiento de los medios magnéticos deben ser impermeables.
- Deben instalarse extintores manuales (portátiles) y/o automáticos (rociadores).

Sistema de aire acondicionado

Se debe proveer un sistema de calefacción, ventilación y aire acondicionado separado, que se dedique al cuarto de computadoras y equipos de proceso de datos en forma exclusiva.

Teniendo en cuenta que los aparatos de aire acondicionado son causa potencial de incendios e inundaciones, es recomendable instalar redes de protección en todo el sistema de cañería al interior y al exterior, detectores y extintores de incendio, monitores y alarmas efectivas.

Inundaciones

La invasión de agua por exceso de escurrimientos superficiales o por acumulación en terrenos planos, ocasionada por falta de drenaje ya sea natural o artificial, es una de las causas de mayores desastres en centros de cómputos.

Además de las causas naturales de inundaciones, puede existir la posibilidad de una inundación provocada por la necesidad de apagar un incendio en un piso superior.

Para evitar este inconveniente se pueden tomar las siguientes medidas: construir un techo impermeable para evitar el paso de agua desde un nivel superior y acondicionar las puertas para contener el agua.

Terremotos

Estos fenómenos sísmicos pueden ser tan poco intensos que solamente instrumentos muy sensibles los detectan, o tan intensos que causan la destrucción de edificios y hasta la pérdida de vidas humanas. El problema es que en la actualidad, estos fenómenos están ocurriendo en lugares donde no se los asociaba. Por fortuna los daños en las zonas improbables suelen ser ligeros.

2.2 SISTEMAS DE ALIMENTACIÓN ININTERRUMPIDA (SAI)

Trabajar con computadoras implica trabajar con electricidad. Por lo tanto, esta es una de las principales áreas a considerar en la seguridad física. Además, es una problemática que abarca desde el usuario hogareño hasta la gran empresa.

En la medida que los sistemas se vuelven más complicados se hace más necesaria la presencia de un especialista para evaluar riesgos particulares y aplicar soluciones que estén de acuerdo con una norma de seguridad industrial.

Un **SAI** (Sistema de Alimentación Ininterrumpida), también conocido por sus siglas en inglés **UPS** (*Uninterruptible Power Supply,* suministro de energía ininterrumpible), es un dispositivo que gracias a sus baterías puede proporcionar energía eléctrica tras un apagón a todos los dispositivos que tenga conectados, durante un tiempo limitado, permitiendo de este modo poder apagar los equipos sin que sufran cortes sus fuentes de alimentación.

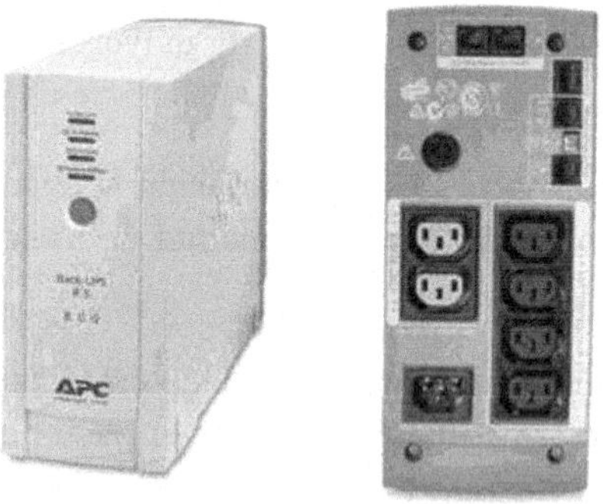

Pequeño **SAI** independiente a dos vistas. Los distintos dispositivos hardware no irán enchufados a las tomas de corriente directamente, se enchufarán a la SAI que será la que estará conectada al enchufe, haciendo de este modo de intermediario, entre la red eléctrica y los dispositivos hardware.

Las SAI se ajustan a las necesidades energéticas de los equipos existentes.

Otra de las funciones de los SAI es la de **mejorar la calidad de la energía eléctrica** que llega a los aparatos, **filtrando subidas y bajadas de tensión y eliminando armónicos de la red en el caso de usar corriente alterna,** que tenemos en los enchufes. Los SAI dan energía eléctrica a equipos llamados cargas críticas, como pueden ser aparatos médicos, industriales o informáticos que, como se ha dicho antes, requieren tener siempre alimentación y que ésta sea de calidad, debido a la necesidad de estar en todo momento operativos y sin fallos (picos o caídas de tensión).

2.2.1 CAUSAS Y EFECTOS DE LOS PROBLEMAS DE LA RED ELÉCTRICA

El 50% de los problemas ocasionados en los equipos eléctricos e informáticos y las pérdidas de información son debidos a interrupciones y perturbaciones en el suministro de la red eléctrica suponiendo unas pérdidas en el mundo de aproximadamente 26 billones de dólares.

Según un estudio del National Power Quality Laboratory de Canadá, cada año se producen aproximadamente en un edificio de oficinas de cualquier ciudad del mundo unos 36 picos de tensión, 264 bajadas de red, 128 sobre-voltajes o subidas de tensión, 289 microcortes menores a 4 ms y aproximadamente entre 5 a 15 apagones de red mayores a 10 segundos. Realmente de cada 100 perturbaciones 40 causaron pérdidas de datos o incidencias en las cargas conectadas.

El papel del SAI es suministrar potencia eléctrica en ocasiones de fallo de suministro, en un intervalo de tiempo corto (si es un fallo en el suministro de la red, hasta que comiencen a funcionar los sistemas aislados de emergencia). Sin embargo, muchos sistemas de alimentación ininterrumpida son capaces de corregir otros fallos de suministro:

Los nueve problemas de la energía son:

1. **Cortes de energía o apagones (blackout).**

   Es la pérdida total del suministro eléctrico. Puede ser causado por diversos eventos; relámpagos, fallos de las líneas de energía, exceso de demandas, accidentes y desastres naturales. Puede causar daños en el equipo electrónico (hardware), pérdida de datos o parada total del sistema.

2. **Bajadas de voltaje momentáneo o microcortes (sag).**

   Es la caída momentánea de voltaje, generada por el arranque de grandes cargas, encendido de maquinaria pesada, fallos de equipos. Se presenta de manera similar a los apagones pero en oleadas repetitivas. Las bajadas de voltaje momentáneo pueden causar principalmente daños al hardware y perdida de datos.

3. **Picos de tensión o alto voltaje momentáneo (surge).**

   Los picos pueden ser producidos por una rápida reducción de las cargas, cuando el equipo pesado es apagado, por voltajes que están por encima del 110 % de la nominal. Los resultados pueden ser daños irreversibles al hardware.

4. **Bajadas de tensión sostenida (undervoltage).**

   Bajo voltaje sostenido en la línea por periodos largos de unos cuantos minutos, horas y hasta días. Pueden ser causados por una reducción intencionada de la tensión para conservar energía durante los periodos de mayor demanda. El bajo voltaje sostenido puede causar daños al hardware principalmente.

5. **Sobrevoltaje o subidas de tensión (overvoltage).**

   Sobrevoltaje en la línea por períodos largos. Puede ser causado por un relámpago y puede incrementar el voltaje de la línea hasta 6.000 voltios en exceso. El sobrevoltaje casi siempre ocasiona pérdida de la información y daños del hardware.

6. **Ruido eléctrico (line noise).**

   Significa interferencias de alta frecuencia causadas por radiofrecuencia (RFI) o interferencia electromagnética (EMI). Pueden ser causadas por interferencias producidas por transmisores, máquinas de soldar, impresoras, relámpagos, etc. Introduce errores en los programas y archivos, así como daños a los componentes electrónicos.

7. **Variación de frecuencia (frequency variation).**

   Se refiere a un cambio en la estabilidad de la frecuencia. Resultado de un generador o pequeños sitios de cogeneración siendo cargados o descargados. La variación de frecuencia puede causar un funcionamiento errático de los equipos, pérdida de información, caídas del sistema y daños de equipos.

8. **Transientes o micropicos (switching transient).**

   Es la caída instantánea del voltaje en el rango de los nanosegundos. La duración normal es más corta que un pico. Puede originar comportamientos extraños del ordenador y proporcionando estrés en los componentes electrónicos quedando propensos a fallos prematuros.

9. **Distorsión armónica (harmonic distortion).**

Es distorsión de la forma de onda normal. Es causada por cargas no lineales conectadas a la misma red que los equipos, ordenadores y/o aplicaciones críticas. Motores, copiadoras, máquinas de fax, etc., son ejemplos de cargas no lineales. Puede provocar sobrecalentamiento en los ordenadores, errores de comunicación y daño del hardware.

CONSECUENCIAS

Un mal suministro de energía eléctrica afecta la productividad de las empresas, ya que:

1. **Destruyen la información:**

   Una variación en el flujo de energía eléctrica puede dañar datos confidenciales, documentos de operación diaria, estadísticas e información financiera.

2. **Dañan las infraestructuras:**

   Cada variación en el voltaje va disminuyendo la vida útil de ordenadores personales, servidores, controles de máquinas, estaciones de trabajo y redes informáticas entre otros.

3. **Generan estrés:**

   Las constantes interrupciones en la continuidad laboral y consecuente caída de productividad genera estrés y desmotivación en los recursos humanos.

4. **Afecta a la productividad:**

   Las interrupciones de operación de las compañías afectan la productividad y la generación de ingresos.

5. **Generan pérdidas:**

   Los problemas eléctricos interrumpen la continuidad de operación, ocasionando importantes pérdidas en las empresas.

2.2.2 TIPOS DE SAI

Habitualmente, los fabricantes de SAI clasifican los equipos en función del tipo de energía eléctrica (alterna o continua) que producen a su salida:

- **SAI de continua**. Los equipos o cargas conectadas a los SAI requieren una alimentación de corriente continua, por lo tanto éstos transformarán la corriente alterna de la red comercial a corriente continua y la usarán para alimentar a la carga y almacenarla en sus baterías. Por lo tanto no requieren convertidores entre las baterías y las cargas.

- **SAI de alterna**. Estos SAI obtienen a su salida una señal alterna, por lo que necesitan un inversor para transformar la señal continua que proviene de las baterías en una señal alterna. Habitualmente es el tipo de SAI que se comercializa, ya que los equipos informáticos requieren para su funcionamiento enchufes de corriente alterna como los disponibles en cualquier hogar u oficina. La mayoría de las SAI comerciales permiten conexión USB o de red local, entre el PC y la SAI, para monitorizar su estado en el PC mediante software.

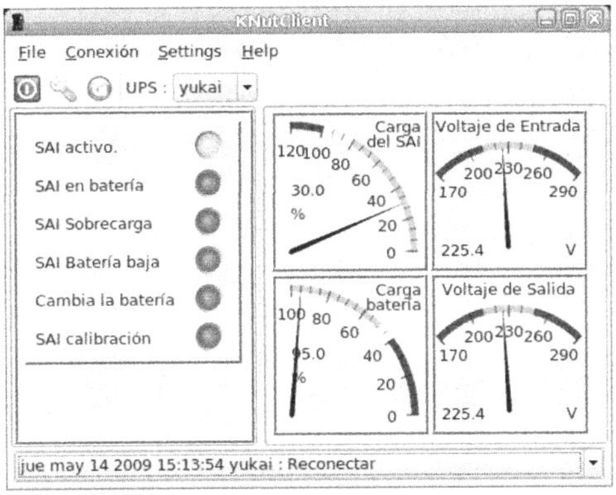

Según los fallos eléctricos que corrigen, disponibilidad, fiabilidad, etc., se pueden clasificar en:

- **SAI off-line o interactivo no senoidal (protección nivel 3 - equipos básicos)**: es un equipo que por su precio es el que más extendido está, sobre todo para la protección de pequeñas cargas (PC, cajas registradoras, TPV, etc.). Este tipo de SAI alimenta a las cargas críticas, que tiene que proteger, con una seguridad y protección relativa dependiendo del tipo de off-line (estabilizados y con o sin filtros) dentro de una escala de 1 a 100 los off-line estarían entre 40 y 60 puntos en relación a la protección que deberían de tener los equipos informáticos, por supuesto siempre en consonancia con el tipo de equipos a proteger y la zona (industrial, oficinas, muy conflictiva en tormentas o en cortes de suministro, etc.). Básicamente los equipos off-line actúan en el momento en que la red desaparece o baja por debajo de la nominal 220 voltios, produciéndose en el cambio de red a baterías un pequeño micro-corte el cual para una mayoría de equipos eléctricos e informáticos es inapreciable, no así para equipos muy sofisticados.

- **SAI on-line y line interactive (protección nivel 5)**: El SAI on-line cumple verdaderamente para casi todos los problemas ocasionados por fallos en la compañía eléctrica tanto como por otros problemas ocasionados por las líneas eléctricas dentro de polígonos industriales y oficinas, como ruido eléctrico etc. Los equipos ON-LINE suelen dar una protección del orden de entre 70 y 90 puntos en una escala de protección de 1 a 100, convirtiéndose por tanto en muy fiables. Existen diferentes tipos de topología en los equipos ON-LINE pero todas cumplen francamente con su función dejando pocas ventanas abiertas a los posibles problemas.

- **SAI on-line doble conversión (protección nivel 9)**: La verdadera diferencia entre los SAI se encuentra en los equipos **on-line de doble conversión** ya que los equipos **off-Line, línea interactiva** y **on-line de una conversión** están siempre dependientes de una manera u otra de que la entrada eléctrica al equipo cumpla unas mínimas condiciones para el correcto funcionamiento de los equipos. En los equipos de **doble conversión** no dependen de la línea de entrada para trabajar con una protección de más del 95% eliminando por completo todos los problemas ocasionados por las líneas eléctricas y las compañías de electricidad además de problemas normalmente metereológicos que son inesperados.

2.2.3 POTENCIA NECESARIA

Para ajustar las dimensiones y capacidad eléctrica de la SAI a la que enchufar nuestros equipos, es necesario realizar un cálculo de la potencia que consumimos y por tanto que necesitamos suministrar.

La **potencia eléctrica** se define como la cantidad de energía eléctrica o trabajo que se transporta o que se consume en una determinada unidad de tiempo.

Si la tensión eléctrica (voltaje medido en voltios, V) se mantiene constante, la potencia es directamente proporcional a la corriente eléctrica (intensidad medida en amperios, A). Ésta aumenta si la corriente aumenta.

Cuando se trata de corriente continua (CC) la potencia eléctrica desarrollada en un cierto instante por un dispositivo de dos terminales, es el producto de la diferencia de potencial entre dichos terminales y la intensidad de corriente que pasa a través del dispositivo. Esto es, **P = V x I.**

Donde **I** es el valor instantáneo de la corriente y **V** es el valor instantáneo del voltaje. Si **I** se expresa en amperios y **V** en voltios, **P** estará expresada en watts (vatios). Igual definición se aplica cuando se consideran valores promedio para **I**, **V** y **P**.

En circuitos eléctricos de corriente alterna (CA), como son las tomas de corriente (enchufes), se emplean medidas de potencia eficaz o aparente y potencia real. La unidad de potencia para configurar un SAI es el voltiamperio (VA), que es **potencia aparente**, también denominada potencia efectiva o eficaz, consumida por el sistema. Para calcular cuanta energía requiere tu equipo, busca el consumo en la parte trasera del aparato o en el manual del usuario. Si tenemos la potencia en vatios (W) (**potencia real**), multiplica la cantidad de vatios por 1,4 para tener en cuenta el pico máximo de potencia que puede alcanzar su equipo, por ejemplo: 200 W x 1,4 = 280 VA. En ocasiones el factor 1,4, puede ser 1,33 o 1,6 o factor divisor 0,7 o 0,75.

Si lo que se encuentra es la tensión y la corriente nominales, para calcular la potencia aparente (VA) hay que multiplicar la corriente (amperios) por la tensión (voltios), obteniéndose la potencia en W, para luego multiplicarla por factor 1,4. Por ejemplo: 3 amperios x 220 voltios = 660 W. 660 W x 1,4 = 924 VA.

ACTIVIDADES →

En la web www.newsai.es/fqa.htm podrás encontrar la mayor parte de las cuestiones técnicas referentes a una SAI.

- Encuentra una SAI, justificando tu respuesta, para un equipo que tiene una fuente de alimentación ATX de 450 W, y un monitor de 17", de consumo 75 W, teniendo en cuenta que se quiere dimensionar para que el consumo de equipos alcance el 75% de la potencia suministrada por la SAI, que se pueda monitorizar el estado en el PC y el tiempo de suministro bajo corte eléctrico sea de 1 hora permitiendo apagar el PC y guardar los trabajos abiertos con tiempo suficiente.

ACTIVIDADES →

- Lista las características de potencia del equipamiento informático de aula, ordenadores, monitores, otros periféricos (altavoces, impresoras, etc.), dispositivos de red (como switches, puntos de acceso, etc.), buscando la potencia consumida de cada uno, ayudándote de los manuales o con un software de diagnóstico como Everest o Aida32. Indica qué dispositivos necesitarían estar enchufados a la SAI por ser críticos, y estima el número de tomas de corriente y la potencia necesaria de una SAI.
- A continuación busca una solución comercial e indica sus características y el coste.
- Contesta a las siguientes cuestiones:
- ¿Qué potencia suministra la fuente de alimentación de tu torre de sobremesa?

- ¿Es necesario disponer una SAI para un portátil o un notebook?¿Por qué? ¿Qué función realiza el transformador de corriente?¿Y las celdas de baterías?

Ayudate de estas estimaciones de consumo medio de potencia. EJEMPLOS DE CONSUMO MEDIO en Volt Amperios:

- ✓ Pentium II 190 VA
- ✓ Pentium III y IV 240 VA
- ✓ Monitor 14" - 15" 70 VA
- ✓ Monitor 17" - 20" 180 VA
- ✓ Impresora de tinta 90 VA
- ✓ Impresora láser 400 VA
- ✓ Hub, Switch, Bridge, FAX o Router 150 VA
- ✓ Ecáner 160 VA

2.3 CENTROS DE PROCESADO DE DATOS (CPD)

Se denomina procesamiento de datos o CPD a aquella ubicación donde se concentran todos los recursos necesarios para el procesamiento de la información de una organización. También se conoce como **centro de cómputo** (Iberoamérica) o **centro de cálculo** (España) o centro de datos por su equivalente en inglés **data center.**

Dichos recursos consisten esencialmente en unas dependencias debidamente acondicionadas, servidores y redes de comunicaciones.

2.3.1 EQUIPAMIENTO DE UN CPD

Un CPD, por tanto, es un edificio o sala de gran tamaño usada para mantener en él una gran cantidad de equipamiento electrónico. Suelen ser creados y mantenidos por grandes organizaciones con objeto de tener acceso a la información necesaria para sus operaciones.

Por ejemplo, un banco puede tener un data center con el propósito de almacenar todos los datos de sus clientes y las operaciones que éstos realizan sobre sus cuentas. Prácticamente todas las compañías que son medianas o grandes tienen algún tipo de CPD, mientras que las más grandes llegan a tener varios interconectados, en distintas ubicaciones geográficas.

Entre los factores más importantes que motivan la creación de un CPD se puede destacar el **garantizar la continuidad y disponibilidad** del servicio a clientes, empleados, ciudadanos, proveedores y empresas colaboradoras, pues en estos ámbitos es muy importante la protección física de los equipos informáticos o de comunicaciones implicados, así como servidores de bases de datos que puedan contener información crítica. Requisitos generales:

- **Disponibilidad y monitorización "24x 7x 365"**: un centro de datos diseñado apropiadamente proporcionara disponibilidad, accesibilidad y confianza 24 horas al día, 7 días a la semana, 365 días al año.

- **Fiabilidad infalible (5 nueves):** Es decir, con un 99,999% de disponibilidad, lo que se traduce en una única hora de no disponibilidad al año. Los centros de datos deben tener redes y equipos altamente robustos y comprobados.

- **Seguridad, redundancia y diversificación:** Almacenaje exterior de datos, tomas de alimentación eléctrica totalmente independientes y de servicios de telecomunicaciones para la misma configuración, equilibrio de cargas, SAI o sistemas de alimentación ininterrumpida), control de acceso, etc.

- **Control ambiental / prevención de incendios:** El control del ambiente trata de la calidad del aire, temperatura, humedad inundación, electricidad, control de fuego, y por supuesto, acceso físico.

- **Acceso a Internet y conectividad a redes de área extensa WAN para conectividad a Internet:** Los centros de datos deben ser capaces de hacer frente a las mejoras y avances en los equipos, estándares y anchos de banda requeridos, pero sin dejar de ser manejables y fiables.

El diseño de un centro de procesamiento de datos comienza por la elección de su **ubicación geográfica**, y requiere un balance entre diversos factores:

- Coste económico: coste del terreno, impuestos municipales, seguros, etc.
- Infraestructuras disponibles en las cercanías: energía eléctrica, carreteras, acometidas de electricidad, centralitas de telecomunicaciones, bomberos, etc.
- Riesgo: posibilidad de inundaciones, incendios, robos, terremotos, etc.

Una vez seleccionada la ubicación geográfica es necesario encontrar unas dependencias adecuadas para su finalidad, ya se trate de un local de nueva construcción u otro ya existente a comprar o alquilar. Algunos **requisitos de las dependencias son**:

- Una buena ubicación son las plantas intermedias o ubicaciones centrales en entornos de campus.
- Una planta con altura de suelo a techo mínima de 3 m, preferiblemente más. Esto será suficiente para un piso con un falso suelo de 300 a 600 milímetros y proporcionará el suficiente espacio libre para los equipos y racks.
- Una ruta de acceso amplia para canalizaciones. La ruta debe ser grande y bastante fuerte para servir como toma de aire, material informático o para módulos de fuente de alimentación continua.
- Espacio para salas posibles de extensión.

Aún cuando se disponga del local adecuado, siempre es necesario algún **despliegue de infraestructuras en su interior**:

- Falsos suelos y falsos techos, con placas de fibra de vidrio.
- Cableado de red y teléfono. Todos los cables tendidos bajo el suelo deberían ser LSZH (Low Smoke Zero Halogen).
- Doble cableado eléctrico.
- Generadores y cuadros de distribución eléctrica.
- Acondicionamiento de salas.
  - Las paredes del CPD deben tener un grado mínimo de resistencia al fuego de una hora (RF-60) aunque se recomienda un grado RF-120, y deben proporcionar barrera frente al humo.
  - Todas las puertas de acceso deben tener una ventana con cierre propio.
  - Todos los materiales usados en la construcción de la sala de ordenadores deben ser incombustibles.
  - Para controlar el daño por agua, todas las entradas del piso, de la pared y del techo deben estar selladas.
  - Los extintores manuales contra el fuego deben ser de dióxido de carbono u otros gases con agentes de extinción.
  - No debe haber componentes químicos de extinción por polvo seco en el área de ordenadores.
- Instalación de alarmas, control de temperatura y humedad con avisos SNMP (mensajes a una base de datos de gestión remota) o SMTP (mediante envío de correo electrónico) o SMS/MMS vía teléfono móvil.

Generalmente en un CPD, todos los grandes servidores se suelen concentrar en una sala denominada sala fría, nevera o pecera. Esta sala requiere un sistema específico de refrigeración para mantener una temperatura baja (entre 21 y 23 grados centígrados), necesaria para evitar averías en las computadoras a causa del sobrecalentamiento.

Según las normas internacionales, la temperatura exacta debe ser **22,3 grados centígrados.**

La pecera suele contar con medidas estrictas de seguridad en el acceso físico, así como medidas de extinción de incendios adecuadas al material eléctrico, tales como extinción por agua nebulizada o bien por gas INERGEN, dióxido de carbono o nitrógeno.

Una parte especialmente importante de estas infraestructuras son aquellas destinadas a la **seguridad física de la instalación**, lo que incluye:

- ✓ Cerraduras electromagnéticas, controladas por algún mecanismo de control de acceso por tarjeta, pin o biometría.
- ✓ Tornos.
- ✓ Cámaras de seguridad.
- ✓ Detectores de movimiento.
- ✓ Tarjetas de identificación.

Una vez acondicionado el habitáculo se procede a la instalación de las computadoras, las redes de área local, etc. Esta tarea requiere un **diseño lógico** de redes y entornos, sobre todo en aras a la seguridad. Algunas actuaciones son:

- ✓ Instalación y configuración de los servidores y periféricos.
- ✓ Despliegue del cableado y configuración de la electrónica de red: pasarelas, encaminadores, conmutadores, etc.
- ✓ Segmentación de redes locales y creación de redes virtuales (VLAN).
- ✓ Creación de zonas desmilitarizadas (DMZ), mediante cortafuegos (firewalls).
- ✓ Creación de la red de almacenamiento de información (SAN).
- ✓ Creación de los entornos de explotación, pre-explotación, desarrollo de aplicaciones y gestión en red.

ACTIVIDADES →

ANÁLISIS DE CPD EN UNA SOLUCIÓN REAL

Solución integral de CPD altamente seguro para Supermercados Condis

Condis es una empresa familiar de distribución de productos de alimentación y supermercados, con presencia principalmente en Cataluña y Madrid. Con más de 4.000 empleados, practica el denominado comercio de proximidad, con tiendas de barrio y supermercados de unos 600 m^2 que sirven como alternativa a las grandes superficies. Cuenta con cuatro plataformas logísticas desde las que dan servicio a sus más de 400 establecimientos, agrupados bajo las marcas Condis y Distop.

En 2005 la empresa ha facturado unos 660 millones de euros y espera continuar su crecimiento. Fue además la primera cadena de supermercados en ofrecer a sus clientes la opción de realizar sus compras directamente por Internet y recibirlas en su domicilio, a través del servicio denominado condisline.com.

La cadena de supermercados Condis se ha dotado de una nueva infraestructura física para su Centro de Proceso de Datos que proporciona a su información una mayor seguridad y protección ante riesgos no deseados. Abast Grup se ha encargado de la dirección del proyecto y propuso una solución de cerramiento modular que proporciona la máxima protección con una instalación mucho más rápida y limpia. El traslado técnico se realizó "en caliente", en un tiempo récord de un fin de semana, permitiendo así mantener los compromisos de disponibilidad de Condis.

Garantizar los criterios de seguridad

El CPD de Condis estaba antiguamente situado en una sala del departamento de informática cuyas paredes eran mamparas de madera y vidrio, idénticas a las que componían el resto de separaciones de las oficinas. Esta situación preocupaba a los responsables de TI, conscientes de que esa infraestructura física no proporcionaba suficientes garantías de seguridad frente a los riesgos de incendio, inundaciones o accesos no autorizados.

Jordi Roig Julià, jefe del departamento de sistemas corporativos de Condis, nos detalla la situación: "Algunas auditorías periódicas de calidad que realizábamos valoraban bastante bien las instalaciones del CPD, pero nosotros sabíamos que había puntos mejorables. Por ejemplo, como las estadísticas hablan de un 1% de posibilidades de que se produzca algún incidente con fuego en un CPD, ya habíamos dotado a la sala de un sistema de detección y extinción de incendios propio, pero nos preocupaba que el riesgo de incendio pudiera venir del exterior, un entorno de oficina en el que casi todo es papel y madera. El riesgo de inundaciones también era pequeño pues ni por las paredes ni por el techo de la sala pasaban canalizaciones de agua, pero estaba bajo cubierta y en alguna otra zona del edificio se habían producido problemas de goteras en caso de lluvias torrenciales. En cuanto a los accesos no autorizados, lo cierto es que en Condis nunca hemos tenido ninguna situación de sabotaje por parte de personal interno, pero la auditoría sobre el cumplimiento de la LOPD nos alertó sobre la necesidad de proteger mejor el acceso a los datos y los sistemas de información".

Dicha auditoría sirvió como desencadenante del proyecto de mejora de la infraestructura física del CPD. "Nos dimos cuenta de que era ya el momento de abordar el problema y no aplazar más tiempo la solución", explica Roig. Las inquietudes del departamento de IT encontraron respuesta por parte del Consejo de Administración y la Dirección General de Condis, muy concienciados con todos los asuntos referentes a la seguridad, y se aprobó incluir el proyecto de una nueva sala CPD en los presupuestos del siguiente año fiscal.

Cerramiento modular, la opción más adecuada

Los primeros pasos fueron buscar cuál sería la ubicación más adecuada para la nueva sala de CPD y escoger un tipo de cerramiento totalmente estanco e ignífugo que proporcionase total protección frente a los riesgos de agua y fuego.

El lugar finalmente escogido fue una zona del almacén situada no demasiado lejos de las oficinas del departamento de IT, y en la que se encontraban ya instalados los SAI que proporcionan protección a los equipos frente a caídas o alteraciones de la red eléctrica. Para la elección del cerramiento se dejaron aconsejar por Abast Grup, con quien, según palabras del propio Roig "trabajamos juntos desde hace bastantes años y hemos establecido una relación de confianza".

La solución propuesta fue un cerramiento modular de la marca AST del tipo RF120 según la normativa EN1047, que cumplía todos los criterios de tiempo de resistencia al fuego, dureza, estanqueidad y resistencia al agua, etc.

El jefe del departamento de sistemas de Condis nos comenta algunas de las cualidades que vieron en esta propuesta: "Un cerramiento de este tipo presenta ventajas tanto a la hora de realizar el proyecto como más adelante si se han de abordar futuras ampliaciones. El proceso de instalación es mucho más rápido y limpio, y en caso de necesitar más metros cuadrados para nuevos equipos no sería necesario derribar ninguna pared, con el riesgo que esto supondría de polvo y escombros que podrían dañar los sistemas instalados, sino simplemente desmontar algunos paneles y ampliar".

Roig también destaca que el hecho de tratarse de una solución modular les permitió planificar el proyecto en dos fases y poder de esta manera ajustarse mejor a sus presupuestos anuales. En la primera fase se realizó la sala que alberga los equipos informáticos y en la segunda se hizo un cerramiento para proteger los SAI.

CPD altamente seguros

Para garantizar la seguridad frente a sabotajes o accesos no deseados se tomaron varias medidas. La sala del CPD se estructuró en dos zonas separadas, una para los equipos informáticos y otra para los sistemas de climatización, cuadro eléctrico y sistema de extinción de incendios. Cada una cuenta con una entrada propia con sistemas de control de acceso, y se han definido permisos diferentes para cada una, de forma que, por ejemplo, operarios responsables del mantenimiento pueden acceder a la zona de servicios pero no a la de sistemas. La sala de sistemas cuenta además con una cámara de vigilancia que graba todos los accesos. Tanto la cámara como el sistema de iluminación están diseñados para activarse a partir de sensores de movimiento.

El sistema de extinción de incendios es mediante gas, la opción que, garantizando la integridad de los equipos, resultaba más adecuada para las medidas de la sala. En una de las paredes se ha habilitado una válvula que permite que si se activa el sistema la primera acometida de gas a alta presión tenga una vía de salida que después queda sellada. De esta forma se evitan posibles daños tanto en los equipos como en la estructura debidos al aumento súbito de presión.

Abast Grup se encargó de la dirección de todo el proyecto, coordinando tanto los apartados de los que era responsable directo (estructura de sala, sistema eléctrico, cableado...) como los realizados por otras empresas (sistemas de climatización, detección y extinción de incendios), que Condis contrató directamente para reutilizar los sistemas que ya disponía en su antigua sala CPD.

La importancia de las comunicaciones

Parte de la electrónica de red de la LAN de Condis se dejó en la ubicación de la antigua sala CPD, pues desde allí salían los troncales que iban a los otros armarios de distribución. Para el nuevo CPD se adquirieron dos nuevos switches HP ProCurve 5308xl con 48 puertos Gigabit cada uno, y capacidad de expansión hasta 128 + 128 puertos Gb. Toda la electrónica de red de la LAN es ProCurve Networking, "porque cuando fue creciendo la red ya teníamos confianza en HP, que es la marca de la mayoría de los sistemas que tenemos, y porque los productos de ProCurve han tenido históricamente una excelente calidad relación/precio", comenta Jordi Roig.

Como proveedor de cableado, Condis confió en AMP Netconnect, una división del grupo Tyco Electrónics. Roig explica que "cuando el cableado dependía de Servicios Generales para cada ampliación se habían utilizado soluciones de proveedores diferentes. Cuando pasó a depender de nosotros consideramos que para evitar problemas era mejor homologar a un solo proveedor que realmente cubriera todas nuestras necesidades de cables y conectores dentro de su gama y nos diese total confianza en cuanto a calidad de producto, y escogimos a AMP Netconnect. Lo que hicimos entonces fue auditar el cableado existente, reemplazar el que no cumplía los criterios, y para todas las nuevas instalaciones utilizar soluciones de este fabricante".

Traslado técnico en tiempo récord

Mover todos los equipos de la antigua sala CPD a las nuevas instalaciones sin que el servicio a los usuarios se vea afectado suele ser uno de los puntos críticos de este tipo de proyectos. En el traslado del CPD de Condis, minuciosamente planificado, participaron ocho personas, cuatro de ellas de su departamento de IT y otras cuatro personal de Abast Grup.

Los equipos a trasladar eran un *rack* con la SAN (1 HP StorageWorks EVA 3000 con 2 controladoras y 4 bandejas de discos, 2 *switches* de fibra y 1 *appliance*) y 5 *racks* más de servidores con 8 sistemas HP900, 8 HP Proliant, 2 HP Netservers, 2 HP Integrity Servers (Itanium), 2 HASS (High Available Storage Systems) y una librería de cintas MSL, así como varias estaciones de trabajo, PC y sistemas de comunicaciones (*switches*, *routers*...).

El proceso se inició un viernes por la tarde, momento en el que se pudieron comenzar a parar servicios y trasladar equipos, como los del *data warehouse* o los utilizados para desarrollo. Jordi Roig explica que "La parte más crítica era la que hacía referencia a la SAN y los servidores que soportan las aplicaciones relacionadas con la logística. Nuestros almacenes dejan de trabajar el sábado al mediodía y retoman su actividad por la tarde del domingo, por lo que la ventana de tiempo que teníamos para parar, desconectar, trasladar, volver a conectar y reiniciar estos equipos era bastante estrecha". Los últimos equipos en moverse fueron los relacionados con los supermercados, aunque Roig aclara que "los dejamos para la noche del sábado coincidiendo con el horario de cierre de nuestros establecimientos, pero en este caso el proceso era más simple porque, al contrario de lo que ocurre con oficinas y almacenes, la mayoría de las aplicaciones que se utilizan en las tiendas no son centralizadas. Además, otros servicios como el correo electrónico podían detenerse antes porque, como los supermercados lo utilizan solamente como correo interno con la central, el tráfico de mensajes de un sábado es muy escaso".

El traslado se realizó finalmente sin ningún imprevisto, y todo el proceso se completó el domingo sobre las 12 h de la mañana, unas horas incluso antes de lo esperado. La rapidez con que se llevó a término permitió que esta fase del proyecto no tuviese ninguna incidencia negativa en el cumplimiento de los criterios de disponibilidad de los servicios TI de Condis.

Fuente: http://www.abast.es/cs_condis_cpd.shtml

- ¿Qué se considera un "traslado en caliente"?
- ¿Cuáles eran los riesgos que corrían y que podrían poner en peligro su anterior CPD? ¿Qué es una auditoría?
- ¿Quién tomó la decisión de cambio?
- ¿Cómo se podrían resumir las soluciones adoptadas por la empresa en los distintos ámbitos?
- ¿Los SAI y los equipos se encuentran en la misma sala?¿Por qué?

2.4 REFERENCIAS WEB

- Sitio web sobre SAI.

  http://www.newsai.es/

- Catálogo, manuales y documentación de SAI.

  http://www.apc.com/es/

- Noticias y medidas de seguridad para CPD.

  http://www.seguridadcpd.com/

- Seguridad física. Red – Iris.

  http://www.rediris.es/cert/doc/unixsec/node7.html

- Soluciones técnicas para el control de acceso.

  http://www.accesor.com/

- Soluciones técnicas de biometría.

  http://www.biometriaaplicada.com/

RESUMEN DEL CAPÍTULO

En este capítulo hemos analizado los principios de la seguridad física: ***aplicación de barreras físicas y procedimientos de control, como medidas de prevención y contramedidas ante amenazas a los recursos e información confidencial***

Las principales **amenazas** que se prevén en la seguridad física son:

- Amenazas ocasionadas por el hombre, como robos, destrucción de información o equipos, etc.

Para ello se adoptarán medidas con respecto a la vigilancia, detección de intrusos y control de acceso, y a las **credenciales de identificación: mediante** algo que se posee, llave, tarjeta de identificación o inteligente (SmartCard), algo que se sabe (número de identificación o una password). Actualmente, por **lo que se es**, biometría que realiza mediciones en forma electrónica, guarda y compara características únicas físicas (voz, huella, manos, características del ojo, etc.) para la identificación de personas.

- Desastres naturales, alteraciones y cortes de suministro eléctrico, incendios accidentales, tormentas e inundaciones.

Para evitar cortes bruscos y otros efectos indeseados como picos de tensión en el suministro eléctrico, se emplearán **SAI** (Sistema de Alimentación Ininterrumpida), o **UPS** (dispositivo con baterías), que puede proporcionar energía eléctrica tras un apagón a todos los dispositivos que tenga conectados, durante un tiempo limitado, permitiendo de este modo poder apagar los equipos sin que sufran cortes sus fuentes de alimentación. También mejora la calidad de la energía eléctrica que llega a los dispositivos, filtrando subidas y bajadas de tensión de los enchufes.

La unidad de potencia para adquirir un SAI es el voltiamperio (VA), **potencia aparente**, o eficaz. Para calcular cuánta energía requiere, si tenemos la potencia en vatios (W) (**potencia real**) se multiplica por 1,4 para tener en cuenta el pico máximo de potencia que puede alcanzar el equipo.

Con respecto a los centros de procesado de datos (CPD) y la ubicación donde se concentran todos los recursos necesarios para el procesamiento de la información de una organización, tendremos especial cuidado de la seguridad física, con desastres como incendios, inundaciones, etc.

Evaluar y controlar permanentemente la seguridad física del edificio, sala o cualquiera que sea la ubicación de los dispositivos informáticos, es la base para comenzar a integrar la seguridad como una función primordial dentro de cualquier organismo.

EJERCICIOS PROPUESTOS

- **1.** A lo largo del curso se realizará un **manual de buenas prácticas y recomendaciones** a modo de resumen en dos ámbitos, calculando siempre el coste de la solución óptima:

  A. A nivel de usuario, qué medidas y recomendaciones de equipamiento y uso tomarías.

  B. A nivel de pequeña y mediana empresa, PYME, qué medidas y recomendaciones darías a un cliente, propietario de una PYME.

  Las soluciones y recomendaciones se tomarán con respecto al Capítulo 2 en base a:

  - Control de acceso físico a equipamiento informático.
  - SAI o UPS.
  - Condiciones ambientales, temperatura fundamentalmente.

TEST DE CONOCIMIENTOS

1 Las medidas de seguridad biométricas son:

a) Permitir el acceso a un sistema mediante contraseña asimétrica.
b) Emplear la biología para medir parámetros de seguridad.
c) Emplear características biológicas para identificar usuarios.
d) El fundamento de la identificación mediante certificado digital.

2 La unidad de potencia para configurar un SAI es el:

a) Vatio (W) o potencia real.
b) Voltiamperio (VA) o potencia aparente.
c) Vatio (W) o potencia aparente.
d) Voltiamperio (VA) o potencia real.

3 En un CPD el ancho de los armarios para comunicaciones y servidores tienen un ancho:

a) No normalizado, normalmente de 19".
b) Normalizado de 18".
c) No normalizado, normalmente de 18".
d) Normalizado a 19".

4 Los SAI:

a) Permiten conectarse ininterrumpidamente a la red eléctrica.
b) Suministran corriente eléctrica frente a cortes de luz.
c) Son dispositivos de almacenamiento de alta disponibilidad.
d) Son programas que permiten mantener confidencialidad.

5 Indicar la sentencia falsa. Los servicios de vigilancia mediante cámaras IP:

a) Se pueden monitorizar remotamente desde una red.
b) La cámara IP no puede funcionar sin alimentación de red eléctrica.
c) Se puede ver solo una imagen simultáneamente mediante una web, de una sola cámara.
d) Se pueden ver varias imágenes, de varias cámaras simultáneamente.

3 Seguridad lógica

Objetivos del capítulo

- ✓ Profundizar en aspectos de seguridad lógica.
- ✓ Garantizar el acceso restringido de los usuarios, mediante políticas de seguridad.
- ✓ Valorar la importancia del uso de contraseñas seguras.
- ✓ Restringir el acceso autorizado a ficheros, carpetas, aplicaciones y sistemas operativos.
- ✓ Analizar las ventajas de disponer el sistema y aplicaciones actualizadas.

3.1 PRINCIPIOS DE LA SEGURIDAD LÓGICA

Es importante recalcar que la mayoría de los daños que puede sufrir un sistema informático no será sobre los medios físicos sino contra información por él almacenada y procesada.

Así, la seguridad física sólo es una parte del amplio espectro que se debe cubrir para no vivir con una sensación ficticia de seguridad. Como ya se ha mencionado, el activo más importante que se posee es la **información**, y por lo tanto deben existir técnicas, más allá de la seguridad física, que la aseguren. Estas técnicas las brinda la seguridad lógica.

Es decir que la **seguridad lógica** consiste en la *aplicación de barreras y procedimientos que resguarden el acceso a los datos y sólo se permita acceder a ellos a las personas autorizadas para hacerlo.*

Existe un viejo dicho en la seguridad informática que dicta que todo lo que no está permitido debe estar prohibido y esto es lo que debe asegurar la seguridad lógica.

Los objetivos que se plantean serán:

- ✓ Restringir el acceso al arranque (desde la BIOS), al sistema operativo, los programas y archivos.
- ✓ Asegurar que los usuarios puedan trabajar sin una supervisión minuciosa y no puedan modificar los programas ni los archivos que no correspondan.
- ✓ Asegurar que se estén utilizando los datos, archivos y programas correctos en y por el procedimiento correcto, actualizando periódicamente los mismos.

3.2 CONTROLES DE ACCESO

Estos controles pueden implementarse en la BIOS, el sistema operativo, sobre los sistemas de aplicación, en bases de datos, en un paquete específico de seguridad o en cualquier otra aplicación.

Constituyen una importante ayuda para proteger al sistema operativo de la red, al sistema de aplicación y demás software de la utilización o modificaciones no autorizadas; para mantener la integridad de la información (restringiendo la cantidad de usuarios y procesos con acceso permitido) y para resguardar la información confidencial de accesos no autorizados.

Asimismo, es conveniente tener en cuenta otras consideraciones referidas a la seguridad lógica, como por ejemplo las relacionadas al procedimiento que se lleva a cabo para determinar si corresponde un permiso de acceso (solicitado por un usuario) a un determinado recurso.

3.2.1 IDENTIFICACIÓN Y AUTENTIFICACIÓN

Es la primera línea de defensa para la mayoría de los sistemas computarizados, permitiendo prevenir el ingreso de personas no autorizadas. Es la base para la mayor parte de los controles de acceso y para el seguimiento de las actividades de los usuarios.

Se denomina **identificación** al momento en que el usuario se da a conocer en el sistema; y **autenticación** a la verificación que realiza el sistema sobre esta identificación.

Al igual que se consideró para la seguridad física, y basada en ella, existen cuatro tipos de técnicas que permiten realizar la autenticación de la identidad del usuario, las cuales pueden ser utilizadas individualmente o combinadas:

- ✓ Algo que solamente el individuo **conoce**: por ejemplo una clave secreta de acceso o password, una clave criptográfica, un número de identificación personal o PIN, etc.
- ✓ Algo que la persona **posee:** por ejemplo una tarjeta magnética.

- Algo que el individuo **es** y que lo identifica unívocamente: por ejemplo las huellas digitales o la voz.
- Algo que el individuo es capaz de **hacer**, por ejemplo los patrones de escritura.

Para cada una de estas técnicas vale lo mencionado en el caso de la seguridad física en cuanto a sus ventajas y desventajas. Se destaca que en los dos primeros casos enunciados, es frecuente que las claves sean olvidadas o que las tarjetas o dispositivos se pierdan, mientras que por otro lado, los controles de autenticación biométricos serían los más apropiados y fáciles de administrar, resultando ser también los más costosos por lo dificultoso de su implementación eficiente.

Desde el punto de vista de la eficiencia, es conveniente que los usuarios sean identificados y autenticados solamente una vez, pudiendo acceder a partir de allí a todas las aplicaciones y datos a los que su perfil les permita, tanto en sistemas locales como en sistemas a los que deba acceder en forma remota. Esto se denomina *single login* o sincronización de passwords.

Una de las posibles técnicas para implementar esta única identificación de usuarios sería la utilización de un **servidor de autenticaciones** sobre el cual los usuarios se identifican, y que se encarga luego de autenticar al usuario sobre los restantes equipos a los que éste pueda acceder. Este servidor de autenticaciones no debe ser necesariamente un equipo independiente y puede tener sus funciones distribuidas tanto geográfica como lógicamente, de acuerdo con los requerimientos de carga de tareas. Es el caso de servidores LDAP en GNU/Linux y Active Directory sobre Windows Server.

La seguridad informática se basa, en gran medida, en la efectiva administración de los permisos de acceso a los recursos informáticos, basados en la identificación, autenticación y autorización de accesos.

ACTIVIDADES

- Busca dentro de las opciones de configuración de la BIOS de tu placa base, si es posible asignar una contraseña en el arranque. ¿Cómo se puede retear dicha contraseña? ¿Crees que es útil y totalmente seguro este sistema de control de acceso? ¿Por qué?

3.2.2 ROLES

El acceso a la información también puede controlarse a través de la función, perfil o rol del usuario que requiere dicho acceso.

Algunos ejemplos de roles serían los siguientes: programador, líder de proyecto, gerente de un área usuaria, administrador del sistema, etc. En este caso los derechos de acceso y políticas de seguridad asociadas pueden agruparse de acuerdo con el rol de los usuarios.

3.2.3 LIMITACIONES A LOS SERVICIOS

Estos controles se refieren a las restricciones que dependen de parámetros propios de la utilización de la aplicación o preestablecidos por el administrador del sistema.

Un ejemplo podría ser que en la organización se disponga de licencias para la utilización simultánea de un determinado producto de software para cinco personas, en donde exista un control a nivel sistema que no permita la utilización del producto a un sexto usuario.

3.2.4 MODALIDAD DE ACCESO

Se refiere al modo de acceso que se permite al usuario sobre los recursos y a la información. Esta modalidad puede ser:

- **Lectura:** el usuario puede únicamente leer o visualizar la información pero no puede alterarla. Debe considerarse que la información puede ser copiada o impresa.
- **Escritura:** este tipo de acceso permite agregar datos, modificar o borrar información.
- **Ejecución:** este acceso otorga al usuario el privilegio de ejecutar programas.
- **Borrado:** permite al usuario eliminar recursos del sistema (como programas, campos de datos o archivos). El borrado es considerado una forma de modificación.
- **Todas las anteriores**.

Además, existen otras modalidades de acceso especiales, que generalmente se incluyen en los sistemas de aplicación:

- **Creación:** permite al usuario crear nuevos archivos, registros o campos.
- **Búsqueda:** permite listar los archivos de un directorio determinado.

ACTIVIDADES

PERMISOS EN EL SISTEMA DE ARCHIVOS GNU/LINUX

Para brindar algo de privacidad y protección cada archivo o directorio tiene asociados permisos diferentes para el dueño, para el grupo y para los demás usuarios. En el caso de archivos, los permisos que pueden darse o quitarse son: (r) lectura, (w) escritura y (x) ejecución. En el caso de directorios, los permisos son: (r) para listar los archivos, (w) para escribir, crear o borrar archivos y (x) para acceder a archivos del directorio.

Desde un administrador de archivos, puede ver los permisos de un archivo con el botón derecho del ratón cuando el puntero está sobre el archivo, escogiendo la opción apropiada del menú que aparece. Desde un intérprete de comandos o consola se puede emplear el comando **ls** con la opción -l. Un ejemplo del resultado de este comando se presenta a continuación:

```
drwxr-xr-x   5 pepe  users    4096 Feb 21 06:31 graficas
-rw-r-----   1 pepe  users   62561 May 13 18:13 c.tar.gz
lrwxrwxrwx   1 pepe  users      12 Nov 12  2000 a -> /etc/hosts
```

La primera línea presenta un directorio (la d al principio de la línea lo indica), la segunda presenta un archivo (el guión inicial lo indica) y la tercera un enlace. El nombre del directorio graficas, tiene 5 archivos, fue modificado por última vez el 21 de febrero del año en curso a las 6:31AM, el dueño es pepe, el grupo es users y el tamaño es 4096 bytes, en realidad el tamaño cobra sentido sólo en el caso de archivos como c.tar.gz cuyo tamaño es 62.561 bytes. Los tres caracteres rwx que siguen a la d inicial indican los permisos para el dueño, los tres siguientes r-x indican los permisos para el grupo y los tres siguientes r-x indican los permisos para el resto de usuarios. Como el orden de estos permisos es siempre el mismo (primero lectura r, después escritura w y después ejecución x), resulta que el archivo c.tar.gz no es ejecutable, que puede ser leído por el dueño y el grupo pero no por los demás usuarios, además puede ser escrito sólo por pepe. Del enlace podemos destacar que se llama a, que enlaza al archivo /etc/hosts y que su tamaño y permisos reales los heredará de /etc/hosts.

Los permisos de un archivo pueden ser modificados por el dueño, propietario o por el administrador del sistema con el comando **chmod** que espera dos parámetros: cambio por realizar al permiso y nombre del archivo por cambiar. Los permisos se pueden especificar en octal o con una o más letras para identificar al usuario (u para el usuario, g para el grupo, o para los demás usuarios y a para todos), un +, un - o un = y después letras para identificar los permisos (r, w o x). Por ejemplo:

chmod og+x sube.sh

Da a los demás usuarios y al grupo permiso de ejecución del archivo sube. sh que debe estar en el directorio desde el cual se da el comando.

chmod a-w deu.txt

Quita el permiso de escritura en el archivo deu.txt, tanto al dueño como al grupo, como a los demás usuarios. Este mismo resultado puede obtenerse con el comando **chmod -w deu.txt**. Cuando no se especifican usuarios **chmod** toma por defecto todos los usuarios.

chmod u=rxw,g=rx,o= textos

Cambia permisos del archivo (o directorio), textos, el usuario puede leer, ejecutar y escribir, el grupo puede leer y ejecutar mientras que los demás usuarios no tienen permisos.

El dueño de un archivo puede ser modificado sólo por el administrador del sistema con el programa **chown**. Un usuario que pertenezca a varios grupos puede cambiar el grupo de uno de sus archivos a alguno de los grupos a los que perteneza con el programa o comando **chgrp**, por ejemplo:

chgrp estudiantes tarea1.txt

Cambiará el grupo del archivo tarea1.txt a estudiantes. Los grupos a los cuales un usuario pertenece son mostrados por el comando groups.

- Busca información sobre los archivos de configuración /etc/passwd, /etc/group y /etc/shadow. ¿Qué información proporcionan al sistema?
- Bajo sistemas Windows, ¿se puede modificar el propietario de un archivo?¿Qué opciones de seguridad existen sobre cada uno de los archivos?
- ¿Crees que el sistema de protección de archivos en GNU/Linux es más fiable y controlable que bajo sistemas Windows? ¿Por qué?

ACTIVIDADES →

Un nivel de seguridad en los sistemas Windows se proporciona con la opción de encriptación que cada usuario puede hacer sobre determinados archivos. Busca información y contesta a las siguientes cuestiones:

- ¿De qué color aparece el texto de los archivos encriptados?
- ¿Qué usuario tiene acceso a ese archivo?¿Cómo se controla dicho hecho?
- ¿Cada usuario puede acceder a todo el sistema de archivos o tiene ciertas restricciones?
- ¿Pueden emplearlos otros usuarios?
- Si pongo contraseña a una cuenta de usuario ¿es posible conectar el disco duro a otra torre, arrancar con otro sistema Windows y leer los archivos?. Pruébalo y comenta el resultado.

3.2.5 UBICACIÓN Y HORARIO

El acceso a determinados recursos del sistema puede estar basado en la ubicación física o lógica de los datos o personas.

En cuanto a los horarios, este tipo de controles permite limitar el acceso de los usuarios a determinadas horas de día o a determinados días de la semana.

De esta forma se mantiene un control más restringido de los usuarios y zonas de ingreso.

Se debe mencionar que estos dos tipos de controles siempre deben ir acompañados de alguno de los controles anteriormente mencionados.

3.2.6 ADMINISTRACIÓN

Una vez establecidos los controles de acceso sobre los sistemas y la aplicación, es necesario realizar una eficiente administración de estas medidas de seguridad lógica, lo que involucra la implementación, seguimientos, pruebas y modificaciones sobre los accesos de los usuarios de los sistemas.

La política de seguridad que se desarrolle respecto a la seguridad lógica debe guiar a las decisiones referidas a la determinación de los controles de accesos especificando las consideraciones necesarias para el establecimiento de perfiles de usuarios.

La definición de los permisos de acceso requiere determinar cuál será el nivel de seguridad necesario sobre los datos, por lo que es imprescindible clasificar la información, determinando el riesgo que produciría una eventual exposición de la misma a usuarios no autorizados.

Así los diversos niveles de la información requerirán diferentes medidas y niveles de seguridad.

Para empezar la implementación, es conveniente comenzar definiendo las medidas de seguridad sobre la **información más sensible o las aplicaciones más críticas**, y avanzar de acuerdo a un orden de prioridad descendiente, establecido alrededor de las aplicaciones.

Una vez clasificados los datos, deberán establecerse las medidas de seguridad para cada uno de los niveles.

Un programa específico para la administración de los usuarios informáticos desarrollado sobre la base de las consideraciones expuestas, puede constituir un compromiso vacío, si no existe una conciencia de la seguridad organizacional por parte de todos los empleados. Esta conciencia de la seguridad puede alcanzarse mediante el ejemplo del personal directivo en el cumplimiento de las políticas y el establecimiento de compromisos firmados por el personal, donde se especifique la responsabilidad de cada uno.

Pero además de este compromiso debe existir una concienciación por parte de la administración hacia el personal en donde se remarque la importancia de la información y las consecuencias posibles de su pérdida o apropiación de la misma por agentes extraños a la organización.

3.2.7 ADMINISTRACIÓN DEL PERSONAL Y USUARIOS - ORGANIZACIÓN DEL PERSONAL

Este proceso lleva generalmente cuatro pasos:

1 Definición de puestos: debe contemplarse la máxima separación de funciones posibles y el otorgamiento del mínimo permiso de acceso requerido por cada puesto para la ejecución de las tareas asignadas.

2 Determinación de la sensibilidad del puesto: para esto es necesario determinar si la función requiere permisos arriesgados que le permitan alterar procesos, perpetrar fraudes o visualizar información confidencial.

3 Elección de la persona para cada puesto: requiere considerar los requerimientos de experiencia y conocimientos técnicos necesarios para cada puesto. Asimismo, para los puestos definidos como críticos puede requerirse una verificación de los antecedentes personales.

4 Entrenamiento inicial y continuo del empleado: cuando la persona seleccionada ingresa a la organización, además de sus responsabilidades individuales para la ejecución de las tares que se asignen, deben comunicárseles las políticas organizacionales, haciendo hincapié en la política de seguridad. El individuo debe conocer las disposiciones organizacionales, su responsabilidad en cuanto a la seguridad informática y lo que se espera de él.

Esta formación debe orientarse a incrementar la **conciencia** de la necesidad de proteger los recursos informáticos y a entrenar a los usuarios en la utilización de los sistemas y equipos para que ellos puedan llevar a cabo sus funciones en forma segura, minimizando la ocurrencia de errores (principal riesgo relativo a la tecnología informática).

Sólo cuando los usuarios están capacitados y tienen una conciencia formada respecto de la seguridad pueden asumir su responsabilidad individual. Para esto, el ejemplo de la gerencia constituye la base fundamental para que el entrenamiento sea efectivo: el personal debe sentir que la seguridad es un elemento prioritario dentro de la organización.

ACTIVIDADES

- Analiza el siguiente artículo y explica cuáles son las ventajas e inconvenientes de las cuentas de tipo, perfil o rol administrador y limitadas, indicando las limitaciones de uso de éstas, y crea una cuenta de usuario limitada para acceder a tu sistema. Encripta una carpeta y todos sus archivos, con las propiedades del botón derecho, desde un usuario con rol administrador e intenta acceder desde el usuario con rol limitado.

- ¿Puede el usuario con rol limitado acceder a la carpeta de usuario Mis documentos del usuario con rol administrador y abrir sus archivos?, ¿y viceversa?

- Después de leer el artículo, ¿crees que es útil tener un sistema que tenga dos cuentas de usuario, una como administrador y otra como limitada? Indica el uso que realizarías del sistema con cada rol.

Debido al uso más extendido de los sistemas informáticos basados en el sistema Windows de Microsoft, éstos constituyen un objetivo de ataque más prioritario para los ciberdelincuentes a la hora de extender *malware*.

En la Tabla 1 se puede ver el nivel de uso de los diferentes sistemas operativos así como el nivel de infección de cada uno de ellos. Dentro de los basados en el sistema Windows, el análisis muestra un 70,5% de penetración y un 66,4% de equipos infectados por parte de Windows XP, convirtiéndolo en el SO más extendido a la vez que el más compatible con el *malware* actual.

Tabla 1: Tasa de utilización de cada sistema operativo e infecciones por sistema operativo en septiembre de 2009 (%)

Sistema Operativo	Uso (sep'09)	Equipos infectados (sep'09)
Microsoft Windows XP	70,5	66,4
Microsoft Windows Vista	25,7	31,6
Otros Microsoft Windows	1,8	70,7
Mac	1,3	0,0
Linux	0,7	0,0

Fuente: INTECO

Ahora bien, ¿cuál es la diferencia entre Windows Vista y Windows XP que motiva el desnivel tan notable en el porcentaje de equipos que alojan *malware*?

El motivo principal es que Windows Vista fuerza un control más estricto de los privilegios del usuario mediante su gestor de usuarios UAC *(User Access Control)*. Con UAC se evita que se usen los privilegios elevados si no son absolutamente necesarios.

Por esta razón, y dado que el impacto sobre la seguridad del sistema es evidente en términos de infección, a continuación se orienta al usuario a configurar Windows XP para adquirir un nivel de restricción similar al de Windows Vista. Esta restricción constituye una de las capas más efectivas contra el código malicioso y otro tipo de atacantes. Se trata de una recomendación general de seguridad que es conveniente seguir: *Realizar los cambios necesarios en el sistema para conseguir una configuración más robusta, eliminando las cuentas y los servicios innecesarios y cambiando los permisos y privilegios por defecto.*

Microsoft Windows XP es un sistema multiperfil (aunque no siempre es usado como tal). Cada perfil se corresponde con un usuario, que tiene ciertas capacidades sobre el sistema operativo.

Cuantos más privilegios tiene un usuario sobre el sistema, más riesgo existe en la realización de tareas bajo ese perfil, ya que cualquier acción que realice pone en peligro las partes más delicadas de la configuración de Windows.

Tabla 2: Tareas permitidas con cada tipo de cuenta de usuario

Cuenta Administrador	Cuenta Limitada
Instalación del sistema y del hardware y software inicial.	Crear, modificar o eliminar archivos de la propia cuenta.
Parametrización de preferencias (fecha y hora, fondo de escritorio, etc.) y reparación de problemas (modificación del registro, etc.)	Programas cotidianos de tratamiento de datos: procesadores de texto, hojas de cálculo, bases de datos, navegador, programas de descarga, lectores de correo electrónico, reproductores de video y audio, edición de fotografías, etc.
Adición de nuevo software (ej. programas de descarga) y hardware (ej. impresora).	Ver archivos de la carpeta Documentos compartidos.
Todas las tareas que permite una cuenta limitada: uso de procesadores de texto, navegador web, etc.	Guardar documentos, leer documentos del propio usuario.
Crear, modificar y eliminar cuentas.	Cambiar o quitar sus propias contraseñas
Tener acceso a todos los archivos del sistema.	Cambiar su imagen, tema y otras configuraciones de su escritorio.

Fuente: INTECO

PRINCIPIO DE MÍNIMO PRIVILEGIO

En el ámbito de la seguridad existe un principio básico que se ha de aplicar a todo proceso: el **principio de mínimo privilegio**. Se trata de una de las piedras angulares de la seguridad: realizar las tareas necesarias con los mínimos privilegios; así cualquier fallo, accidente o vulnerabilidad tiene también un impacto mínimo.

En base a este principio, es recomendable que el usuario mantenga, al menos, dos cuentas: una con privilegios de administrador (para la gestión del sistema e instalación de software) y otra cuenta con permisos reducidos (para su uso cotidiano). Todo usuario adicional que se agregue (personas que comparten el uso del mismo equipo) debe añadirse como cuenta limitada.

Las cuentas de usuario limitadas tienen como limitaciones:

- No pueden acceder a la carpeta de Mis Documentos de otros usuarios.
- No pueden escribir sobre la carpeta del sistema operativo Windows.
- Imposibilidad de instalar un *driver*.

No se puede modificar el registro de Windows, el cual alberga la configuración del sistema operativo y de algunos de los programas instalados. Para persistir en el sistema y comprometer programas, el malware ha de realizar ciertas modificaciones en el registro. Con la utilización de un usuario limitado, muchas de estas acciones están denegadas, reduciendo drásticamente el impacto del malware.

Para crear una cuenta de usuario y gestionar las cuentas existentes iremos al Panel de Control / Cuentas de usuario.

¿Cuál es el problema principal que se va a encontrar el usuario al operar con una cuenta limitada? El usuario no va a poder instalar programas que realicen cambios sobre el sistema y/o que afecten a otros usuarios (la mayoría del software de hoy día).

Adquisición puntual de privilegios de administrador: Existen opciones para adquirir puntualmente privilegios de administrador de cara a instalar un determinado programa o realizar una determinada tarea. Se detallan a continuación.

Cambio rápido de usuario: Para no tener que reiniciar el sistema ni perder el contexto en el que se está trabajando con la cuenta de usuario limitado, lo más sencillo es realizar un cambio de usuario. Para ello es suficiente con seleccionar la opción "Cerrar sesión de (nombre de usuario)" del menú desplegable "Inicio". Así en "Cambiar de usuario" se accede a la opción de cambio a la cuenta de administrador. Para volver a la cuenta limitada se sigue el mismo proceso.

Instalar aplicación "Ejecutar como" administrador: Para instalar un programa desde una cuenta limitada se puede seleccionar el ejecutable, y pulsar el botón secundario del ratón. Entre las opciones disponibles, se visualiza una nueva denominada "Ejecutar como", que permite ejecutar un programa como un usuario distinto al de la cuenta que se está utilizando.

Se selecciona ejecutar como "El siguiente usuario", se introducen los datos de la cuenta de administrador, y el programa es instalado como si lo estuviera haciendo el administrador.

Ejecución desde la consola del sistema: La última opción (quizá la más compleja) consiste en ejecutar la aplicación deseada desde la consola con los privilegios del usuario administrador. Para ello se utiliza la herramienta del sistema operativo RunAs.exe (como el comando *su* en Linux).

Se ha de abrir el símbolo del sistema (Inicio > Programas > Accesorios > Símbolo del Sistema) y allí se teclea lo siguiente:

runas /user:*nombre_de_usuario_administrador "ruta_completa_a_fichero"*

RunAs.exe solicita la contraseña del usuario administrador para poder llevar a cabo la aplicación deseada.

- Por cierto, ¿crees que si proteges tus cuentas de Windows con contraseñas son irreductibles y no puedes acceder a ellas? Busca información de cómo resetear los parámetros de las cuentas de usuario y explica el proceso.

ACTIVIDADES

CONFIGURAR DIRECTIVAS DE SEGURIDAD DE USUARIOS:

En la siguiente actividad vamos a configurar algunos aspectos básicos de seguridad local y asignación de permisos a usuarios en sistemas Windows.

Para modificar la configuración de seguridad local:

Abre Configuración de seguridad local. Haz clic en Inicio, selecciona Configuración, haz clic en Panel de control, haz doble clic en Herramientas administrativas y, a continuación, haz doble clic en Directiva de seguridad local.

Realiza una de estas acciones:

- Para modificar Directiva de contraseñas o Directiva de bloqueo de cuentas, en el árbol de la consola haz clic en Directivas de cuenta. Veremos una actividad en el siguiente apartado de control de contraseñas de acceso al sistema.
- Para modificar Directiva de auditoría, Asignación de derechos de usuario u Opciones de seguridad, en el árbol de la consola haz clic en Directivas locales.

En el árbol de la consola, haz clic en la carpeta que contiene la directiva que deseas modificar y, a continuación, en el panel de detalles, haz doble clic en la directiva que deseas modificar.

Realiza los cambios que desees y haz clic en Aceptar.

Para cambiar otras directivas, repite los tres pasos anteriores.

Para el caso de **Directivas locales**, estas directivas se aplican a un equipo y contienen tres subconjuntos:

- **Directiva de auditoría**. Determina si los sucesos de seguridad se registran en el registro de seguridad del equipo. También especifica si se registran los intentos de inicio de sesión correctos, los fallidos o ambos. El registro de seguridad forma parte del Visor de sucesos.
- **Asignación de derechos de usuario**. Determina qué usuarios o grupos tienen derechos de inicio de sesión o privilegios en el equipo.
  - Ajustar cuotas de memoria para un proceso.
  - Permitir el inicio de sesión local.
  - Hacer copias de seguridad de archivos y directorios.
  - Cambiar la hora del sistema.
  - Crear objetos compartidos permanentes.
  - Depurar programas.
  - Denegar el acceso desde la red a este equipo.
  - Denegar el inicio de sesión localmente.
  - Generar auditorías de seguridad.
  - Cargar y descargar controladores de dispositivo.
  - Restaurar archivos y directorios.
  - Apagar el sistema.
  - Tomar posesión de archivos y otros objetos.
- **Opciones de seguridad**. Habilita o deshabilita la configuración de seguridad del equipo, como la firma digital de datos, nombres de las cuentas Administrador e Invitado, acceso a CD-ROM y unidades de disco, instalación de controladores y solicitudes de inicio de sesión.

- Por ejemplo, desde el usuario con rol administrador, agregar la posibilidad a la cuenta limitada creada anteriormente de cambiar la fecha/hora, revocarle el privilegio de acceso al CD-ROM, que pueda instalar controladores de dispositivo. Activar el archivo de sucesos o log de sucesos asociados a esos privilegios.
- Acceder como usuario rol-limitado y verificar privilegios y limitaciones.
- Acceder como usuario rol-administrador y verificar el archivo de suceso o log.
- ¿Los usuarios con cuenta limitada pueden acceder a la configuración de directivas locales?¿Es lógico?
- Advertencia: La modificación de las directivas locales debe hacerse con conocimiento de causa, control y precaución, ya que puede ocasionar resultados indeseados.

3.3 IDENTIFICACIÓN

Las contraseñas son las claves que se utilizan para obtener acceso a información personal que se ha almacenado en el equipo y en sus cuentas en línea.

Si algún delincuente o un usuario malintencionado consigue apoderarse de esa información, podría utilizar su nombre, por ejemplo, para abrir nuevas cuentas de tarjetas de crédito, solicitar una hipoteca o suplantarle en transacciones en línea. En muchos casos, podría ocurrir que no se dé cuenta del ataque hasta que ya es demasiado tarde.

Por suerte, no es difícil crear contraseñas seguras y mantenerlas bien protegidas.

3.3.1 ¿QUÉ HACE QUE UNA CONTRASEÑA SEA SEGURA?

Para un atacante, una contraseña segura debe parecerse a una cadena aleatoria de caracteres. Puede conseguir que su contraseña sea segura si se guía por los siguientes criterios:

- **Que no sea corta.** Cada carácter que agrega a su contraseña aumenta exponencialmente el grado de protección que ésta ofrece. Las contraseñas deben contener un mínimo de 8 caracteres; lo ideal es que tenga 14 caracteres o más.

  Muchos sistemas también admiten el uso de la barra espaciadora para las contraseñas, de modo que pueden crearse frases compuestas de varias palabras (una frase codificada). Por lo general, una frase codificada resulta más fácil de recordar que una contraseña simple, además de ser más larga y más difícil de adivinar.

- **Combina letras, números y símbolos.** Cuanto más diversos sean los tipos de caracteres de la contraseña, más difícil será adivinarla. Entre otros detalles importantes cabe citar los siguientes:

  - **Cuantos menos tipos de caracteres haya en la contraseña, más larga deberá ser ésta**. Una contraseña de 15 caracteres formada únicamente por letras y números aleatorios es unas 33.000

veces más segura que una contraseña de 8 caracteres compuesta de caracteres de todo tipo. Si la contraseña no puede contener símbolos, deberá ser considerablemente más larga para conseguir el mismo grado de protección. Una contraseña ideal combinaría una mayor longitud y distintos tipos de símbolos.

- **Utiliza todo tipo de teclas**, no te limites a los caracteres más comunes. Los símbolos que necesitan que se presione la tecla "Mayús" junto con un número son muy habituales en las contraseñas. Tu contraseña será mucho más segura si eliges entre todos los símbolos del teclado, incluidos los de puntuación que no aparecen en la fila superior del teclado, así como los símbolos exclusivos de tu idioma.

- **Utiliza palabras y frases que te resulten fáciles de recordar, pero que a otras personas les sea difícil adivinar**. La manera más sencilla de recordar tus contraseñas y frases codificadas consiste en anotarlas. Al contrario que lo que se cree habitualmente, no hay nada malo en anotar las contraseñas, si bien estas anotaciones deben estar debidamente protegidas para que resulten seguras y eficaces.

Por lo general, las contraseñas escritas en un trozo de papel suponen un riesgo menor en Internet que un administrador de contraseñas, un sitio web u otra herramienta de almacenamiento basada en software.

3.3.2 ESTRATEGIAS QUE DEBEN EVITARSE CON RESPECTO A LAS CONTRASEÑAS

Algunos métodos que suelen emplearse para crear contraseñas resultan fáciles de adivinar para un delincuente. A fin de evitar contraseñas poco seguras, fáciles de averiguar:

- **No incluyas secuencias ni caracteres repetidos.** Cadenas como "12345678", "222222", "abcdefg" o el uso de letras adyacentes en el teclado no ayudan a crear contraseñas seguras.

- **Evita utilizar únicamente sustituciones de letras por números o símbolos similares.** Los delincuentes y otros usuarios malintencionados que tienen experiencia en descifrar contraseñas no se dejarán engañar fácilmente por reemplazos de letras por números o símbolos parecidos; por ejemplo, i por 1 o a por @, como en "M1cr0$0ft" o en "C0ntr@señ@". Pero estas sustituciones pueden ser eficaces cuando se combinan con otras medidas, como una mayor longitud, errores ortográficos voluntarios o variaciones entre mayúsculas y minúsculas, que permiten aumentar la seguridad de las contraseñas.

- **No utilices el nombre de inicio de sesión.** Cualquier parte del nombre, fecha de nacimiento, número de la seguridad social o datos similares propios o de tus familiares constituye una mala elección para definir una contraseña. Son algunas de las primeras claves que probarán los delincuentes.
- **No utilices palabras de diccionario de ningún idioma.** Los delincuentes emplean herramientas complejas capaces de descifrar rápidamente contraseñas basadas en palabras de distintos diccionarios, que también abarcan palabras inversas, errores ortográficos comunes y sustituciones. Esto incluye todo tipo de blasfemias y cualquier palabra que no diría en presencia de sus hijos.
- **Utiliza varias contraseñas para distintos entornos.** Si alguno de los equipos o sistemas en línea que utilizan esta contraseña queda expuesto, toda la información protegida por esa contraseña también deberá considerarse en peligro. Es muy importante utilizar contraseñas diferentes para distintos sistemas.
- **Evita utilizar sistemas de almacenamiento en línea.** Si algún usuario malintencionado encuentra estas contraseñas almacenadas en línea o en un equipo conectado a una red, tendrá acceso a toda su información.
- **Opción de "contraseña en blanco".** Una contraseña en blanco (ausencia de contraseña) en su cuenta es más segura que una contraseña poco segura, como "1234". Los delincuentes pueden adivinar fácilmente una contraseña simple, pero en equipos que utilizan Windows XP no es posible el acceso remoto a una cuenta a través de una red o de Internet, por ejemplo. (Esta opción no está disponible para Microsoft Windows 2000, Windows Me o versiones anteriores).

Puedes optar por usar una contraseña en blanco en la cuenta del equipo si se cumplen estos criterios:

- ✓ Tienes sólo un equipo, o bien tienes varios equipos pero no necesitas obtener acceso a la información de un equipo desde los otros.

- ✓ El equipo es físicamente seguro (confías en todas las personas que tienen acceso físico al equipo).

No siempre es buena idea utilizar una contraseña en blanco. Por ejemplo, es probable que un equipo portátil que lleves contigo no sea físicamente seguro, por lo que en ese caso debes utilizar una contraseña segura.

Cuida tus contraseñas y frases codificadas tanto como de la información que protegen.

- ✓ **No las reveles a nadie.**
- ✓ **Proteje las contraseñas registradas.**
- ✓ **No facilites nunca tu contraseña por correo electrónico ni porque se te pida por ese medio.**
- ✓ **Cambia tus contraseñas con regularidad.**
- ✓ **No escribas contraseñas en equipos que no controlas.**

ACTIVIDADES →

CREA UNA CONTRASEÑA SEGURA Y FÁCIL DE RECORDAR EN SEIS PASOS

Sigue estos pasos para crear una contraseña segura:

1. **Piensa en una frase que puedas recordar.** Ésta será la base de tu contraseña segura o frase codificada. Piensa en una frase que puedas memorizar sin problemas, como "Mi hermano Ángel tiene tres años".
2. **Comprueba si el equipo o el sistema en línea admite directamente la frase codificada.** Si puede utilizar una frase codificada (con espacios entre caracteres) en el equipo o en el sistema en línea, hazlo.
3. **Si el equipo o el sistema en línea no admite frases codificadas, conviértelas en contraseñas.** Utiliza la primera letra de cada palabra de la frase que has creado para definir una palabra nueva sin sentido. Si tomamos la frase del ejemplo anterior, tendríamos: "mhátta".
4. **Aumenta la complejidad** combinando mayúsculas, minúsculas y números. También resulta de utilidad cambiar letras o cometer

errores ortográficos voluntariamente. Por ejemplo, en la frase anterior, considera la posibilidad de escribir incorrectamente el nombre Ángel o sustituya la palabra tres por el número 3. Hay muchas posibles sustituciones y, cuanto más larga sea la frase, más compleja será la contraseña. La frase codificada podría convertirse finalmente en "Mi Hermano Áng3l tiene 3 añiOs". Si el equipo o el sistema en línea no admite frases codificadas, utiliza la misma técnica para la contraseña abreviada. El resultado podría ser una contraseña como "MhÁt3a".

5. **Por último, realiza sustituciones con algunos caracteres especiales.** Puedes utilizar símbolos que parezcan letras, combinar palabras (quitar espacios) y recurrir a otros medios que permitan crear contraseñas más complejas. Mediante estos trucos, podemos crear una frase codificada como "MiH3rmanO @ng3l ti3n3 3 añiO$" o una contraseña abreviada (con las primeras letras de cada palabra) como "MiH3@t3a".

6. **Prueba la contraseña con un comprobador de contraseñas.** El comprobador de contraseñas te ayudará a determinar el nivel de seguridad que ofrece una contraseña a medida que la escribes (esos datos no se registran).

   Comprobador de contraseñas de Microsoft. ¿Has conseguido una contraseña segura?

   https://www.microsoft.com/latam/protect/yourself/password/checker.mspx

   ¿Por qué crees que es una web https?

ACTIVIDADES

Configura directivas de seguridad de usuarios, sobre contraseñas y bloqueos de cuenta:

En la siguiente actividad vamos a configurar algunos aspectos básicos de seguridad y asignación de permisos a usuarios.

Cómo configurar las directivas de cuentas en Windows XP.

Las directivas de cuentas nos permiten configurar el comportamiento que van a tener éstas ante una serie de sucesos. La importancia de una correcta configuración de estas directivas radica en que desde ellas vamos a poder controlar de una forma más eficiente la forma de acceder a nuestro ordenador.

Vamos a ver cómo podemos configurar estas directivas en Windows XP Professional SP2.

Ante todo, estamos ante unas configuraciones **administrativas**. Esto quiere decir dos cosas. En primer lugar, que sólo los administradores de equipos pueden acceder a ellas, y en segundo lugar, que cuando toquemos algún parámetro dentro de este apartado debemos estar **muy seguros** de lo que estamos haciendo. No se trata de una parte de configuración con la que se puedan hacer experimentos, ya que podemos dejar inaccesible nuestro sistema operativo.

Dicho esto, vamos a ver en primer lugar cómo accedemos a la ventana de **Directivas de seguridad de cuentas**.

En primer lugar entramos en el **Panel de control** (es conveniente activarlo en modo *Vista clásica*).

Una vez que entramos en **Herramientas administrativas**, tenemos el apartado **Directivas de seguridad local**.

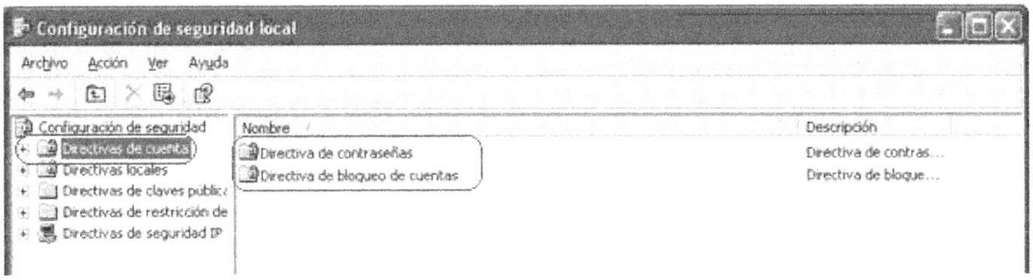

Una vez en la ventana de las **Directivas de seguridad local** nos encontramos a la izquierda con varias directivas. Estas son:

Directivas de cuentas:

- Directivas locales.
- Directivas de claves públicas.
- Directivas de restricción de software.
- Directivas de seguridad IP en equipo local.

Vamos a tratar la primera de ellas, que son las **Directivas de cuentas**.

Como podemos ver, en este grupo de directivas tenemos dos subgrupos, **Directiva de contraseñas** y **Directiva de bloqueo de cuentas**. Vamos a ver qué podemos hacer en cada uno de ellos:

Directiva de contraseñas:

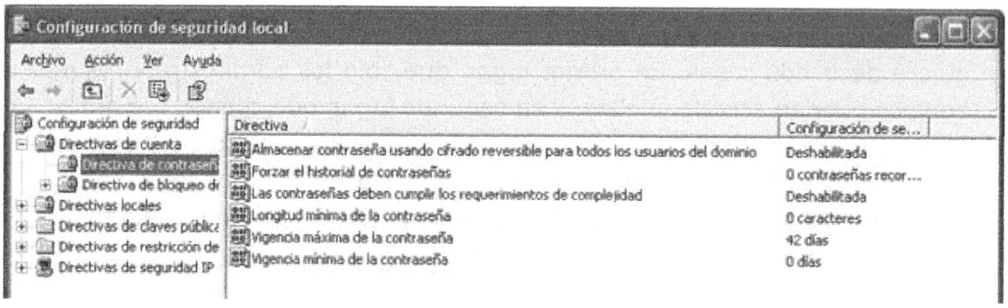

Dentro de las directivas de contraseña nos encontramos con una serie de directivas, que vamos a estudiar a continuación. Bien, veamos cuáles son estas directivas:

- **Almacenar contraseña usando cifrado reversible para todos los usuarios del dominio.** Su mismo nombre indica para qué se utiliza. Las opciones son **Habilitado** o **Deshabilitado**.
- **Forzar el historial de contraseñas.** Establece el número de contraseñas a recordar.
- **Las contraseñas deben cumplir los requerimientos de complejidad.** Obliga a que las contraseñas cumplan unos requisitos de complejidad.
- **Longitud mínima de la contraseña.** Obliga a que las contraseñas tengan un mínimo de caracteres, estableciendo este mínimo.
- **Vigencia máxima de la contraseña.** Establece el número de días máximo que una contraseña va a estar activa.
- **Vigencia mínima de la contraseña.** Establece el número de días mínimos que una contraseña va a estar activa.

Directiva de bloqueo de cuentas:

- **Duración del bloqueo de cuentas.** Establece, en minutos, el tiempo que una cuenta debe permanecer bloqueada.
- **Restablecer la cuenta de bloqueos después de.** Establece, en minutos, el tiempo que ha de pasar para restablecer la cuenta de bloqueos.
- **Umbral de bloqueos de la cuenta.** Establece el número de intentos fallidos para bloquear el acceso a una cuenta.

Como podemos ver es un apartado que, si bien no tiene grandes complicaciones en su configuración, sí que hay que saber lo que se está haciendo y, sobre todo, los resultados que se quieren obtener.

- Configurar la política de contraseñas para que la longitud mínima sea de 14 caracteres, tenga las características de complejidad requeridas y haya que modificarlas cada mes.
- En caso de más de 3 intentos fallidos bloquear la cuenta 15 minutos.
- Comprobar la nueva política de contraseñas creada y documentar los resultados y limitaciones que aparezcan.

ACTIVIDADES →

- Leer el artículo sobre Recomendaciones para la creación y uso de contraseñas seguras de Inteco. En la siguiente página web http://www.inteco.es/Seguridad/Observatorio/Estudios_e_Informes/Notas_y_Articulos/recomendaciones_creacion_uso_contrasenas
- Contesta a las siguientes cuestiones:

  a. ¿Qué es un ataque de fuerza bruta? ¿Y uno de diccionario?

  b. ¿Qué porcentaje de usuarios emplea contraseñas para el acceso a sus sistemas de archivos?

  c. ¿Qué porcentaje de usuarios en EEUU apunta su contraseña en papel o archivo electrónico en el PC?

  d. ¿Qué porcentaje de usuarios emplea la misma contraseña en distintos servicios?

  e. ¿Qué es un keylogger? Instala un keylogger gratuito en tu PC y verifica el registro que realiza cuando accedes a tu correo electrónico?

ACTIVIDADES →

- Busca información acerca de los archivos etc/passwd, etc/groups y etc/shadow de los sistemas GNU/Linux responsables de la administración de usuario y grupos, así como contraseñas. Indica qué encriptación posee el archivo etc/shadow. Si encontraras una máquina con usuario logado root, y visualizaras el contenido del archivo mediante el comando cat etc/shadow:

```
root:HZ5xf2h5BJ8$u:0:0:root:/root:/bin/bash
bin:*:1:1:bin:/bin:
daemon:*:2:2:daemon:/sbin:
adm:*:4:7:lp:/var/spool/lpd:
sync:*:5:0:sync:/sbin: /bin/sync
shutdown:*:6:0:shutdown:/sbin:/sbin/shutdown
halt:*:7:0:halt:sbin:/sbin/halt
mail:*:8:12:mail:/var/spool/mail:
news:*:9:13:news:/var/spool/news:
uucp:*:10:14:uucp:/var/spool/uucp:
operator:*:11:0:operator:/root:
games:*:12:100:games:/usr/games:
gopher:*:13:30:gopher:/usr/lib/gopher-data:
ftp:*:14:50:FTP User:/home/ftp:
guest::405:100:Guest:/home/guest:/bin/bash
nobody:*:99:99:Nobody:/:
jose:Rf$rt96yy$OIJ:0:0:Jose Garcia:/home/jose:/bin/ksh
maria:kd6$fak8754Hu:407:100::/home/maria:/bin/bash
```

- ¿Qué contraseña poseen los usuarios: root, jose y maria? ¿Qué privilegios tiene el usuario root?
- Descarga el software John The Ripper, investiga sobre su uso y encuentra la respuesta.

3.4 ACTUALIZACIÓN DE SISTEMAS Y APLICACIONES

¿Por qué debemos actualizar regularmente nuestro sistema y aplicaciones?

Mientras hacemos uso de Internet y sus servicios, los ciberdelincuentes, de forma análoga a como haría un ladrón al intentar entrar a robar a una casa, desarrollan virus y otros programas maliciosos para aprovechar cualquier vulnerabilidad en el sistema a través del cual infectarlo. Suelen aprovechar las vulnerabilidades más recientes que requieren una actualización inmediata de los sistemas.

Los fabricantes de software, conocedores de que los atacantes andan al acecho, actualizan sus programas cada vez que se descubre un agujero de seguridad.

Es de vital importancia **actualizar los sistemas, tanto el sistema operativo como el resto de aplicaciones, tan pronto como sea posible.**

Hay que tener en cuenta que cuanto más tiempo tardemos en hacerlo más tiempo estaremos expuestos a que un virus pueda entrar en el equipo, y el ordenador quede bajo el control del atacante.

Para facilitar esta tarea, la mayoría de **aplicaciones** tienen la opción de que las **actualizaciones se realicen automáticamente**, lo que permite tener los programas actualizados sin la necesidad de comprobar manual y periódicamente si la versión utilizada es la última disponible, y por tanto la más segura.

Recomendamos activar las actualizaciones automáticas, sobre todo de las aplicaciones más utilizadas y más expuestas a un ataque, sistema operativo, navegadores, programas de ofimática, reproductores multimedia, etc.

3.4.1 ACTUALIZACIONES AUTOMÁTICAS

¿Qué hacen y cómo se realizan las actualizaciones automáticas?

Estas actualizaciones de software vienen justificadas por diferentes motivos:

- ✓ Reparar las vulnerabilidades detectadas.
- ✓ Proporcionar nuevas funcionalidades o mejoras respecto a las versiones anteriores.
- ✓ El proceso de actualización consiste básicamente en descargar de la página web del fabricante del programa los ficheros necesarios.

Aunque es posible hacer la actualización de forma manual, lo más sencillo es hacerlo de forma automática. De esta forma el propio sistema busca las actualizaciones, las descarga e instala sin que nosotros tengamos que intervenir en el proceso.

A continuación se detalla cómo activar las actualizaciones automáticas, también puedes utilizar esta información para verificar si ya tienes activas las actualizaciones automáticas, para las aplicaciones más críticas.

Actualización automática del sistema operativo, en función del fabricante tenemos:

Sistemas Microsoft

Microsoft, publica actualizaciones los segundos martes de cada mes, salvo casos en los que el problema sea crítico y requiera de una actualización más inminente. En la página de Microsoft, tenemos explicado cómo realizar este proceso.

ACTIVIDADES

Comprueba el estado de tu sistema operativo con respecto a actualizaciones.

Las actualizaciones de sistema operativo contienen software nuevo que permite mantener actualizado el equipo.

Estos son algunos ejemplos de actualizaciones: *service packs*, actualizaciones de versión, actualizaciones de seguridad y controladores (*drivers*).

Las actualizaciones importantes y de alta prioridad son críticas para la seguridad y la confiabilidad del equipo. Ofrecen la protección más reciente contra las actividades malintencionadas en línea.

Debes actualizar todos los programas, incluidos Windows, Internet Explorer, Microsoft Office, etc.

Visita Microsoft Update, http://update.microsoft.com, con un navegador Internet Explorer para examinar tu equipo y ver una lista de actualizaciones, que podrás decidir si deseas o no descargar e instalar.

Es importante instalar las nuevas actualizaciones de seguridad en cuanto se encuentran disponibles, y los service pack o paquetes de seguridad con un conjunto de actualizaciones verificadas.

La forma más fácil de realizar esto consiste en activar actualizaciones automáticas y utilizar la configuración proporcionada, que descarga e instala las actualizaciones recomendadas según su conveniencia.

En Windows Vista, puedes controlar la configuración de las actualizaciones automáticas mediante el Panel de control de Windows Update. Para obtener más información, consulta Activar o desactivar las actualizaciones automáticas.

En el caso, por ejemplo, de disponer de Windows XP, se recomienda tener instalado el Service Pack 2 (SP2). Para actualizar el sistema operativo, la mejor forma de actualizarlo es controlando las actualizaciones automáticas. Las actualizaciones automáticas permiten descargar e instalar actualizaciones importantes para la seguridad y de alta prioridad automáticamente en función de la programación que establezca.

Para ver el estado de las actualizaciones automáticas en Windows XP (SP2):

1. Haz clic en Inicio y, a continuación, en Panel de control.
2. Haz clic en Centro de seguridad y, a continuación, en Actualizaciones automáticas.
3. Podrás seleccionar:
   - Automáticas, descarga e instala actualizaciones automáticamente.
   - Descargar actualizaciones y notificar si deseas instalarlas.
   - Notificar, pero no descargar ni instalar, máximo control por parte del usuario.
   - Desactivar actualizaciones automáticas, no recomendable.

Para usuarios más experimentados se debe seleccionar Notificar.

Indica en qué estado de actualización se encuentra tu sistema y qué modo de actualización tiene configurado. Explica sus ventajas e inconvenientes.

Advertencia: Algunos programas, como programas antivirus o de supervisión de spyware, proporcionan un vínculo para buscar actualizaciones desde el programa. Algunos editores de software también ofrecen servicios de suscripción y pueden enviarle una notificación cuando haya nuevas actualizaciones disponibles. Es recomendable buscar actualizaciones para los programas relativos a la seguridad primero y, después, para los programas o los dispositivos que más uses.

Sistemas Apple

A partir de la versión Mac OS X v10.4, podemos configurar las actualizaciones para que se realicen de forma automática diariamente, es lo más recomendable, semanal o mensualmente.

En las versiones anteriores del sistema operativo, estas actualizaciones automáticas no aparecen, hemos de forzar la descarga de las mismas.

Distribuciones GNU/Linux basadas en Ubuntu

Por defecto, Ubuntu **avisa de la disponibilidad de nuevas actualizaciones**, y es necesario que el usuario inicie la acción de actualizar. También **se pueden configurar para que se actualicen de forma automática.**

Se puede actualizar Ubuntu a través del "Gestor de Actualizaciones" (update-manager), para acceder a él ve a "Menú -> Sistema -> Administración".

Por defecto, Ubuntu tiene activadas las actualizaciones automáticas, si deseas comprobar si tienes activada esta opción o modificar sus parámetros, sigue estos pasos:

- ✓ Ve a "Menú -> Sistema -> Administración".
- ✓ Pulsa en la opción de "Orígenes del software " (software-properties-gtk).
- ✓ O bien, a través de una consola teclea: gksudo "software-properties-gtk".

Una vez se accede a "Orígenes del software", seleccionando la pestaña de "Actualizaciones", se puede comprobar con qué frecuencia tiene configuradas las actualizaciones automáticas y, si lo deseas, modificarla.

Es importante que, a parte de tener el sistema operativo y sus productos actualizados, también actualices la distribución de Ubuntu que utilizas, cuando salga una nueva, la forma más rápida de hacerlo es tecleando en una consola el comando:

```
gksudo "update-manager -c"
```

3.4.2 ACTUALIZACIÓN AUTOMÁTICA DEL NAVEGADOR WEB

El navegador, al ser el programa que utilizamos para visitar las páginas web, es de uno de los más expuestos a posibles amenazas. Los más comunes son Internet Explorer, Mozilla Firefox y Safari.

Internet Explorer

En Windows, el navegador se actualiza a través del mismo mecanismo del sistema operativo, esto es, activando las actualizaciones automáticas.

Cuando la actualización es de una nueva versión del navegador, como el paso de Internet Explorer 6 a Internet Explorer 7, necesitaremos confirmar el proceso. Recomendamos aceptarlo ya que la última versión es más robusta.

Mozilla Firefox

Se actualiza de forma automática por defecto. Cuando abrimos el programa, busca actualizaciones, no sólo del navegador, sino de todos los accesorios, complementos o plugins, que tengamos instalados. Lo descarga y nos pide permiso para reiniciarlo.

Safari

Se actualiza de forma automática por defecto. Cuando lo ejecutamos, busca las actualizaciones, si las encuentra nos muestra una ventana con información acerca de la actualización, y con las indicaciones para instalarla.

La otra forma de actualizarlo, forzarlo a buscar la actualización, se haría del mismo modo que al actualizar el software del sistema operativo. A través de este enlace se explica cómo actualizar el software.

3.4.3 ACTUALIZACIÓN DEL RESTO DE APLICACIONES

Aunque se han explicado las aplicaciones más expuestas a las amenazas, no nos debemos olvidar del resto. Aunque cada una de las aplicaciones tiene su propia configuración, en Opciones o Preferencias de la mayoría de las aplicaciones existe la posibilidad de actualizar en línea. Para revisar la versión y estado de actualización, solemos encontrar la opción en los menús de Ayuda.

Volviendo a la analogía del ladrón de casas, para protegernos del robo, la puerta de entrada y ventanas que dan a la calle, sistema operativo y navegador web, deben estar bien cerradas. Pero no por ello hay que descuidar otros pequeños puntos de entrada, lo que serían el resto de aplicaciones.

Para comprobar el nivel de actualización del resto de programas recomendamos utilizar **Secunia Online Software Inspector**.

Este servicio gratuito de la firma danesa Secunia, que no requiere instalar nada en el ordenador, analiza las aplicaciones más comunes en el sistema para detectar las que no están correctamente actualizadas, y facilitar su puesta al día.

ACTIVIDADES

- Comprueba el estado de actualización de tus navegadores web y de aplicaciones.
- Realiza un análisis desde la web de Secunia con su inspector online:

  http://secunia.com/vulnerability_scanning/online/?lang=es
- ¿Qué aplicaciones disponían vulnerabilidades?

ACTIVIDADES

- **Analiza la siguiente noticia, y explica qué novedosa vulnerabilidad existe con las actualizaciones de software.**

- **¿Crees que el grado de automatización en las actualizaciones beneficia la despreocupación de los usuarios y por tanto los ataques?**

Por primera vez los investigadores de seguridad han localizado un tipo de software malicioso que **sobreescribe las actualizaciones para otras aplicaciones**, lo que podría suponer un riesgo a largo plazo para los usuarios.

El malware, que infecta a ordenadores de Windows, se sobreescribe como una actualización para los productos de Adobe y otros software como Java. Al menos es lo que afirma Nguyen Cong Cuong, un analista de Bach Khoa Internetwork Security (BKIS), compañía de seguridad de Vietnam, en su blog.

BKIS ha mostrado imágenes de una **variante del malware que imita Adobe Reader 9** y sobreescribe el AdobeUpdater.exe, que se encarga de comprobar si está disponible una nueva versión del software.

Los usuarios pueden instalar el software sin darse cuenta simplemente abriendo un correo electrónico malicioso o visitando páginas web que aprovechen vulneralidades de software.

Después de que esta clase de malware entre en la máquina, abre el cliente DHCP (*Dynamic Host Configuration Protocol*), un DNS (*Domain Name System*), una red compartida y un puerto para poder percibir los comandos.

3.5 REFERENCIAS WEB

- Comprueba la fortaleza y generador de claves. Password tools bund. Disponible en Sourceforge:

  http://sourceforge.net/projects/pwdstr/

- Comprueba la seguridad de tus claves. Microsoft:

  https://www.e-typedesign.co.uk/latam/protect/yourself/password/checker.mspx

- Actualización de sistemas Microsoft:

  http://update.microsoft.com

- Administración de usuarios en GNU/Linux:

  http://www.linuxtotal.com.mx/index.php?cont=info_admon_008

- Administración de usuarios en Windows:

  https://www.microsoft.com/latam/protect/yourself/password/checker.mspx

RESUMEN DEL CAPÍTULO

La seguridad lógica consiste en la *"aplicación de barreras y procedimientos que resguarden el acceso a los datos y sólo se permita acceder a ellos a las personas autorizadas para hacerlo"*.

Para ello se emplean técnicas como el control de acceso mediante contraseña desde la BIOS, al sistema operativo el cual es capaz de gestionar usuarios y sus privilegios o procedimientos autorizados, incluso las aplicaciones y archivos.

Una contraseña segura debe parecerle a un atacante una cadena aleatoria de caracteres. Debe tener 14 caracteres o más (como mínimo, ocho caracteres). Debe incluir una combinación de letras mayúsculas y minúsculas, números y símbolos, y se deben cambiar regularmente.

El principio de la seguridad lógica en cuanto a permisos debe ser *"todo lo que no está permitido debe estar prohibido"*.

Los fabricantes de software, conocedores de que los atacantes andan al acecho, actualizan sus programas cada vez que se descubre un agujero de seguridad.

Es de vital importancia **actualizar los sistemas, tanto el sistema operativo como el resto de aplicaciones, tan pronto como sea posible.**

Recientemente, aprovechando el proceso de actualización automático del sistema operativo y aplicaciones, han aparecido nuevos frentes de ataque, ofreciendo al usuario actualizaciones falsas que en realidad se tratan de virus o malware.

EJERCICIOS PROPUESTOS

- **1.** A lo largo del curso se realizará un **manual de buenas prácticas y recomendaciones** a modo de resumen en dos ámbitos, calculando siempre el coste de la solución óptima, y la periodicidad de cambio o uso de las mismas:

  A. A nivel de usuario, qué medidas y recomendaciones de equipamiento y uso tomarías.

  B. A nivel de pequeña y mediana empresa, PYME, qué medidas y recomendaciones darías a un cliente, propietario de una PYME.

  Complétalo con soluciones y recomendaciones tomadas con respecto al Capítulo 3 en base a:

  - Política de usuarios: Usuarios del sistema operativo y privilegios.
  - Fortaleza y seguridad de contraseñas en BIOS, acceso a sistema operativo, acceso a aplicaciones y acceso a datos.
  - Actualización periódica del sistema operativo y de las aplicaciones.
  - Comprobación del grado de actualización del sistema y aplicaciones.

TEST DE CONOCIMIENTOS

1 Para qué sirve el comando runas:

a) Ejecuta un proceso con los permisos de un usuario que se le indican al comando.

b) Permite un login de usuario y la ejecución de procesos y acceso a archivos.

c) Sirve para ejecutar procesos en un segundo plano.

d) Permite ver los permisos de un usuario privilegiado.

2 Una contraseña segura, no debe tener:

a) Más de 10 caracteres.

b) El propio nombre de usuario contenido.

c) Caracteres mayúsculas, minúsculas y símbolos.

d) Frases fáciles de recordar por ti.

3 ¿Qué es la identificación?

a) Momento en que el usuario se da a conocer en el sistema.

b) Verificación que realiza el sistema sobre el intento de login.

c) Un número de intentos de login.

d) Un proceso de creación de contraseñas.

4 ¿Qué es un agujero de seguridad en una aplicación?

a) Un parche malware.

b) Una actualización no verificada.

c) Una vulnerabilidad.

d) Una posible entrada con contraseña segura.

5 Para un usuario experimentado como tú, las actualizaciones deben ser:

a) Automáticas, descargar e instalar actualizaciones automáticamente.

b) Descargar actualizaciones y notificar si deseas instalarlas.

c) Notificar, pero no descargar ni instalar.

d) Desactivar actualizaciones automáticas.

4 Software de seguridad

Objetivos del capítulo

- ✓ Comprender qué es el software malicioso y sus posibles fuentes.
- ✓ Analizar las distintas herramientas de seguridad software existentes.
- ✓ Identificar las nuevas posibilidades y riesgos que poseen Internet y las redes sociales.
- ✓ Crear conciencia de análisis de riesgo y toma de precauciones en las operaciones informáticas.

4.1 SOFTWARE MALICIOSO

Actualmente, gracias a las comunicaciones y al creciente uso de las TIC, los sistemas de información se han convertido en objetivo de todo tipo de ataques y son sin duda el principal **foco de amenazas**. Por esta razón es fundamental identificar qué recursos y elementos necesitan protección así como conocer los mecanismos o herramientas que podemos emplear para procurar su protección.

Atendiendo a las amenazas como cualquier tipo de acción que tiende a ser dañina, el conocerlas da al usuario la capacidad y la concienciación necesaria para hacerles frente, bien a través de medios tecnológicos como a través de buenas prácticas.

Con el nombre **software malicioso** o **malware** agrupamos los virus, gusanos, troyanos y en general todos los tipos de programas que han sido desarrollados para entrar en ordenadores **sin permiso** de su propietario, y producir efectos no deseados. Estos efectos se producen algunas veces sin que nos demos cuenta en el acto.

4.1.1 ¿QUÉ SON LOS VIRUS?

Los virus son programas maliciosos creados para manipular el normal funcionamiento de los sistemas, **sin el conocimiento ni consentimiento de los usuarios**.

Actualmente, por sencillez, el término virus es ampliamente utilizado para referirse genéricamente a **todos los programas que infectan un ordenador**, aunque en realidad, los virus son sólo un tipo específico de este tipo de programas. Para referirse a todos ellos también se suelen emplear las palabras: código malicioso, software malicioso, software malintencionado, programas maliciosos o, la más usual, *malware*, que procede de las siglas en inglés *malicious software*.

Los programas maliciosos pueden alterar tanto el funcionamiento del equipo como la información que contienen o se maneja en ella. Las acciones realizadas en la máquina pueden variar desde el robo de información sensible o el borrado de datos hasta el uso del equipo como plataforma para cometer otro tipo de actividades ilegales ,como es el caso de las redes zombies o botnet, pudiendo llegar incluso a tener sus respectivas consecuencias legales.

En sus comienzos, la motivación principal para los creadores de virus era la del reconocimiento público. Cuanta más relevancia tuviera el virus, más reconocimiento obtenía su creador. Por este motivo, las acciones a realizar por el virus debían ser visibles por el usuario y suficientemente dañinas como para tener relevancia, por ejemplo, eliminar ficheros importantes, modificar los caracteres de escritura, formatear el disco duro, etc.

Sin embargo, la evolución de las tecnologías de la comunicación y su penetración en casi todos los aspectos de la vida diaria ha sido vista por los ciberdelincuentes como un negocio muy lucrativo. Los creadores de virus han pasado a tener una motivación económica, por lo que actualmente son grupos mucho más organizados que desarrollan los códigos maliciosos con la intención de que pasen lo más desapercibidos posible, y dispongan de más tiempo para desarrollar sus actividades maliciosas.

¿A qué afectan los códigos maliciosos?

Los programas maliciosos afectan a cualquier dispositivo que tenga un sistema operativo que pueda entender el fichero malicioso, es decir:

- ✓ Ordenadores personales.
- ✓ Servidores.
- ✓ Teléfonos móviles.
- ✓ PDA.
- ✓ Videoconsolas.

Esto implica que para utilizar cualquiera de estos dispositivos de manera segura debemos verificar que no está infectado, además de tomar las medidas necesarias para prevenir una infección en el futuro.

¿Por qué hay gente que crea programas maliciosos?

Cuando surgieron los primeros virus y programas maliciosos solía ser muy sencillo darse cuenta de que el ordenador estaba infectado, ya que los virus generalmente realizaban alguna acción visible en el equipo, por ejemplo, borrar ficheros, formatear el disco duro, cambiar los caracteres de escritura, etc.

Actualmente, los programas maliciosos han evolucionado y suelen perseguir un fin lucrativo. Para lograr más fácilmente su cometido suelen pasar desapercibidos para el usuario, por lo que son más difíciles de detectar de forma sencilla.

Hay varias formas en las que el creador del programa malicioso puede **obtener un beneficio económico**, las más comunes son:

- ✓ Robar información sensible del ordenador infectado, como datos personales, contraseñas, credenciales de acceso a diferentes entidades...
- ✓ Crear una red de ordenadores infectados ,generalmente llamada red zombie o botnet, para que el atacante pueda manipularlos todos simultáneamente y vender estos servicios a entidades sin escrúpulos que puedan realizar acciones poco legítimas como el envío de SPAM, envío de mensajes de phishing, acceder a cuentas bancarias, realizar ataques de denegación de servicio, etc.
- ✓ Vender falsas soluciones de seguridad que no realizan las acciones que afirman hacer, por ejemplo, falsos antivirus que muestran mensajes con publicidad informando de que el ordenador está infectado cuando en realidad no es así, la infección que tiene el usuario es el falso antivirus.
- ✓ Cifrar el contenido de los ficheros del ordenador y solicitar un "rescate" al usuario del equipo para recuperar la información, como hacen los criptovirus.

ACTIVIDADES →

» Descubre alguno de los nuevos peligros de la red, como son las redes botnet:

La **Guardia Civil** española, el 23 de diciembre de 2009, en colaboración con el **FBI** y **Panda Security**, ha detenido a tres ciudadanos españoles que controlaban cerca de **12,7 millones de ordenadores infectados**, denominados "zombis", de los que obtenían datos personales y financieros con los que poder acceder a cuentas de correo electrónico, servicios de banca electrónica o a redes corporativas.

Por el número de ordenadores que la integraban, ésta quizá sea una de las *botnets* (redes de robots) más grandes que se haya detectado a nivel mundial. Con ella se podría haber realizado un ataque de ciberterrorismo muy superior a los realizados contra Estonia o Georgia en el pasado año, o más recientemente a Google con "Aurora". O a las malas, como mínimo podrían haber sido utilizados para sí o alquilarlos a bandas organizadas dedicadas al fraude.

La denominada "**Botnet Mariposa**" fue detectada en mayo del pasado año por técnicos de la empresa canadiense **Defence Intelligence**, quienes crearon un grupo de trabajo para su seguimiento, al que fueron invitados la empresa española Panda Security y el **Georgia Tech Information Security Center**. Paralelamente, el FBI inició una investigación sobre esta misma botnet, pudiendo averiguar que estaba implicado un ciudadano español, por lo que se puso en conocimiento de la Guardia Civil.

A partir de entonces se avanzó en la investigación de forma coordinada, lo que permitió conocer los vectores de infección de la botnet y sus canales de control de los ordenadores ajenos. Asimismo, se pudo determinar la existencia de un grupo de habla hispana, identificado como **DDPteam**, que había adquirido en el mercado libre del malware el troyano utilizado para atacar bancos y empresas químicas (en concreto el "ButterflyBot.A"). **Christopher Davis**, CEO de *Defence Intelligence*, explicaba que "sería más sencillo para mí dar una lista de las empresas del índice Fortune 1000 que no se han visto afectadas por esta amenaza, que dar el enorme listado de las que sí lo han sido".

Red de robots

Una *botnet* (red de robots) es un conjunto de ordenadores infectados con un programa malicioso, que están bajo control de su administrador o "botmaster". Para su funcionamiento coordinado, los ordenadores infectados, conocidos también como zombis, se conectan a un equipo que asume el "Command & Control" (**C&C**) desde donde se reciben y envían las correspondientes instrucciones.

Las botnets pueden ser utilizadas para robar información de los propios equipos o para el uso clandestino de los mismos (envío de spam, atacar a terceros equipos o provocar denegaciones de servicio DoS). El *botmaster* puede utilizar esa información para sí o alquilarla a terceros, muy habitual en bandas organizadas dedicadas al fraude bancario. Al principio, Mariposa se extendió aprovechando una vulnerabilidad en el navegador Internet Explorer de Microsoft, pero también utilizó puertas de entrada como unidades de almacenamiento extraíble (USB), MSN Messenger, y programas P2P que afectaban a Windows XP y sistemas anteriores.

El pasado mes de diciembre, identificados prácticamente todos los canales de control de esta *botnet*, se procedió de una forma coordinada a nivel internacional a bloquear los dominios que habían utilizado. Éstos se localizaban principalmente en dos prestadores de servicio americanos y uno español.

Como consecuencia de esta acción, probablemente como acto de venganza, se produjo un importante ataque de denegación de servicio a la empresa *Defence Intelligence*, afectando seriamente a un gran ISP (Proveedor de Acceso a Internet) y dejando sin conectividad durante varias horas a multitud de clientes, entre los que se encontraban centros universitarios y administrativos de Canadá.

Gente muy normal

Sin embargo, esta acción permitió conocer el resto de canales de control de la botnet, que finalmente han sido bloqueados, a falta de dos pequeños servidores que controlan muy pocos equipos informáticos. Tras el bloqueo de los dominios, se logró identificar al máximo responsable del DDPteam, que se autodenominaba indistintamente «**Netkairo**» o «**Hamlet1917**», procediéndose a la detención del joven de 31 años en su localidad de residencia, Balmaseda (Vizcaya), el pasado mes de febrero.

En el registro domiciliario se intervinieron varios equipos informáticos que están siendo analizados, en los que se encontraron numerosas evidencias de su actividad delictiva y de la identidad de otros miembros del grupo, lo que ha permitido que la pasada semana, se procediera a la detención de los otros dos españoles miembros del grupo, "**OsTiaToR**", de 25 años, en Santiago de Compostela (A Coruña), y "**Johnyloleante**", de 30 años, en Molina de Segura (Murcia). Se investiga la participación de un cuarto miembro del grupo, identificado como "**Fénix**", que podría ser venezolano, para lo que se han instado los canales de cooperación policial internacional para su identificación y detención. **César Lorenza**, capitán de la Guardia Civil, describe a los individuos como personas normales, sin antecedentes penales de ningún tipo, y nada ostentosos, "donde lo más *aterrador es la ingente cantidad de dinero que pueden ganar sin levantar* sospechas".

Todo ello ha sido posible por la coordinación de las actuaciones técnicas por parte de la red de control y alertas del fabricante de antivirus español Panda Security y la empresa de hosting CDmon en coordinación con distintas fuerzas policiales internacionales y la Guardia Civil. "Los primeros análisis indicaron que los botmasters no tenía conocimientos avanzados de hacking. Esto resulta muy preocupante ya que demuestra lo sofisticado y efectivo que se ha vuelto el software de distribución de malware, que permite a criminales sin experiencia causar daños y pérdidas muy importantes", comentó **Pedro Bustamante**, Senior Research Advisor de Panda Security.

El pasado mes de noviembre ya fue detenido otro menor de edad en Tenerife que se había hecho con el control de 75.000 ordenadores. Como venganza, envió más de doce millones de visitas simultáneas a la página de www.elhacker.net, colapsando los servidores de las mismas. El presunto autor de estos ataques carecía de cualquier instrucción académica en esta especialidad, pero venía desarrollando sus conocimientos desde los trece años de modo absolutamente individual y autodidacta.

- Escribe una entrada en tu blog de seguridad informática y describe cuáles son los nuevos peligros existentes como las redes zombies. ¿Qué tipo de precauciones y revisiones realizarías en tu equipo para evitar formar parte de estas redes?
- ¿Cuál era la finalidad del ataque?
- ¿Crees qué Internet es una red segura?¿Por qué?

4.2 CLASIFICACIÓN. TIPOS DE VIRUS

Los distintos códigos maliciosos que existen pueden clasificarse en función de diferentes criterios, los más comunes son:

- Por su capacidad de propagación.
- Por las acciones que realizan en el equipo infectado.

Algunos de los programas maliciosos tienen alguna característica particular por la que se les suele asociar a un tipo concreto mientras que a otros se les suele incluir dentro de varios grupos a la vez. También cabe mencionar que muchas de las acciones que realizan los códigos maliciosos, en algunas circunstancias se pueden considerar legítimas, por lo tanto, como dijimos anteriormente, sólo se considera que **un programa es malicioso cuando actúa sin el conocimiento ni consentimiento del usuario**.

Los posibles tipos de virus y sus clasificaciones son los siguientes:

4.2.1 SEGÚN SU CAPACIDAD DE PROPAGACIÓN

Atendiendo a su capacidad de propagación, o mejor dicho de autopropagación, existen tres tipos de códigos maliciosos:

- **Virus.** Su nombre es una analogía a los virus reales ya que infectan otros archivos, es decir, sólo pueden existir en un equipo dentro de otro fichero. Los ficheros infectados generalmente son ejecutables: .exe, .src, o en versiones antiguas .com, .bat; pero también pueden infectar otros archivos, por ejemplo, un virus de Macro infectará programas que utilicen macros, como los productos Office.

  Los virus se ejecutan cuando se ejecuta el fichero infectado, aunque algunos de ellos además están preparados para activarse sólo cuando se cumple una determinada condición, por ejemplo que sea una fecha concreta. Cuando están en ejecución, suelen infectar otros ficheros con las mismas características que el fichero anfitrión original. Si el fichero que infectan se encuentra dentro de un dispositivo extraíble o una unidad de red, cada vez que un nuevo usuario acceda al fichero infectado, su equipo también se verá comprometido.

  Los virus fueron el primer tipo de código malicioso que surgió, aunque actualmente casi no se encuentran nuevos virus pasando a hallarse en los equipos otros tipos de códigos maliciosos, como los gusanos y troyanos que se explican a continuación.

- **Gusanos.** Son programas cuya característica principal es realizar el máximo número de copias posible de sí mismos para facilitar su propagación. A diferencia de los virus no infectan otros ficheros. Los gusanos se suelen propagar por los siguientes métodos:

  - Correo electrónico.
  - Redes de compartición de ficheros (P2P).
  - Explotando alguna vulnerabilidad.
  - Mensajería instantánea.
  - Canales de chat.

  Generalmente, los gusanos utilizan la ingeniería social para incitar al usuario receptor a que abra o utilice determinado fichero que contiene la copia del gusano. De este modo, si el gusano se propaga mediante redes P2P, las copias del gusano suelen tener un nombre sugerente de, por ejemplo, alguna película de actualidad; para los gusanos que se propagan por correo, el asunto y el adjunto del correo suelen ser llamativos para incitar al usuario a que ejecute la copia del gusano.

  Eliminar un gusano de un ordenador suele ser más fácil que eliminar un virus. Al no infectar ficheros la limpieza del código malicioso es más sencilla, no es necesario quitar sólo algunas partes del mismo, basta con eliminar el archivo en cuestión.

Por otro lado, como los gusanos no infectan ficheros, para garantizar su autoejecución suelen modificar ciertos parámetros del sistema, por ejemplo, pueden cambiar la carpeta de inicio con el listado de todos los programas que se tienen que ejecutar al arrancar el ordenador, para incluir en el listado la copia del gusano; o modificar alguna clave del registro que sirva para ejecutar programas en determinado momento, al arrancar el ordenador, cuando se llama a otro programa...

- **Troyanos.** Carecen de rutina propia de propagación, pueden llegar al sistema de diferentes formas, las más comunes son:
  - Descargado por otro programa malicioso.
  - Descargado sin el conocimiento del usuario al visitar una página web maliciosa.
  - Dentro de otro programa que simula ser inofensivo.

ACTIVIDADES →

- Analiza la siguiente noticia y comenta en tu blog:
- ¿Cómo se denomina al correo basura y por qué?
- ¿Cuál es el pais con mayor emisión de correo basura?
- ¿En qué posición se encuentra España?
- Comenta algún caso en el que hayas recibido correo basura y cómo lo detectaste.
- ¿Qué es Panda, y qué dirección web tiene su blog? Comenta alguna noticia reciente de su blog que te haya llamado la atención por su impacto.

MADRID, CAPITAL DEL SPAM

La capital española emite casi el 20% de todo el correo basura que se genera en España, según el último análisis de Panda Security. Nuestro país ocupa la decimoctava posición en el ranking mundial.

Con el 19,74%, **Madrid** ostenta el "honor" de ser **la ciudad de España desde la que más spam se envió** durante los dos primeros meses del año; le siguen Barcelona (10,53%) y Vigo (4,04%). Así lo recoge el último informe de Panda Security, para el que la firma de seguridad ha analizado casi cinco millones de mensajes de **correo basura** generados durante enero y febrero de 2010. El informe recoge también que **España ocupa el puesto número 18** en el ranking mundial por emisión de correo basura, con el 1,6% del total.

A nivel internacional, Brasil se sitúa en cabeza de la lista de países emisores de spam, seguido por India, Corea, Vietnam y Estados Unidos. Por ciudades, el primer puesto del ranking lo ocupa Seúl, seguido de cerca por Hanoi, Nueva Delhi, Bogotá, Sao Paulo y Bombay.

Uno de los hallazgos significativos del análisis de Panda es que los cinco millones de correos basura sometidos a estudio fueron enviados desde un millón de direcciones IP únicas y diferentes. Esta circunstancia revela que "el spam se envía principalmente desde ordenadores zombies que pertenecen a una botnet", tal y como explican los expertos de PandaLabs en su blog.

4.2.2 SEGÚN LAS ACCIONES QUE REALIZAN

Según las acciones que realiza un código malicioso, existen varios tipos y es posible que un programa malicioso pertenezca a un tipo en concreto, aunque también puede suceder que pertenezca a varias de estas categorías a la vez.

Los diferentes tipos de códigos maliciosos por orden alfabético son:

- **Adware.** Muestra publicidad, generalmente está relacionado con los espías, por lo que se suelen conectar a algún servidor remoto para enviar la información recopilada y recibir publicidad.

  Algunos programas en sus versiones gratuitas o de evaluación muestran este tipo de publicidad, en este caso deberán avisar al usuario que la instalación del programa conlleva la visualización de publicidad.

- **Bloqueador.** Impide la ejecución de determinados programas o aplicaciones, también puede bloquear el acceso a determinadas direcciones de Internet. Generalmente impiden la ejecución de programas de seguridad para que, de este modo, resulte más difícil la detección y eliminación de programas maliciosos del ordenador. Cuando bloquean el acceso a direcciones de Internet, éstas suelen ser de páginas de seguridad informática; por un lado logran que los programas de seguridad no se puedan descargar las actualizaciones, por otro lado, en caso de que un usuario se quiera documentar de alguna amenaza informática, no podrá acceder a las direcciones en las que se informa de dicha amenaza.

- **Bomba lógica.** Programa o parte de un programa que se instala en un ordenador y no se ejecuta hasta que se cumple determinada condición, por ejemplo, ser una fecha concreta, ejecución de determinado archivo...

- **Broma (Joke).** No realiza ninguna acción maliciosa en el ordenador infectado pero, mientras se ejecuta, gasta una "broma" al usuario haciéndole pensar que su ordenador está infectado, por ejemplo, mostrando un falso mensaje de que se va a borrar todo el contenido del disco duro o mover el ratón de forma aleatoria.

- **Bulo (Hoax).** Mensaje electrónico enviado por un conocido que intenta hacer creer al destinatario algo que es falso, como alertar de virus inexistentes, noticias con contenido engañoso, etc. y solicitan ser reenviado a todos los contactos. Algunos de estos mensajes pueden ser peligrosos por la alarma innecesaria que generan y las acciones que, en ocasiones, solicitan realizar al usuario, por ejemplo, borrando ficheros del ordenador que son necesarios para el correcto funcionamiento del equipo.

- **Capturador de pulsaciones (Keylogger).** Monitoriza las pulsaciones del teclado que se hagan en el ordenador infectado, su objetivo es poder capturar pulsaciones de acceso a determinadas cuentas bancarias, juegos en línea o conversaciones y mensajes escritos en la máquina.

- **Clicker.** Redirecciona las páginas de Internet a las que intenta acceder el usuario, de este modo logra aumentar el número de visitas a la página redireccionada, realizar ataques de Denegación de Servicio a una página víctima o engañar al usuario sobre la página que está visitando, por ejemplo, creyendo que está accediendo a una página legítima de un banco cuando en realidad está accediendo a una dirección falsa.

- **Criptovirus (Ransomware).** Hace inaccesibles determinados ficheros en el ordenador y coacciona al usuario víctima a pagar un "rescate" (*ransom* en inglés) para poder acceder a la información. Generalmente lo que se hace es cifrar los ficheros con los que suela trabajar el usuario, por ejemplo, documentos de texto, hojas Excel, imágenes...

- **Descargador (Downloader).** Descarga otros programas (generalmente también maliciosos) en el ordenador infectado. Suelen acceder a Internet para descargar estos programas.

- **Espía (Spyware).** Roba información del equipo para enviarla a un servidor remoto. El tipo de información obtenida varía según el tipo de espía, algunos recopilan información relativa a los hábitos de uso del ordenador, como el tiempo de uso y páginas visitadas en Internet; sin embargo, otros troyanos son más dañinos y roban información confidencial como nombres de usuario y contraseñas. A los espías que roban información bancaria se les suele llamar "**troyanos bancarios**".

- **Exploit.** Tipo del software que se aprovecha de un agujero o de una vulnerabilidad en el sistema de un usuario para tener el acceso desautorizado al sistema.

- **Herramienta de fraude.** Simula un comportamiento anormal del sistema y propone la compra de algún programa para solucionarlo. Los más comunes son los falsos antivirus, que informan de que el ordenador está infectado, cuando en realidad el principal programa malicioso que tiene es la herramienta fraudulenta.

- **Instalador (Dropper).** Instala y ejecuta otros programas, generalmente maliciosos, en el ordenador.

- **Ladrón de contraseñas (PWStealer).** Roba nombres de usuario y contraseñas del ordenador infectado, generalmente accediendo a determinados ficheros del ordenador que almacenan esta información.

- **Marcador (Dialer).** Actúa cuando el usuario accede a Internet, realizando llamadas a Números de Tarificación Adicional (NTA), lo que provoca un considerable aumento en la factura telefónica del usuario afectado. Este tipo de programas está actualmente en desuso porque sólo funcionan si la conexión a Internet se hace a través del Módem, no se pueden realizar llamadas a NTA en conexiones ADSL o WiFi.

- **Puerta trasera (Backdoor).** Permite el acceso de forma remota a un sistema operativo, página web o aplicación, haciendo que el usuario evite las restricciones de control y autenticación que haya por defecto. Puede ser utilizado por responsables de sistemas o *webmasters* con diversos fines dentro de una organización, pero también puede ser utilizado por atacantes para realizar varias acciones en el ordenador infectado, por ejemplo:

  - Utilizar los ficheros que desee para leer su información, moverlos, subirlos al ordenador, descargarlos, eliminarlos...

  - Reiniciar el ordenador.

  - Obtener diversa información de la máquina infectada: nombre del ordenador, dirección MAC, sistema operativo instalado...

- **Rootkit.** Toma control de Administrador ("root" en sistemas Unix/Linux) en el sistema, generalmente para ocultar su presencia y la de otros programas maliciosos en el equipo infectado; la ocultación puede ser para esconder los ficheros, los procesos generados, conexiones creadas... También pueden permitir a un atacante remoto tener permisos de Administrador para realizar las acciones que desee.

  Cabe destacar que los *rootkits* hay veces que se utilizan sin fines maliciosos.

- **Secuestrador del navegador (browser hijacker).** Modifica la página de inicio del navegador, la página de búsqueda o la página de error por otra de su elección, también pueden añadir barras de herramientas en el navegador o incluir enlaces en la carpeta de "Favoritos". Todas estas acciones las realiza generalmente para aumentar las visitas de la página de destino.

ACTIVIDADES →

- Analiza la siguiente noticia y comenta en tu blog:
- ¿Qué tipo de ataques se producen en las redes sociales?
- ¿Crees qué los ciberdelitos y ciberfraudes proliferarán con el uso de las redes sociales?
- Indica qué precauciones tomarías y cómo identificarías un fraude a través de una red social.
- ¿Qué es una blacklist? Indica alguna web con comprobación de web, IP, direcciones de mail, etc., que sean potencialmente maliciosas.
- ¿Crees que conocer este tipo de noticias te ayudarán a tomar ciertas precauciones?

CINCO NUEVAS ESTAFAS EN FACEBOOK Y TWITTER

Las últimas estafas que utilizan las redes sociales revelan nuevos niveles de sofisticación en los delincuentes. Los ganchos son los mismos de siempre: cómo hacerse rico rápidamente o cualquier cosa relacionada con pornografía.

Una encuesta realizada recientemente por AVG Technologies y el CMO Council revela que aunque los usuarios de redes sociales están preocupados por la seguridad de estos sitios, la mayoría de ellos **no toma**

las precauciones necesarias para protegerse. De los 250 usuarios encuestados el 47% había sido víctima de infecciones de *malware*, y el 55% de *phishing*. Sin embargo, pese a estas negativas cifras, el 64% de los usuarios **no cambia jamás sus contraseñas**, el 57% nunca o casi nunca ajusta su configuración de privacidad y el 90% no comunica los problemas de seguridad a las redes sociales en las que participan.

Con estos números sobre la mesa, cualquier CSO querrá que los usuarios de su red estén bien informados de estos riesgos de seguridad y cómo evitarlos. A continuación revisamos los últimos cinco *scams* detectados en redes sociales.

Ganar dinero con Twitter

Esta estafa toma muchas formas, pero siempre hablan de la posibilidad de **ganar mucho dinero en Twitter**. El reclamo es que cualquiera puede trabajar desde casa y ganar grandes sumas (¡Hasta 10.000 euros al mes!) con sólo twitear. Suena demasiado bonito para ser cierto, y efectivamente, no lo es. Según Ryan Barnett, director de investigación de seguridad en aplicaciones de Breach Security "no es más que el viejo e-mail de 'Gane dinero desde casa cómodamente' trasladado a Twitter".

Breach Security está detectando una gran explosión en este tipo de *scams* en los últimos meses, quizá debido a la crisis económica. Al contestar al reclamo, los estafadores piden a los usuarios su número de tarjeta de crédito para pagar una pequeña cantidad económica (menos de dos euros), que es el coste de lo que llaman "Kit de iniciación de Twitter Cash". Al pagar por kit, ya tienen el número de tarjeta de crédito y pueden continuar utilizándolo, **cargando cantidades mensuales** pequeñas sin conocimiento de la víctima, que al final se ve obligada a cancelar la tarjeta para evitar esos cargos.

Eres sexy, mándame un mensaje

Las **propuestas sexuales** son una táctica muy empleada por los *spammers* desde hace años a través del e-mail, según Graham Cluley, consultor senior de tecnología en Sophos. Cluley afirma que en los últimos tiempos están incrementándose los *tweets* que parecen proceder de mujeres ligeras de ropa con mensajes incluidos en la propia imagen, más que en los 140 caracteres que admite esta herramienta de *microblogging* en cada post, para así evitar los filtros antispam de Twitter. Un ejemplo típico es algo parecido a "eres sexy, mándame un mensaje en MSN". El usuario víctima suele acabar en una página para adultos.

"Si finalmente el usuario decide chatear con alguna de estas mujeres en MSN, acabará hablando con un robot que ofrece respuestas típicas de un flirteo online", explica Cluley. "Tratan de reducir costes, y es más fácil tener un programa que se encargue del Chat". Se trata de un script que ofrece un pase gratuito para la webcam del site, aunque normalmente solicitan un **número de tarjeta de crédito y otra información personal** para verificar su edad. Por supuesto, dar este tipo de datos coloca al usuario como víctima de posibles fraudes y robo de identidad.

Protéjase de la Gripe A

Los delincuentes siempre están atentos a los titulares que inundan prensa y telediarios captando la atención de los usuarios. La preocupación mundial por la Gripe A se lo ha puesto en bandeja, igual que ha ocurrido con la muerte de personajes famosos, como Michael Jackson. Hacer clic en los enlaces de Twitter o Facebook es fácil, sobre todo cuando se trata de URL abreviados.

Hay muchos **servicios gratuitos para recortar direcciones web**, a menudo tan largas que no pueden utilizarse en la actualización de estado de Facebook o en el cuadro de 140 caracteres de Twitter. No permiten ver dónde nos va a llevar el *link*, lo que contribuye a que los usuarios acaben en *sites* engañosos. Según un reciente informe de Symantec MessageLabs Intelligence, el *spam* en URL abreviados es una técnica muy utilizada para la venta de fármacos online.

Algunos de estos servicios para acortar los enlaces web están empezando a **filtrar los URL mediante el uso de listas negras o *blacklist***, pero todavía no se ha resuelto el problema del todo, especialmente porque ni Twitter ni Facebook disponen de filtros para eliminar los URL abreviados que conducen a sitios engañosos.

Alguien ha comentado tu entrada

Leer los comentarios de los amigos es una de las principales características de Facebook. Pero recientemente un investigador de Trend Micro descubrió una estafa de phishing que utilizaba algunas aplicaciones de esta red social con nombres como "Tus fotos" o "Entradas" y comenzaban con una notificación de que alguien había hecho un comentario en un post. Cuando el usuario hacía clic en esa notificación se le llevaba a un sitio falso llamado fucabook.com con el mismo aspecto de la página de acceso a Facebook. Si introducía sus datos de acceso para "disfrutar de la funcionalidad de la aplicación" se le robaba las contraseñas y empezaba a hacer spam también a las listas de amigos de las víctimas.

Otras aplicaciones tenían nombres como "Sexo, sexo y más sexo" o "Invitaciones de cumpleaños". Aunque las aplicaciones descubiertas por Trend Micro ya han sido retiradas, unos días más tarde surgían de nuevo con nombre como "Amigos" o "Parejas". Se puede evitar caer en este engaño revisando el URL que muestra el navegador y **asegurándonos de que realmente estamos en la red social** en la que creemos estar.

Alerta AMBER

Más que un *scam*, se trata de un *hoax* o bulo cuyo máximo daño consiste en diseminarse inútilmente gracias a la buena fe de las víctimas. En Estados Unidos y Canadá se utilizan las llamadas Alertas AMBER para denunciar el rapto o desaparición de niños. El nombre responde a las siglas America's Missing Broadcasting Emergency Response y también al nombre de pila de la niña de 9 años que fue raptada y asesinada en Arlington (Texas) en 1996. El caso es que se está popularizando el uso de falsas alertas AMBER en Estados Unidos, donde se dan **detalles falsos del posible rapto** y se pide a todos los que lo lean que lo den a conocer para ayudar en la resolución del caso. Son mensajes del tipo: "Alerta AMBER en Maine. Niña de tres años secuestrada por un hombre que conduce una furgoneta blanca con matrícula XXX. Publica esto en tu actualización de estado. ¡Podrías salvar una vida!".

Los detalles varían, algunos incluso dan nombres, pero la mayoría son falsos. Aunque realmente no ponen en riesgo la seguridad de los usuarios ni sus datos personales, las autoridades estadounidenses están luchando contra estos bulos porque **insensibilizan a la población** contra este tipo de alertas y su importancia cuando son reales.

4.2.3 OTRAS CLASIFICACIONES

Debido a la gran cantidad y diversidad de códigos maliciosos que existen, y que muchos de ellos realizan varias acciones y se pueden agrupar en varios apartados a la vez, existen varias clasificaciones genéricas que engloban varios tipos de códigos maliciosos, son las siguientes:

- **Ladrones de información (infostealers).** Agrupa todos los tipos de códigos maliciosos que roban información del equipo infectado, son los capturadores de pulsaciones, espías y ladrones de contraseñas.

- **Código delictivo (crimeware).** Hace referencia a todos los programas que realizan una acción delictiva en el equipo, básicamente con fines lucrativos. Engloba a los ladrones de información, mensajes de *phishing* y *clickers* que redirecciona al usuario a falsas páginas bancarias o de seguridad. Las herramientas de fraude, marcadores y criptovirus también forman parte de esta categoría.

- **Greyware (grayware).** Engloba todas las aplicaciones que realizan alguna acción que no es, al menos de forma directa, dañina, tan sólo molesta o no deseable. Agrupa el *adware*, espías que sólo roban información de costumbres del usuario (páginas por las que navegan, tiempo que navegan por Internet...), bromas y bulos.

ACTIVIDADES

- Analiza la siguiente noticia y comenta en tu blog:
- ¿Crees que la seguridad informática es un concepto local o globalizado a nivel internacional?
- ¿Crees que te puedes llegar a infectar de una botnet?
- Explica el mecanismo de infección y propagación de ZBOT.
- ¿Qué peligro conlleva ZBOT?
- ¿Qué o quién es Trend Micro? ¿Qué es una FAKEAV?

Trend Micro asegura haber descubierto una nueva variante de ZBOT que, de momento, está actuando principalmente en los sistemas bancarios de cuatro países europeos: Italia, Inglaterra, Alemania y Francia.

ZBOT consiste en una variante de **crimeware**, software malicioso específicamente diseñado para realizar delitos financieros basándose en el *phishing* y robo de identidades, creado mediante el toolkit Zeus. El equipo infectado pasa a formar parte de la red criminal **botnet** Zeus.

Básicamente, **Zeus** es conocida por su vinculación con actividades delictivas como los negocios criminales online donde colaboran diferentes organizaciones para perpetrar robos y fraudes por Internet.

En el caso de ZBOT, se trata de un troyano que llega como un archivo descargado de una URL remota y está configurado para dirigirse a las páginas webs de entidades bancarias, desde las que después roba y envía información, generalmente datos bancarios sensibles, como son nombres de usuario y contraseñas.

Trend Micro señala que los dominios utilizados por TROJ _ZBOT.BYP están alojados en el mismo servidor, localizado en Serbia bajo un nombre registrado, y la dirección IP y nombre son conocidos ya como parte de los dominios alojados de FAKEAV (antivirus falsos) usados con anterioridad en campañas de *spam* de farmacias canadienses.

ACTIVIDADES

- Busca información sobre el *malware* autorun.inf. Lee sobre USB Vaccine, y contesta a las siguientes cuestiones:
- Dentro de la clasificación de *malware* que hemos visto, ¿qué tipo de malware es el autorun.inf? ¿Qué efecto tiene? ¿Parece inofensivo?. ¿A qué tipo de sistemas operativos afecta?
- ¿Qué medidas de seguridad puedes tomar?
- ¿Qué es la descativación de la ejecución automática? ¿Cómo se puede realizar?
- Visualiza este videotutorial y descubre otra forma de eliminar el *malware*. ¿Con qué programa se realiza la desinfección?
- www.cristalab.com/tips/como-eliminar-virus-autorun.inf-de-un-dispositivo-usb-c76436l/

Panda USB Vaccine es una sencilla herramienta de Panda Security que tiene como objetivo evitar que nuestro ordenador se infecte por culpa de un CD/DVD o USB infectados.

En primer lugar, Panda USB Vaccine desactiva la opción de autoarranque de un disco óptico o de una memoria USB, opción que usan muchos virus para infectar ordenadores.

Y en segundo lugar, Panda USB Vaccine "vacuna" tu llave USB para que ningún virus o *malware* se aproveche de la función de autoarranque para propagarse.

Se puede usar como portable si se copia el archivo USBvaccine.exe desde la carpeta de instalación. Para utilizar Panda USB Vaccine necesitas un sistema operativo como WinXP/2003/Vista/7.

4.2.4 PROGRAMAS NO RECOMENDABLES

Por otro lado, existen algunos programas que, sin realizar directamente ninguna acción dañina en el equipo, generalmente se consideran maliciosos, son los siguientes:

Programas que realizan acciones ilegales

- **Generador de claves (keygen).** Genera las claves necesarias para que funcione determinado programa de pago de forma gratuita. El generador es un programa independiente del programa de pago.
- **Crack.** Parche informático que se desarrolla para que determinado programa de pago funcione de forma gratuita. A diferencia de los generadores de claves, aquí lo que se hace es modificar el programa de pago.
- **Herramienta de creación de *malware* (constructor).** No realiza ninguna acción maliciosa en el ordenador. Es empleado por programadores maliciosos para crear programas dañinos personalizados, por ejemplo, acciones perjudiciales que va a realizar en el ordenador infectado, cuándo y cómo se va a ejecutar...

El uso y pertenencia de estos programas, no sólo están tipificados como delito por la legislación española sino que, además, suelen ser utilizados para propagar otros programas maliciosos que están ocultos para el usuario que ejecuta el archivo.

Cookies maliciosas

Existe un tipo de ficheros que según el uso que tengan, pueden o no ser peligrosos, son las *cookies*. Las *cookies* son pequeños ficheros de texto que se crean en el navegador al visitar páginas web; almacenan diversa información que, por lo general, facilitan la navegación del usuario por la página web que se está visitando y lo más importante es que **no tienen capacidad para consultar información del ordenador en el que están almacenadas**. Sin embargo, existen un tipo de *cookies* llamadas *cookies maliciosas* que su cometido no es facilitar la navegación por determinadas páginas, sino monitorizar las actividades del usuario en Internet con fines maliciosos, por ejemplo capturar los datos de usuario y contraseña de acceso a determinadas páginas web o vender los hábitos de navegación a empresas de publicidad.

ACTIVIDADES

- Busca información sobre al menos cinco ejemplos reales y muy peligrosos de códigos maliciosos o *malware* (troyano, virus, gusano, pwstealer, adware, etc.), realiza primero una breve definición y posteriormente analiza y explica: nombre, nombre de archivo y método de propagación e infección, mecanismo de reparación.
- Comparte los ejemplos reales con tus compañeros, analiza los ataques y medios de infección empleados. La información te ayudará a prevenirte.

4.3 PROTECCIÓN Y DESINFECCIÓN

¿Cómo llegan al ordenador los virus y cómo prevenirlos?

Existen gran variedad de formas por las que los virus, gusanos y troyanos pueden llegar a un ordenador; en la mayoría de los casos prevenir la infección resulta relativamente fácil siguiendo unas sencillas pautas. Las formas en que un programa puede llegar al ordenador son las siguientes:

- **Explotando una vulnerabilidad.** Cualquier programa del ordenador puede tener una vulnerabilidad que puede ser aprovechada para introducir programas maliciosos en el ordenador. Es decir, todos los programas que haya instalados en el equipo, ya sean: **sistemas operativos** como Windows, Linux, MAC OS, etc., **navegadores Web** como Internet Explorer, Firefox, Opera, Chrome, etc., **clientes de correo** como Outlook, Thunderbird, etc., o **cualquier otra aplicación** como reproductores multimedia, programas de ofimática, compresores de ficheros, etc., es posible que tengan alguna vulnerabilidad que sea aprovechada por un atacante para introducir programas maliciosos. Para **prevenir** quedarse infectado de esta forma, recomendamos tener siempre actualizado el software el equipo.
- **Ingeniería social.** Apoyado en técnicas de ingeniería social para apremiar al usuario a que realice determinada acción. La ingeniería social se utiliza sobre todo en correos de *phishing*, pero puede ser utilizada de más formas, por ejemplo, informando de una falsa noticia

de gran impacto, un ejemplo puede ser alertar del comienzo de una falsa guerra incluyendo un enlace en que se puede ver más detalles de la noticia; a donde realmente dirige el enlace es a una página web con contenido malicioso. Tanto para los correos de *phishing* como para el resto de mensajes con contenido generado con ingeniería social, lo más importante es **no hacer caso de correos recibidos de remitentes desconocidos** y tener en cuenta que **su banco nunca le va a pedir sus datos bancarios por correo**.

- **Por un archivo malicioso.** Esta es la forma que tienen gran cantidad de troyanos de llegar al equipo. El archivo malicioso puede llegar como adjunto de un mensaje, por redes P2P, como enlace a un fichero que se encuentre en Internet, a través de carpetas compartidas en las que el gusano haya dejado una copia de sí mismo... La mejor forma de prevenir la infección es **analizar con un antivirus actualizado todos los archivos antes de ejecutarlos**, a parte de **no descargar archivos de fuentes que no sean fiables**.

- **Dispositivos extraíbles.** Muchos gusanos suelen dejar copias de sí mismos en dispositivos extraíbles para que automáticamente, cuando el dispositivo se conecte a un ordenador, ejecutarse e infectar el nuevo equipo. La mejor forma de evitar quedarse infectados de esta manera, es **deshabilitar el autoarranque de los dispositivos que se conecten al ordenador**.

Aunque, como se ha visto, existen gran cantidad de códigos maliciosos, es muy fácil prevenir quedarse infectado por la mayoría de ellos y así poder utilizar el ordenador de forma segura, basta con seguir las **recomendaciones de seguridad:**

- **Mantente informado** sobre las novedades y alertas de seguridad.

- **Mantén actualizado tu equipo,** tanto el sistema operativo como cualquier aplicación que tengas instalada.

- **Haz copias de seguridad** con cierta frecuencia, para evitar la pérdida de datos importantes.

- **Utiliza software legal** que suele ofrecer garantía y soporte.

- **Utiliza contraseñas fuertes** en todos los servicios, para dificultar la suplantación de tu usuario (evita nombres, fechas, datos conocidos o deducibles, etc.).

- **Utiliza herramientas de seguridad** que te ayudan a proteger / reparar tu equipo frente a las amenazas de la Red.
- **Crea diferentes usuarios**, cada uno de ellos con los permisos mínimos necesarios para poder realizar las acciones permitidas.

4.3.1 SEGURIDAD EN INTERNET

En la navegación web:

- **No descargues/ejecutes ficheros desde sitios sospechosos** porque pueden contener código potencialmente malicioso.
- **Analiza con un antivirus todo lo que descarga**s antes de ejecutarlo en tu equipo.
- **Mantén actualizado tu navegador** para que esté protegido frente a vulnerabilidades con parche conocido.
- **Configura el nivel de seguridad de tu navegador** según tus preferencias.
- **Instala un cortafuegos** que impida accesos no deseados hacía o desde Internet.
- **Descarga los programas desde los sitios oficiales** para evitar suplantaciones maliciosas.
- **Utiliza** anti-dialers **si navegas con** RTB **o RDSI** para evitar conectarte a Internet a través de números de tarificación adicional, que incrementarían tu factura.
- **Puedes utilizar mata-emergentes** para eliminar las molestas ventanas emergentes (*pop-up*) que aparecen durante la navegación, o configurar tu navegador para evitar estas ventanas.
- **Utiliza un usuario sin permisos de Administrador** para navegar por Internet, así impides la instalación de programas y cambios en los valores del sistema.
- **Borra las** ***cookies*****, los ficheros temporales y el historial cuando utilices equipos ajenos** (públicos o de otras personas) para no dejar rastro de tu navegación.

Precaucaciones con el correo electrónico:

- **No abras ficheros adjuntos sospechosos** procedentes de desconocidos o que no hayas solicitado.
- **Utiliza un filtro anti-spam** para evitar la recepción de correo basura.
- **Analiza los anexos con un antivirus** antes de ejecutarlos en tu sistema.
- **Desactiva la vista previa de tu cliente de correo** para evitar código malicioso incluido en el cuerpo de los mensajes.
- **No facilites tu cuenta de correo** a desconocidos ni la publiques alegremente.
- **No respondas a mensajes falsos,** ni a cadenas de correos para evitar que tu dirección se difunda.
- **Borra el historial de destinatarios** cuando reenvíes mensajes a múltiples direcciones.

Cuando utilices eComercio o comercio electrónico:

- **Observa que la dirección comience por http**s, indica que se trata de una conexión segura.
- **Observa que aparece un** candado en la parte inferior derecha de tu navegador.
- **Asegúrate de la validez de los certificados** (pulsando en el candado), que coinciden con la entidad solicitada y sean vigentes y válidos.
- **Ten en cuenta que tu banco NUNCA te pedirá información confidencial** por correo electrónico ni por teléfono.
- **Evita el uso de equipos públicos** (cibercafés, estaciones o aeropuertos, etc.) para realizar transacciones comerciales.
- **Desactiva la opción autocompletar** si accedes desde un equipo distinto al habitual o compartes tu equipo con otras personas.
- **Cierra tu sesión cuando acabes,** para evitar que alguien pueda acceder a tus últimos movimientos, cambiar tus claves, hacer transferencias, etc.

- **Instala alguna herramienta de antifraude** para evitar acceder a páginas fraudulentas.

En los chat e IM (mensajería instantánea):

- **Evita invitaciones a visitar sitios web** que te resulten sospechosas o que procedan de desconocidos.
- **Rechaza ficheros adjuntos** que no hayas solicitado o que te parezcan sospechosos.
- **Ten precaución al conversar o agregar contactos** desconocidos.
- **No facilites datos confidenciales** (contraseñas, nombres de usuario, datos bancarios, etc.) a través de estos canales.
- **Rechaza los usuarios no deseados**, de los que no quieras recibir mensajes.

En redes P2P, con software de descargas (Emule, BitTorrent, Ares, etc) o web de descargas (rapidshare, megaupload, etc.):

- **Analiza todos los archivos** que te descargues a través de las redes de intercambio de ficheros.
- **No compartas software ilegal** ya que incurrirías en un delito.
- **Ejecuta el cliente P2P en una sesión de usuario con permisos limitados** para aislarlo de otros componentes críticos del sistema.
- **Modifica el nombre de las carpetas de descarga** ya que muchos códigos maliciosos buscan rutas fijas para replicarse.
- **Presta atención a la extensión de los ficheros que descargues**, podrían indicar amenazas (por ejemplo, una imagen nunca tendrá extensión .exe).

Cuando juegues on-line a través de Internet:

- **Evita compartir usuario/contraseña** tanto dentro como fuera de la plataforma del juego.
- **Actualiza el software del juego** para evitar fallos de seguridad conocidos.

- **No adquieras créditos en páginas de subastas en línea** sin que estén certificados por los creadores del juego.
- **Vigila los movimientos de tu cuenta/tarjeta bancaria** si la tienes asociada al juego, para detectar movimientos ilícitos.
- **Controla tu tiempo de juego,** ya que esta actividad pueden ser muy adictiva.

4.4 HERRAMIENTAS SOFTWARE ANTIMALWARE

4.4.1 ANTIVIRUS

Un antivirus es un programa informático específicamente diseñado para detectar, bloquear y eliminar códigos maliciosos.

Aunque se sigue utilizando la palabra antivirus, estos programas han evolucionado y son capaces de detectar y eliminar, no sólo virus, sino también otros tipos de códigos maliciosos como gusanos, troyanos, espías...

Las plataformas más atacadas por virus informáticos son la línea de sistemas operativos Windows de Microsoft. Respecto a los sistemas derivados de Unix como GNU/Linux, BSD, Solaris, MacOS, éstos han corrido con mejor suerte debido en parte al sistema de permisos. No obstante, en las plataformas derivadas de Unix han existido algunos intentos que más que presentarse como amenazas reales no han logrado el grado de daño que causa un virus en plataformas Windows.

Existen dos formas diferentes de utilizar un antivirus condicionado por dónde esté instalado, en el escritorio de forma local o en un servidor externo para acceder en línea, y en función de las ventajas e inconvenientes, utilizaremos una u otra tal y como se describe a continuación.

4.4.1.1 Antivirus de Escritorio

Los antivirus de escritorio se suelen utilizar en modo residente para proteger al ordenador en todo momento de cualquier posible infección, ya sea al navegar por Internet, recibir algún correo infectado o introducir en el equipo algún dispositivo extraíble que esté infectado. No necesitan que el ordenador esté conectado a Internet para poder funcionar, pero sí que es necesario actualizarlos frecuentemente para que sean capaces de detectar las últimas amenazas de virus. Recomendamos tener sólo un antivirus de escritorio en el ordenador, ya que tener varios antivirus puede ocasionar problemas de incompatibilidad entre ellos.

Como hemos dicho anteriormente, para que un antivirus de escritorio funcione no es necesario estar conectado a Internet, sin embargo sí que es necesario actualizarlo periódicamente para que detecte las amenazas más recientes; actualmente la mayoría de los antivirus tienen la opción de actualizarse automáticamente, por lo que te recomendamos que tengas activada esta opción para que el antivirus esté siempre actualizado.

He aquí algunos de los antivirus de escritorio más famosos, con licencia de pago:

Tabla 4.1

Característica	McAfee	Norton (Symantec)	ESET NOD32	Panda Security
Antivirus	Sí	Sí	Sí	Sí
Antispyware	Sí	Sí	Sí	Sí
Link Scanner	No	No	No	Sí
Antirootkit	Sí	Sí	Sí	Sí
Web Shield	No	Sí	Sí	Sí
ID Protection	Sí	Sí	No	Sí
Firewall	Sí	Sí	Sí	Sí
Antispam	No	No	No	Sí
Sistemas x64	No	Limitado	Sí	Sí
Español	Sí	Sí	Sí	Sí
Soporte técnico	30 días	Sí	Sí	Sí
Mac y Linux	No	Sólo Mac	Sólo Linux	Sólo Linux
Consumo de recursos	Término Medio	Muchos	Pocos	Pocos
Version	2009	2009	4.0	2010

A continuación puedes ver algunas características de software antivirus gratuito, Avira, Avast Free y AVG Free, y sus diferencias con las versiones de pago para el caso de Avast y AVG:

Tabla 4.2

Característica	Avira	Avast	Avast Free	AVG	AVG Free
Antivirus	Sí	Sí	Sí	Sí	Sí
Antispyware	Sí	Sí	Sí	Sí	Sí
Link Scanner	Sí	No	No	Sí	Sí
Antirootkit	Sí	Sí	Sí	Sí	Sí
Web Shield	Sí	Sí	Sí	Sí	Limitado
ID Protection	Sí	Sí	No	Sí	No
Firewall	Sí	Sí	No	Sí	No
Antispam	Sí	Sí	No	Sí	No
Sistemas x64	Sí	Sí	Sí	Sí	Sí
Español	Sí	Sí	Sí	Sí	Sí
Soporte técnico	Sí	Sí	No	Sí	Sólo FAQ
Mac y Linux	Sólo Linux	Sí	No	Sólo Linux	Sólo Linux
Consumo de recursos	Pocos	Muchos al arrancar	Muchos al arrancar	Pocos	Pocos
Versión	2009	5.0	4.8	9.0	9.0

Puedes mantenerte informado acerca del antivirus gratuito existente en la web www.cert.inteco.es en su sección Útiles gratuitos, antivirus, antivirus de escritorio:

http://cert.inteco.es/Proteccion/Utiles_Gratuitos/

ACTIVIDADES →

- Busca y explica el significado de cada una de las características de la tabla comparativa anterior:

  - Antivirus
  - Antispyware
  - Link Scanner
  - Antirootkit
  - Web Shield
  - ID Protection
  - Firewall
  - Antispam
  - Sistemas x64
  - Español
  - Soporte técnico
  - Mac y Linux
  - Consumo de recursos

4.4.1.2 Antivirus en Línea

Los antivirus en línea son útiles para analizar el ordenador con un segundo antivirus cuando sospechamos que el equipo puede estar infectado. Para ejecutarlos es necesario acceder con el navegador a una página de Internet.

Si bien son muy útiles para realizar un escaneo del ordenador y, de este modo, comprobar que no está infectado, no sirven para prevenir infecciones, esto sólo lo hacen los antivirus de escritorio.

Estos antivirus no se instalan en el PC como un programa convencional, sino que se accede mediante un navegador web. El tiempo de escaneo varía en función de la velocidad de tu conexión, la carga momentánea de los servidores o el volumen de datos que quieras rastrear. La mayoría de estos servicios descargan un subprograma (ActiveX o Java), por lo que la primera vez que se accede tardan unos minutos en arrancar.

Los antivirus en línea no evitan que tu ordenador se quede infectado. Pero son útiles para realizar un segundo análisis, cuando sospechas que el ordenador puede estar infectado, pero el antivirus de escritorio no detecta nada extraño. Entre otros encontramos:

En español:

- **Eset Online Scanner:** ESET (NOD 32) ofrece una versión gratuita de su escaner antivirus en línea, Eset Online Scanner. Es un escáner online que busca malware en nuestro equipo y lo elimina, al igual que cualquier escáner en línea, no sustituye al de escritorio, pero sí lo complementa para revisar nuestro sistema con otro antivirus sin tener que instalarlo. **Plataforma**: Microsoft Windows, Internet Explorer, Firefox, Netscape y Opera.

- **Trend Micro HouseCall:** utiliza un applet de Java, lo que permite que sea soportado por todos los navegadores. Presenta una estructura de árbol de directorios con las unidades del sistema, para escoger aquellas de las que se desea realizar el escaneo de virus. Tiene incorporada una herramienta de chequeo de puertos. **Plataforma**: Windows y Linux, Multinavegador.

- **ActiveScan 2.0:** Panda pone a disposición de los usuarios su antivirus online que escanea el sistema en busca de software malicioso. Para eliminar parte de las amenazas, hay que registrarse, de forma gratuita, en Panda con una dirección de correo desde la cual activaremos la cuenta, para eliminar todas las amenazas de seguridad que detecta, hemos de comprar el producto. Al terminar el escaneo, permite guardar un informe completo donde se reflejan todas las incidencias. Plataforma: Windows.

En inglés:

- **Online Scanner:** tras la descarga de un subprograma ActiveX, se pueden seleccionar las opciones de configuración del análisis del sistema, permite escanear la memoria de tu sistema, todos los archivos, carpetas, discos y sectores de arranque, ofreciéndote no sólo la opción de detectar infecciones, sino también de desinfectar o, incluso, eliminar los archivos infectados.

- **Symantec Security Check:** descarga un subprograma ActiveX y realiza el escaneo de todas las unidades del sistema sin dar opción a elegir un subconjunto. La búsqueda no se realiza en ficheros comprimidos.

ACTIVIDADES

Realiza un escaneo de virus, en línea y de escritorio de tu equipo, con alguna versión gratuita, trial o de evaluación de algún antivirus de pago, y compara el resultado analizando distintas características como:

- **Número de archivos analizados.**
- **Ocupación en disco de los archivos analizados.**
- **Opciones de escaneo.**
- **Tiempo de escaneo.**
- **Malware encontrado.**
- **Malware desinfectado.**

4.4.1.3 Laboratorios de pruebas

Muchas de las propias empresas muestran estudios en sus propias web demostrando que son mejor que la competencia, pero estos estudios pierden validez al ser conducidos por la propia empresa. También pierden validez los estudios conducidos por los propios usuarios (a pesar de que éstos tengan buenos conocimientos de seguridad informática) debido a que generalmente la muestra de virus es muy pequeña o se pueden malinterpretar los resultados, por ejemplo contando la detección de un falso positivo como verdadera cuando no lo es y debería contarse como falsa.

También tenemos que tener en cuenta que la tasa de detección puede variar de mes a mes, debido al gran número de *malware* que se crea, y aunque la tasa de variaciones suele ser pequeña lo mejor es comparar un estudio con otro un poco más antiguo (por antiguo meses, no años). Y además hay que recordar que ningún antivirus es perfecto (no existe el 100% de detección), y además, puede que un antivirus detecte un virus que otro antivirus no detectaría y viceversa.

Los estudios con más validez son los que son hechos por empresas o laboratorios independientes, los cuales no deberían tener presión de ninguna manera para la clasificación de los productos; entre las empresas más importantes y más precisas que realizan los estudios tenemos:

- ✓ AV Comparatives (http://www.av-comparatives.org).
- ✓ AV-Test.org (http://www.av-test.org).
- ✓ ICSA Labs (http://www.icsalabs.com).
- ✓ Virus Bulletin (http://www.virusbtn.com).
- ✓ West Coast Labs (http://westcoastlabs.org).

ACTIVIDADES

- Comparativa de distintos antivirus.
- ¿Qué antivirus funcionó mejor ante el test propuesto en 2009?¿Y en 2º y 3er lugar?¿Y en el 2008?
- ¿Qué porcentaje de CPU consume en la máxima carga de trabajo el antivirus más eficiente?
- ¿Cuál es el único gratuito que superó todas las pruebas?

La entidad austríaca sin fines de lucro AV Comparatives realizó durante 2009 una serie de comparativas de aplicaciones de seguridad informática. En sus ensayos, AV Comparatives ha usado las versiones comerciales completas de los programas estudiados. Varias empresas de seguridad informática ofrecen versiones gratuitas de sus programas, para uso particular o no comercial.

En diciembre, la organización publicó un informe que refleja el impacto de los antivirus en el desempeño general del PC, mientras están siendo ejecutados.

AV Comparatives midió el desempeño mientras el sistema copiaba, comprimía y descomprimía archivos, convertía archivos multimedia, instalaba, desinstalaba o iniciaba software, descargaba archivos de Internet o ejecutaba programas de *benchmark* como WorldBench6.

Al comparar los resultados globales, la solución AntiVir Premium 9.0 de Avira, obtuvo el mejor desempeño.

En la totalidad de las pruebas, excepto la copia de archivos, el rendimiento es afectado en menos del 25%. La copia de archivos toma entre 25% y 50% más tiempo al no tener instalada solución antivirus en el sistema. A juicio de AV Comparatives, tal situación es bastante satisfactoria.

Al ejecutar WorldBench6, un sistema ejecutando Avira obtuvo 114 puntos, mientras que sin la solución antivirus obtenía 116 puntos.

En las posiciones siguientes se sitúan Antivirus 9 Plus, de Kingsoft y F-Secure Anti-Virus 2010. Las soluciones de Kingsoft tienen un desempeño algo reducido al instalar y desinstalar programas, en tanto que F-Secure necesita más tiempo al copiar archivos por primera vez. Ambas soluciones obtuvieron una puntuación algo menor en WorldBench 6 que Avira.

Con todo, el desempeño no es la única característica relevante para los programas de seguridad informática. Lo cierto es que su función principal es proteger al usuario del daño que puede causar el *malware*. Por tal razón, AV Comparatives realizó una serie de ensayos adicionales durante

2009, presentando en diciembre al ganador absoluto.

Así, mientras que Avira obtuvo la victoria en 2008, el paquete Norton Antivirus de Symantec obtuvo el primer lugar en 2009.

Entre otras cosas, Avira consideró atributos como nivel de detección, velocidad de análisis, capacidad de eliminar *malware*, índice de falsos positivos y uso de recursos.

Symantec obtuvo un desempeño especialmente destacado en la detección de *malware*. Anteriormente se había criticado el impacto que Norton ha tenido en el desempeño del sistema. Sin embargo, actualmente obtiene la misma puntuación que, por ejemplo, la versión gratuita de Avast.

En segundo lugar se ubicó Kapersky Anti-Virus 2010, superando a ESET NOD32 Antivirus 4.0.

Microsoft Security Essentials, único programa gratuito que superó todas las pruebas, es elogiado por el índice proactivo de detección, su capacidad de eliminar *malware* y nivel de detección de falsos positivos. En términos de desempeño, el programa de Microsoft se ubica en la mitad superior de la tabla comparativa, superando a Symantec, entre otros.

ACTIVIDADES →

Todo el grupo realizará una lista de todo el software antivirus gratuito y de pago que encuentre en la red.

Dividir el trabajo entre los alumnos que os encontréis en clase. A cada uno asignar un software antivirus, buscar sus características, precio, y realizar algun test que permita ver tipos de análisis posibles, idioma, cantidad de memoria y porcentaje de CPU que acapara cuando analiza virus, y en estado de reposo.

Realizar una presentación electrónica que aporte las ventajas e incovenientes de cada software.

4.4.2 ANTISPYWARE

Los spywares, o programas espía, son aplicaciones que se dedican a recopilar información del sistema en el que se encuentran instaladas para luego enviarla a través de Internet, generalmente a alguna empresa de publicidad. Todas estas acciones se hacen de forma oculta al usuario o bien se enmascaran tras confusas autorizaciones al instalar terceros programas, por lo que rara vez el usuario es consciente de ello.

¿Cómo distinguir si una aplicación es confiable?

No debes fiarte de todas las herramientas antiespías que puedes descargarte a través de Internet, ya que algunas de ellas pueden contener código malicioso, publicidad engañosa, no ofrecer la protección prometida e incluso dar como resultado falsos positivos.

ACTIVIDADES →

Si deseas utilizar alguna herramienta antiespía de la que desconoces la reputación del fabricante, te recomendamos, antes de instalarla, comprobar la confiabilidad de la aplicación en la siguiente lista actualizada de aplicaciones de software espía sospechosas de contener código malicioso:

Listado de Forospyware.com (en español).

Explica qué es un Rogue, Rogueware, FakeAVs, Badware, o Scareware. Indica al menos cinco programas Rogue o Fakeavs.

- Realiza una lista de los programas instalados y los procesos en ejecución. Busca en esta lista realizada si se encuentra algún FakeAVS dentro de la lista de Forospyware.

Antiespías de escritorio

Los antiespías de escritorio son aquellos que requieren de instalación en el PC. Se suelen utilizar en modo residente, analizan cualquier fichero al que accede el PC en tiempo real, como complemento a los antivirus para proteger al ordenador en todo momento de cualquier posible infección de código espía. No requieren de conexión a Internet para poder funcionar, pero sí necesitan estar actualizados para que sean capaces de detectar las amenazas más recientes.

Antiespías en línea

Los antiespías en línea son accesibles a través de un navegador web y no necesitan de una instalación de una aplicación completa en nuestro equipo para su funcionamiento. Necesitan por tanto de una conexión a Internet para acceder a ellas, y, al estar disponibles directamente en línea se accede a la versión más actualizada de la herramienta.

ACTIVIDADES

Puedes mantenerte informado acerca del software antiespía gratuito existente en la web www.cert.inteco.es en su sección Útiles gratuitos, anti-espías:

http://cert.inteco.es/Proteccion/Utiles_Gratuitos/

- Analiza si tu equipo está libre de espías y realiza un informe que identifique:
  - Número de archivos analizados.
  - Ocupación en disco de los archivos analizados.
  - Tiempo de escaneo.
  - Opciones de escaneo.
  - Malware encontrado.
  - Malware desinfectado.

4.4.3 OTRAS HERRAMIENTAS ANTIMALWARE

4.4.3.1 Herramientas de bloqueo:

Antifraude

Estas herramientas nos informan de la peligrosidad de los sitios que visitamos, en algunos casos, nos informan de forma detallada, qué enlaces de esas páginas se consideran peligrosos y cuál es el motivo. Algunos ejemplos:

Spoofstick es un software que se instala como una extensión del navegador que sirve para comprobar que las páginas que visitamos son auténticas y que no son potencialmente peligrosas.

Netcraft protege de los ataques de *phishing*. Vigila dónde se hospeda y proporciona un índice de riesgo de los sitios que visitas. Ayuda a defender a la comunidad internauta de fraudes.

Útiles antispam

El *spam* podemos definirlo como el envío masivo de correo electrónico no solicitado. Un alto porcentaje del correo electrónico que se mueve hoy día, es spam, principalmente se utiliza como complemento a otras técnicas que tienen como fin último engañarnos con el objeto de obtener un beneficio económico. Además, el simple hecho del envío y la recepción de este correo provoca un tráfico de datos que ayudan a saturar Internet, y eso sin contar con el tiempo que perdemos aunque sólo sea para borrarlos, es por ello que presentamos unas herramientas para tratar de mitigar el efecto del *spam*, son programas que filtran los correos electrónicos y tratan de eliminar los que consideren *spam*. Algunos ejemplos:

- **Trend Micro** pone a nuestra disposición una herramienta para controlar el origen de correos electrónicos, Comodo Time Machine. Esta herramienta se instala en forma de plug-in de navegador y funciona con el correo web de Gmail, Windows Live Hotmail y Yahoo, además de con el programa Outlook Express. El programa comprueba si el correo recibido corresponde a la empresa que debería, y que no es un intento de *phishing*. Actualmente no puede confirmar el origen del correo de todas las compañías, pero sí que tiene muchas, y entre ellas una cuantas compañías de servicios de Internet, utilizadas muy frecuentemente como ganchos para intentos de robo de identidad mediante técnicas de *phishing*. **Plataformas:** Windows con Internet Explorer o Firefox; sobre Gmail, Windows Live hotmail, Yahoo y algún otro, además se puede activar sobre Outlook Express.

- **Spamihilator** tiene a disposición de todos los usuarios un programa antispam, que se encarga de filtrar los correos electrónicos no deseados (spam) que nos envían. Es una herramienta para utilizar cuando tenemos un cliente de correo, no funciona en correo web. Está en inglés, pero podemos descargar un paquete de idioma que al instalarlo detecta el idioma de nuestro sistema y lo configura de forma automática.

Aunque funciona bastante bien, no es perfecto y hay que mirar de vez en cuando la carpeta de *spam* por si elimina algún correo que no debiera. **Plataformas:** Windows con Outlook, Opera, Eudora, Pegasus, Phoenix, Netscape, Thunderbird e IncrediMail.

ACTIVIDADES

- Instala el software antispam de Trend-Micro y analiza tu correo electrónico en busca de spam. ¿Ha podido encontrar algún correo malicioso?

Anti-Dialer

Este tipo de herramienta nos permite controlar a qué números de teléfono se conecta nuestro módem, para que no utilice ningún número que no esté en la lista de números permitidos, ya que hay algunos programas que cambiaban estos números por otros de tarificación especial, y las llamadas salían mucho más caras. Este tipo de fraude ha quedado reducido a conexiones de 56 kbps, con módem de marcación sobre línea telefónica, conexiones ya en desuso.

Análisis de ficheros en línea

Herramientas que ofrecen un servicio gratuito para análisis de ficheros sospechosos mediante el uso de múltiples motores antivirus, como complemento a tu herramienta antivirus. De esta manera podrás comprobar si dichos ficheros contienen o no algún tipo de código malicioso.

Se debe adjuntar el fichero que desees, pulsando sobre el botón de Examinar, localizando dicho fichero en tu sistema y pulsando sobre el botón de Analizar. Si el fichero estuviera infectado, te devolverá el resultado en el navegador con los alias de los virus encontrados.

Dado que ningún antivirus es infalible, el análisis de un fichero con más de un motor antivirus produce un resultado mucho más fiable que con uno solo.

- **Dr.Web** ofrece la herramienta Dr.Web On-line para el análisis en línea de direcciones de Internet en busca de código malicioso que pudiera estar inyectado en las páginas HTML. En el caso de ser así, nos avisará que el acceso a este sitio podría ser peligroso, ya que podría dañar la configuración del sistema, por lo que sería aconsejable no acceder a dicha URL.

- **VirScan.org** ofrece una herramienta VirScan que proporciona un servicio gratuito para analizar en línea ficheros sospechosos, de hasta 10 MB con o sin comprimir, utilizando varios motores de antivirus. La información obtenida del fichero a analizar es orientativa. Como información adicional muestra los últimos ficheros que se han subido al servidor y el resultado de su análisis. Tiene el selector de idioma en la parte superior derecha de la página.

- **VirusTotal** es un servicio ofrecido por Hispasec que permite examinar ficheros, cuyo tamaño en disco no supere 10 MB, con unos cuantos motores de búsqueda, si el fichero que subimos ya lo han escaneado, nos lo dice y nos muestra el resultado de los análisis. Los resultados son orientativos, ya que no todos los motores hacen las mismas detecciones.

Puede analizar un archivo con el **antivirus de Kaspersky** seleccionando el fichero a escanear (del sistema local) y enviándolo al servidor. Éste, una vez finalizado el análisis, devuelve un informe con el resultado del estudio. Si se quiere analizar más de un fichero, deben enviarse todos al servidor en formato comprimido (zip, arj,...). El tamaño del fichero a analizar no debe ser superior a 1 MB.

Análisis de URL

Herramientas para el análisis de direcciones de páginas web, que sirven para determinar si el acceso a dicha URL puede afectar o no a la seguridad de nuestro sistema.

Existen varios tipos de analizadores en función de cómo se accede al servicio: los que realizan un análisis en línea, los que se descargan como una extensión/plugin de la barra del navegador y los que se instalan como una herramienta de escritorio.

Estos útiles son capaces de categorizar las páginas que se desea visitar, de modo que estando atentos a esa valoración, se puede evitar que el sistema sea infectado por acceder a páginas peligrosas.

Estas herramientas pueden detectar, y a veces hasta bloquear, el acceso a páginas que contengan código malicioso, fraude electrónico, contenidos inapropiados e incluso si el código intenta explotar alguna vulnerabilidad sobre nuestro navegador o sistema.

No se asegura que la información que puedan ofrecer sea del todo fiable al 100%, bien porque la página web solicitada no haya sido todavía analizada, o porque puedan existir opiniones distantes de diferentes internautas sobre un mismo sitio web. En cualquier caso, consideramos que nos aportan una información bastante útil, ya que nos alertan o avisan sobre las posibles amenazas a las que exponemos nuestro sistema al acceder a determinados sitios web.

ACTIVIDADES

- Entra en la web www.siteadvisor.com (McAfee) y verifica distintas URL de las que tengas dudas sobre su nivel de seguridad. Haz un listado con el informe de al menos tres URL.

4.5 REFERENCIAS WEB

- Blog con multitud de noticias y enlaces sobre seguridad informática:

  http://www.inteco.es/Seguridad/Observatorio/BlogSeguridad

- CERT - INTECO – Centro de Respuesta a Incidentes de Seguridad. Instituto Nacional de Tecnologías de la Comunicación:

  www.cert.inteco.es/

- Comparativas de software antivirus gratuitos:

  http://www.descarga-antivirus.com/

- Web sobre software antimalware:

  http://www.antivirusgratis.com.ar/

RESUMEN DEL CAPÍTULO

Atrás quedaron los años en los que se entendía como virus un código malicioso que se ejecutaba en un ordenador, concepto muy genérico que se ha visto desarrollado en el término malware o software malicioso.

Dentro de este nuevo término encontramos infinidad de variantes:

- Según el tipo de amenazas como el phishing o fraude bancario y las redes zombis o botnets que permiten controlar remotamente para fines maliciosos miles de máquinas conjuntamente
- Según el medio de propagación, entre los que destacan en el correo basura o spam y la ingeniería social con fraudes a través de las redes sociales.

Entre los nuevos tipos de malware encontramos a parte de los virus, gusanos y troyanos: Adware, Bloqueador, Bomba lógica, Broma (Joke), Bulo (Hoax), Capturador de pulsaciones (Keylogger), Clicker, Criptovirus (Ransomware), Descargador (Downloader), Espía (Spyware), Exploit, Herramienta de fraude, Instalador (Dropper), Ladrón de contraseñas (PWStealer), Marcador (Dialer), Puerta trasera (Backdoor), Rootkit, Secuestrador del navegador (Browser hijacker), y un largo etcétera.

El software antimalware: antivirus, antiespías, etc., corre detrás de las nuevas vulnerabilidades intentando taparlas rápidamente

Para mantenerse sin "infecciones", las recomendaciones son: tomar precauciones de uso compartido de dispositivos y en la navegación y descarga web, así como tener siempre actualizado nuestro antivirus, realizar chequeos periódicos, y mantenerse muy informado de las últimas tendencias en software malware.

EJERCICIOS PROPUESTOS

- **1.** A lo largo del curso se realizará un **manual de buenas prácticas y recomendaciones** a modo de resumen en dos ámbitos, calculando siempre el coste de la solución óptima, y la periodicidad de cambio o uso de las mismas:

  A. A nivel de usuario, qué medidas y recomendaciones de equipamiento y uso tomarías.

  B. A nivel de pequeña y mediana empresa, PYME, qué medidas y recomendaciones darías a un cliente, propietario de una PYME.

  Complétalo con soluciones y recomendaciones tomadas con respecto al Capítulo 4 en base a:

  - ¿Qué tipo de programas antimalware instalarías?
  - ¿Qué precauciones tendrías a la hora de realizar operaciones informáticas como navegación web, correo electrónico, redes sociales, etc.?
  - ¿Qué periodicidad de análisis antivirus, antiespías, y antimalware, de tu equipo realizarías?
  - Realiza una tabla con distintas herramientas de detección y recuperación que consideres muy útiles, clasificadas por los tipos vistos, y otros que consideres oportuno, y para qué plataforma de sistema operativo y aplicaciones están diseñadas.

- **2.** ¿Para qué sistema operativo y navegador web mayoritariamente se encuentran herramientas de análisis y desinfección y vulnerabilidades?¿Por qué será?

TEST DE CONOCIMIENTOS

1 Malware que toma el control remoto del usuario administrador:

a) Hoax.
b) Joke.
c) Rootkit.
d) Gusano.

2 Malware que envía mensajes electrónicos con noticias falsas o bulos:

a) Hoax.
b) Joke.
c) Rootkit.
d) Gusano.

3 Malware que permite capturar lo que se pulsa por teclado para analizar posibles usuarios y contraseñas:

a) Clicker.
b) Spyware.
c) Exploit.
d) Keylogger.

4 Diferencia entre el scam y el spam:

a) Fraude bancario y correo basura.
b) Fraude electrónico y correo basura.
c) Correo basura y fraude malware.
d) Troyano y gusano.

5 La finalidad principal de crear malware es:

a) Lucrarse.
b) Hacer el mal.
c) Divertirse.
d) Buscar errores en las aplicaciones.
e) Crear parches de seguridad posteriores.

5 Gestión del almacenamiento de la información

Objetivos del capítulo

- ✓ Comprender las diferencias entre los distintos soportes de almacenamiento de la información, magnéticos, ópticos y memorias electrónicas (FLASH).
- ✓ Analizar los principios del almacenamiento y acceso a la información: rendimiento, disponibilidad y accesibilidad.
- ✓ Conocer los distintos tipos de almacenamiento existentes: redundante, distribuido, remoto y extraíble.
- ✓ Analizar distintas políticas de almacenamiento.
- ✓ Valorar la importancia de realizar copias de seguridad periódicas, bajo distintos soportes y localizaciones geográficas.
- ✓ Conocer los principios de la recuperación de datos, basadas en copias de seguridad óptimas.

5.1 ALMACENAMIENTO DE LA INFORMACIÓN: RENDIMIENTO, DISPONIBILIDAD, ACCESIBILIDAD

A veces no apreciamos lo que significa no poder acceder a esa carpeta donde guardamos nuestros documentos importantes o nuestro ordenador no arranca. En estos casos estamos, como poco, ante un gran trastorno. ¿Pero por qué pasa y cómo podemos protegernos? En este tema vamos a intentar dar algunas claves.

Los equipos informáticos se han convertido en una herramienta imprescindible en las empresas actuales, desde las grandes hasta las muy pequeñas, incluyendo a los trabajadores autónomos, disponen de un equipo informático que les ayuda en su proceso productivo, cualquier fallo del mismo puede suponer un trastorno, en algunos casos dramático, para el desarrollo futuro de la empresa.

Un equipo informático, y en concreto un ordenador personal, es un dispositivo complejo con muchos elementos delicados, que necesitan de unas condiciones mínimas de funcionamiento para trabajar. Debido probablemente a esta masiva utilización de los ordenadores y por tanto a la bajada de precios tan impresionante que se ha producido en este sector, se está pasando de "tratar con cuidado" a este elemento, a tratarlo como un electrodoméstico más, como a la batidora, hace su función, pero no necesita de cuidados especiales.

La clave de este problema es que una batidora si falla dispongo inmediatamente de un sustituto que continúa el trabajo, probablemente mejor que el anterior al ser más avanzado, pero un equipo informático tiene dos elementos básicos que otro electrodoméstico no tiene, primero, necesita de un tiempo para ponerlo en marcha (instalación hardware, sistema operativo, aplicaciones, controladores, etc.) y segundo tiene datos almacenados que son únicos en el mundo. No poder acceder a ellos puede causar pérdidas en tiempo y dinero, y si nos protegemos a tiempo no habrá que lamentarlo en el futuro.

Todo equipo informático dispone de un **sistema de almacenamiento para guardar los datos**. En un altísimo porcentaje el sistema de almacenamiento está constituido por uno o varios discos duros. Éstos serán de mayor o menor sofisticación, pero todos constituyen en sí mismos un elemento delicado y necesitan de unas condiciones mínimas de trabajo. Hacer trabajar a los discos duros en condiciones extremas puede producir en los mismos una avería física y que, como consecuencia de la misma se hace imposible acceder a la información que contienen.

Por tanto, aunque los tres elementos principales a proteger en cualquier sistema informático son el software, el hardware y los datos. Habitualmente los datos constituyen el principal elemento de los tres a proteger, ya que es el más amenazado y seguramente el más difícil de recuperar, en caso de pérdida de un proyecto de un usuario, no tenemos un medio "original" desde el que restaurar.

Contra cualquiera de los tres elementos descritos anteriormente (pero principalmente sobre los datos) se pueden realizar multitud de ataques o, dicho de otra forma, están expuestos a diferentes amenazas. Generalmente, la taxonomía más elemental de estas **amenazas** las divide en cuatro grandes grupos: **interrupción**, **interceptación**, **modificación** y **fabricación**. Un ataque se clasifica como **interrupción** si hace que un objeto del sistema se pierda, quede inutilizable o no disponible. Se tratará de una **interceptación** si un elemento no autorizado consigue un acceso a un determinado objeto del sistema, y de una **modificación** si además de conseguir el acceso consigue modificar el objeto; algunos autores consideran un caso especial de la modificación: la **destrucción**, entendiéndola como una modificación que inutiliza al objeto afectado. Por último, se dice que un ataque es una **fabricación** si se trata de una modificación destinada a conseguir un objeto similar al atacado de forma que sea difícil distinguir entre el objeto original y el "fabricado". En la figura se muestran estos tipos de ataque de una forma gráfica.

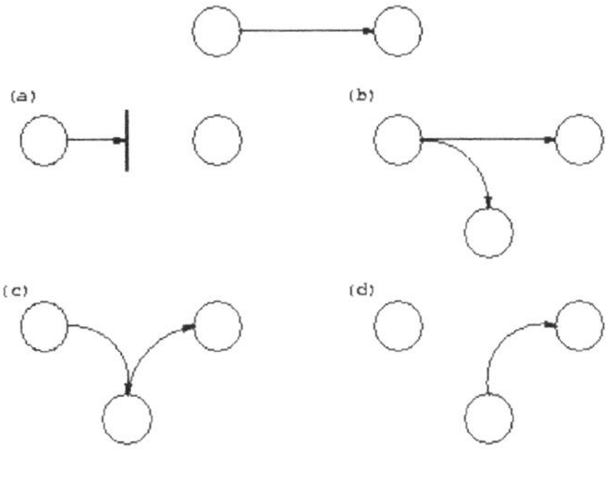

Figura 5.1. *Flujo normal de información entre emisor y receptor y posibles amenazas: (a) interrupción, (b) interceptación, (c) modificación y (d) fabricación*

ACTIVIDADES

- Describe con un ejemplo sobre una carpeta con ficheros importantes de usuario, cómo se realizaría una interrupción, interceptación, modificación y fabricación.

El almacenamiento de la información requiere de una serie de principios y características que mejorar: rendimiento, disponibilidad, accesibilidad.

5.1.1 RENDIMIENTO

El rendimiento **se refiere a la capacidad de disponer un volumen de datos en un tiempo determinado. Se mide en tasa de transferencia, MBps.**

Existen muchas tecnologías para fabricar los dispositivos de almacenamiento, caracterizados por:

- Coste por bit.
- Tiempo que se tarda en acceder a la información.
- Capacidad de almacenamiento o tamaño.

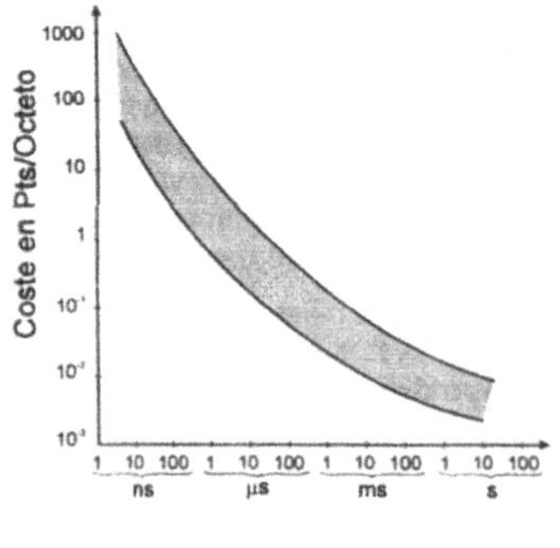

Figura 5.2. *Coste de la memoria frente a velocidad*

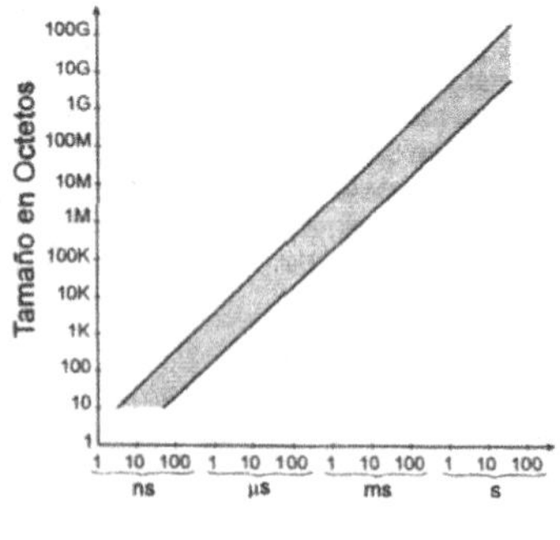

Figura 5.3. *Tamaño de la memoria frente a velocidad*

El procesador es el elemento principal del ordenador. Interesa que las instrucciones y los datos con los que en un momento dado va a operar el procesador estén lo más próximos a él. Es decir, en el nivel más alto de la jerarquía. Cuando la CPU no encuentra un dato que necesita en alguno de los niveles de la memoria interna, en primer lugar en sus registros internos, se produce un "fallo", y se intenta acceder o recuperar del nivel inmediatamente inferior, caché, memoria RAM, disco duro, disco óptico, etc. Se debe satisfacer por tanto la **propiedad de inclusión**, según la cual la información en un determinado nivel se encuentra replicada en los niveles inferiores.

Este principio determina la **jerarquía de memorias**: La ubicación temporal de los datos está fuertemente ligada a la necesidad que tiene el microprocesador de emplearlos en un momento determinado. Los datos recientemente accedidos se ubican en las memorias más rápidas, y estas memorias deben estar próximas al microprocesador o a la CPU. Las memorias sucesivamente mayores en capacidad y más lentas, de mayor tiempo de acceso por bit, dispondrán todos los datos potencialmente accesibles por la CPU. Esta organización se denomina jerarquía de memorias.

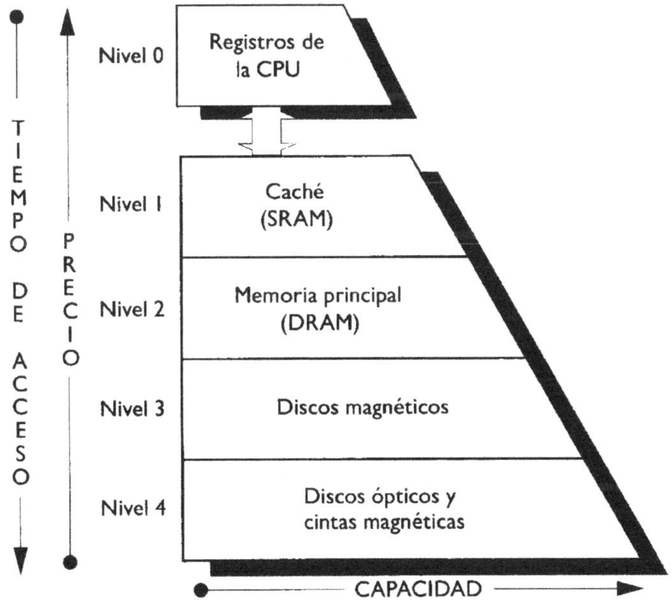

Figura 5.4. *Jerarquía de memorias*

La **memoria interna, de carácter volátil, o no permanente en ausencia de alimentación eléctrica, de mayor velocidad y coste,** se compone de los tres escalones superiores de la pirámide: registros internos, memoria caché y memoria principal (RAM).

Los niveles inferiores, discos magnéticos, ópticos, memorias flash y cintas magnéticas, se suelen agrupar con el nombre de **memoria externa, de carácter no volátil, almacenan la información de forma permanente en ausencia de electricidad, menor velocidad de acceso y menor coste por bit.**

La memoria central de un ordenador, constituida por circuitos integrados, es relativamente cara y tiene una capacidad limitada. La principal ventaja de la memoria central es su gran velocidad de funcionamiento, ya que es posible leer o escribir en ella un dato o instrucción en tiempos del orden de decenas de nanosegundos. Para evitar el problema de que la información se pierda al desconectarse el suministro de energía eléctrica, se han desarrollado **soportes de información externos** que almacenan la información permanentemente, y aunque son mucho más lentos que la memoria central, admiten **gran capacidad de almacenamiento y son más baratos**.

ACTIVIDADES

Realiza una tabla comparativa en la que compares el tamaño en megabytes (MB), precio del dispositivo, y divide el precio en MB / capacidad o tamaño en MB, para obtener el precio por cada MB, de distintas memorias comerciales: memoria caché nivel 1 y 2 de un microprocesador, memoria RAM, disco duro, CD, DVD, cinta de backup, y memoria flash (USB).

- ¿Cuál es la memoria más barata? Si puedes completa la tabla con la información de la tasa de transferencia de cada una de ellas en MB/s o MBps. ¿Cuál es la más rápida? ¿Crees que las memorias flash sustituirán a los discos magnéticos como el disco duro? Busca y comenta algunos sistemas informáticos que hayan sustituido el disco duro por memoria flash.

5.1.2 DISPONIBILIDAD

La **disponibilidad** como vimos en el Capítulo 1, se refiere a **la seguridad que la información pueda ser recuperada en el momento que se necesite**, esto es, evitar su pérdida o bloqueo, bien sea por ataque, mala operación accidental o situaciones fortuitas o de fuerza mayor.

En el apartado 5.3 veremos las distintas técnicas que hoy en día favorecen la alta disponibilidad de los sistemas de almacenamiento, como son:

- La **redundancia o duplicados de la información:** sistemas RAID de almacenamiento, centros de procesamiento de datos de respaldo, copias de seguridad, etc.

- La **distribución de la información**: disponer de copias de seguridad en distintas ubicaciones geográficas, medios de almacenamiento extraíbles y portátiles, servidores de almacenamiento redundantes y distribuidos geográficamente con sincronización en la información que contienen, copias de seguridad en la nube (Internet), como los servicios de copia de seguridad on-line, etc.

5.1.3 ACCESIBILIDAD

La **accesibilidad** se refiere a tener disponible la información por parte **de los usuarios autorizados.** Habitualmente se controla mediante **técnicas de control de acceso. En los capítulos 2 y 3 vimos las técnicas existentes para asegurar el acceso a la información mediante control de acceso físico, biometría, y acceso controlado por el sistema operativo, aplicaciones y encriptación de los datos.**

En este tema capítulo veremos algunas medidas adicionales sobre el control de acceso de ficheros y carpetas.

ACTIVIDADES

- Realiza una copia de seguridad simple de algunos de tus archivos principales, comprimiendo los archivos en formato RAR y establece una contraseña.

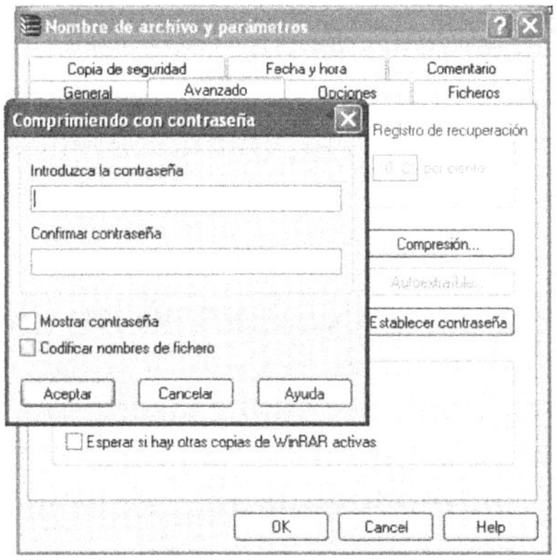

- Indica en el nombre del archivo la fecha y hora de realización de la copia de seguridad. Copia el archivo comprimido en un pendrive, y envíate un correo con dicho archivo adjunto a tu cuenta de correo como destinatario. Los envíos de correos electrónicos suelen estar limitados a archivos de 10 MB.
- Explica en qué medios de almacenamiento se encuentra la información almacenada, cómo has garantizado la disponibilidad de los datos en caso de pérdida, y cómo garantizas que la accesibilidad a los datos sea sólo por ti.

5.2 MEDIOS DE ALMACENAMIENTO

Los **dispositivos o unidades de almacenamiento de datos** son dispositivos que leen o escriben datos en medios o soportes de almacenamiento, y juntos conforman la memoria secundaria o almacenamiento secundario de la computadora.

Estos dispositivos realizan las operaciones de lectura y/o escritura de los medios o soportes donde se almacenan o guardan, lógica y físicamente, los archivos de un sistema informático.

En primer lugar realizaremos una clasificación de los dispositivos de almacenamiento de datos, en función de varias características:

- La naturaleza del soporte de almacenamiento de la información: magnético, óptico, magneto-óptico, memoria flash.
- Si es posible leer y/o escribir.
- Acceso a la información: secuencial o directo.
- Dispositivo interno o externo (periférico) al sistema informático.
- Conexión entre soporte de la información y la unidad lectora/escritora.

5.2.1 SOPORTE DE ALMACENAMIENTO DE LA INFORMACIÓN

Se denomina **soporte** a todo material o dispositivo, en general, destinado a registrar información. Será un medio en el que se almacena información con una determinada estructura y de manera indefinida para que pueda ser utilizada por el sistema o por terceras personas.

No se debe confundir soporte de información con periférico. Se considera periférico a cualquier equipo de entrada/salida de datos, conectado al ordenador, que sirve para leer o escribir información sobre los soportes. Es pues el soporte el almacén de información y el periférico el encargado de leer o escribir información sobre dicho soporte.

Dado que el ordenador usa el código binario para representar la información, los soportes deberán tener la disponibilidad adecuada para poder admitir tales características. Éstas son:

- ✓ Capacidad de presentar dos estados, para indicar el 0 y el 1.
- ✓ Permitir su acceso en cualquier momento, para conocer el estado existente y para poder cambiarlo, pasando de un estado a otro cuantas veces se necesite.
- ✓ Conservación indefinida del estado existente mientras no se envíe una señal para cambiarlo, es decir, poder conservar la información original por tiempo indefinido.

Los más extendidos son los siguientes:

- **Magnéticos:** los discos y cintas magnéticas contienen soportes de información constituidos por un sustrato, de plástico o aluminio, recubierto por un material magnetizable, tradicionalmente óxido férrico u óxido de cromo. La información se graba en unidades elementales o celdas que forman líneas o pistas. Cada celda puede estar sin magnetizar o estar magnetizada en uno de dos estados o campos magnéticos: norte (N) o sur (S), dos estados que podrán corresponder a un "0" a un "1". La celda por tanto se comporta como un elemento de memoria ya que almacena un bit. Para escribir o leer en una celda se emplea la electricidad para crear campos magnéticos orientados en una dirección u otra para representar unos y ceros. Ejemplos: cintas magnéticas, discos magnéticos (disquetes, discos duros). Los más empleados para almacenamiento masivo de gran volumen de información.

- **Ópticos:** usan la energía lumínica, mediante un rayo láser, u otro elemento lumínico, para almacenar o leer la información. Los ceros o unos se representan por la presencia o ausencia de una señal luminosa. Ejemplo: CD, DVD. Los más extendidos de uso portátil multimedia comercial, con uso de sólo lectura.

- **Magneto-ópticos:** son soportes que permiten la lectura y escritura. La información no se graba de forma mecánica, se graba magnéticamente. Los discos vírgenes poseen una magnetización previa (magnetización determinada norte o sur), mediante láser es posible cambiar la magnetización de las celdas. Los discos-magneto-ópticos como el CD-MO son regrabables, aunque son más duraderos que el CD-RW, ya que éstos se van degradando en cada operación de escritura. Los *minidisk* y unidades ZIP han tenido un gran éxito comercial en los años 80 y 90.

- **Flash - USB:** emplean memoria semiconductora (en uno o varios chips), de tipo flash NAND. Su cualidad más destacada es que a pesar de ser memoria semiconductora, mantienen su contenido sin necesidad de suministrar energía eléctrica, mediante tecnología de puerta flotante, los electrones quedan confinados en el transistor que forma la celda de memoria. Ejemplo: memorias de cámaras, memorias USB, son las más extendidas actualmente con propósitos de movilidad. Han ido reduciendo paulatinamente el uso de los CD y DVD a aplicaciones específicas multimedia comercial.

5.2.2 LECTURA/ESCRITURA

De todos los soportes se puede extraer la información almacenada, pero en algunos casos, sólo se puede realizar una escritura, por lo que no se podrá volver a escribir en ellos. Podemos clasificarlos en:

- **Reutilizables o regrabables:** podemos emplear el mismo soporte todas las veces que deseamos, es decir, podemos regrabar la información. Ejemplo: cinta magnética, memoria USB, CD-RW.

- **No reutilizable o de sólo lectura:** una vez que se graba la información no se puede modificar, tan sólo leer la información contenida en él. En este caso, una vez creado sólo se puede leer. Ejemplo: CD, DVD.

5.2.3 ACCESO A LA INFORMACIÓN

- **Secuencial:** para acceder a un dato tenemos que leer o escribir todos lo anteriores. Ejemplo: la grabación de un CD, vamos grabando uno a uno los datos en el orden en que queremos que aparezca, y en una cinta magnética, empleada aún en backups, la lectura y escritura es secuencial.

- **Directo:** podemos acceder a cualquier dato de forma casi inmediata. Ejemplo: la lectura de un CD, disco duro, memoria USB, es directa, podemos leer cualquier archivo sin necesidad de acceder los demás. El acceso es directo a cada celda de memoria.

5.2.4 UBICACIÓN DE LA UNIDAD

- **Interna:** la unidad lectora/grabadora se localiza dentro de la carcasa del ordenador. Ejemplos: la mayoría de las unidades de disco flexible, los discos duros, y las unidades lectoras de CD.
- **Externa:** la unidad lectora/grabadora se sitúa fuera del ordenador: Ejemplos: memoria USB, disco duro externo, multimedia, carcasa para disco duro externo, unidad lectora de CD/DVD conectada externamente mediante USB.

5.2.5 CONEXIÓN ENTRE SOPORTE Y UNIDAD

- **Removibles:** el soporte que almacena la información se puede cambiar, permaneciendo la unidad lectora/grabadora. Ejemplo: los discos flexibles (disquetes), CD y DVD, el soporte es independiente de la unidad lectora/grabadora. Podemos cambiar de disco sin necesidad de cambiar la unidad lectora/grabadora.
- **No removibles:** el soporte que almacena la información y la unidad lectora/grabadora se encuentran unidos. Ejemplo: los discos duros, memoria USB.

ACTIVIDADES

» Realiza una tabla en la que dispongas las distintas clasificaciones vistas por columnas y rellenes sus características:

- Soporte.
- Lectura/Escritura.
- Acceso.
- Unidad Interna/Externa.
- Conexión entre soporte y unidad.

- Para los siguientes casos:
  - Disco duro multimedia.
  - Pendrive USB.
  - Grabadora externa de DVD.
  - Unidad de cinta de backup.
  - Lector de CD.
  - Disco duro interno.

ACTIVIDADES

- Analiza el principio de funcionamiento de los discos duros e indica a modo de resumen cuáles son los principales fallos, recomendaciones y precauciones que se deben tener con los discos duros.
- Busca una empresa que se dedique a recuperar los datos de fallos físicos de discos e indica sus precios y servicios ofertados. ¿Te parecen caros los servicios de recuperación de datos?

ACTIVIDADES

- ¿Qué ventajas poseen las particiones de disco sólo para datos? ¿Qué consideraciones sobre desfragmentación de disco, y copia de seguridad se deben tomar antes de reparticionar el disco duro?

ACTIVIDADES

- Busca información comercial en HP o Dell sobre sistemas de almacenamiento en cinta.
- ¿Crees que hoy en día se siguen utilizando? ¿Cuáles suelen ser sus aplicaciones? ¿Por qué crees que se siguen empleando? ¿Cuál es el coste por MB? Busca una unidad lectora/grabadora de cinta y una cinta e indica su coste.

ACTIVIDADES

- Busca información sobre el Blue-Ray y HD-DVD. ¿Qué capacidad poseen? ¿Qué aplicaciones tienen hoy en día? ¿Por qué crees que no existe todavía una alta difusión comercial? ¿Cuándo crees que sustituirán al DVD y al CD?

5.3 ALMACENAMIENTO REDUNDANTE Y DISTRIBUIDO

Como hemos visto anteriormente uno de los principios que posee el almacenamiento seguro de la información debe ser la **disponibilidad**. La redundancia o creación de duplicados exactos de la información posibilita que ante pérdidas de información, sea posible recuperar los datos. La redundancia la analizaremos desde dos puntos de vista:

- ✓ Los sistemas RAID de almacenamiento redundante.
- ✓ Los sistemas distribuidos o centros de respaldo con sincronización de datos.

5.3.1 RAID

En informática, el acrónimo **RAID** (Redundant Array of Independent Disks, conjunto redundante de discos independientes), originalmente era conocido como ***Redundant Array of Inexpensive Disks***, (conjunto redundante de discos baratos) y hace referencia a un sistema de almacenamiento que usa múltiples discos duros entre los que distribuye o replica los datos. Dependiendo de su configuración (a la que suele llamarse «nivel»), los beneficios de un RAID respecto a un único disco son uno o varios de los siguientes: mayor integridad, mayor tolerancia a fallos, mayor *throughput* (rendimiento) y mayor capacidad. En sus implementaciones originales, su ventaja clave era la habilidad de combinar varios dispositivos de bajo coste y tecnología más antigua en un conjunto que ofrecía mayor capacidad, fiabilidad, velocidad o una combinación de éstas que un solo dispositivo de última generación y coste más alto.

En el nivel más simple, un RAID combina **varios discos duros en una sola unidad lógica**. Así, en lugar de ver varios discos duros diferentes, el sistema operativo ve uno solo. Los RAID suelen usarse en servidores y normalmente (aunque no es necesario) se implementan con unidades de disco de la misma capacidad. Debido al decremento en el precio de los discos duros y la mayor disponibilidad de las opciones RAID incluidas en los chipsets de las placas base, los RAID se encuentran también como opción en los ordenadores personales más avanzados. Esto es especialmente frecuente en las computadoras dedicadas a tareas intensivas de almacenamiento, como edición de audio y vídeo.

La misma definición de RAID ha estado en disputa durante años. El uso de término "redundante" hace que muchos objeten sobre que el RAID 0 sea realmente un RAID. De igual forma, el cambio de barato a independiente confunde a muchos sobre el pretendido propósito del RAID. Incluso hay algunas implementaciones del concepto RAID que usan un solo disco. Pero en general, diremos que cualquier sistema que emplee los conceptos RAID básicos de combinar espacio físico en disco para los fines de mejorar la fiabilidad, capacidad o rendimiento es un sistema RAID.

Historia

A Norman Ken Ouchi de IBM le fue concedida en 1978 la patente USPTO nº 4,092,732, titulada "Sistema para recuperar datos almacenados en una unidad de memoria averiada" (*System for recovering data stored in failed memory unit*), cuyas demandas describen lo que más tarde sería denominado escritura totalmente dividida (*full striping*). Esta patente de 1978 también menciona la **copia espejo** (*mirroring* o *duplexing*), que más tarde sería denominada RAID 1, y la protección con cálculo de paridad dedicado, que más tarde sería denominada RAID 4.

La tecnología RAID fue definida por primera vez en 1987 por un grupo de informáticos de la Universidad de California, Berkeley. Este grupo estudió la posibilidad de usar dos o más discos que aparecieran como un único dispositivo para el sistema.

En 1988, los niveles RAID 1 a 5 fueron definidos formalmente por David A. Patterson, Garth A. Gibson y Randy H. Katz en el ensayo "Un Caso para Conjuntos de Discos Redundantes Económicos (RAID)" —*A Case for Redundant Arrays of Inexpensive Disks (RAID)*—, publicado en la Conferencia SIGMOD. El término RAID se usó por vez primera en este ensayo, que dio origen a toda la industria de los conjuntos de discos.

Implementaciones

La distribución de datos en varios discos puede ser gestionada por hardware dedicado o por software. Además, existen sistemas RAID híbridos basados en software y hardware específico.

Con la implementación por software, el sistema operativo gestiona los discos del conjunto a través de una controladora de disco normal (IDE/ATA, Serial ATA (SATA), SCSI, SAS o Fibre Channel). Considerada tradicionalmente una solución más lenta, con el rendimiento de las CPU modernas puede llegar a ser más rápida que algunas implementaciones hardware, a expensas de dejar menos tiempo de proceso al resto de tareas del sistema.

Una implementación de RAID basada en hardware requiere al menos una **controladora RAID específica**, ya sea como una tarjeta de expansión independiente o integrada en la placa base, que gestione la administración de los discos y efectúe los cálculos de paridad (necesarios para algunos niveles RAID). Esta opción suele ofrecer un **mejor rendimiento** y hace que el soporte por parte del sistema operativo sea más sencillo (de hecho, puede ser totalmente transparente para éste). Las implementaciones basadas en hardware suelen soportar sustitución en caliente (*hot swapping*), permitiendo que los discos que fallen puedan reemplazarse sin necesidad de detener el sistema.

En los RAID mayores, la controladora y los discos suelen montarse en una caja externa específica, que a su vez se conecta al sistema principal mediante una o varias conexiones SCSI, Fibre Channel o iSCSI. A veces el sistema RAID es totalmente autónomo, conectándose al resto del sistema como un **NAS** (del inglés *Network Attached Storage*), nombre dado a una tecnología de almacenamiento dedicada a compartir la capacidad de almacenamiento de una computadora con ordenadores personales o clientes a través de una red, lo veremos en profundidad posteriormente.

Los RAID híbridos se han hecho muy populares con la introducción de controladoras RAID hardware baratas. En realidad, el hardware es una controladora de disco normal sin características RAID, pero el sistema incorpora una aplicación de bajo nivel que permite a los usuarios construir RAID **controlados por la BIOS**. Será necesario usar un controlador de dispositivo específico para que el sistema operativo reconozca la controladora como un único dispositivo RAID.

Los sistemas RAID por software, suelen presentar el problema de tener que reconstruir el conjunto de discos cuando el sistema es reiniciado tras un fallo para asegurar la integridad de los datos. Por el contrario, los sistemas basados en software son mucho más flexibles (permitiendo, por ejemplo, construir RAID de particiones en lugar de discos completos y agrupar en un mismo RAID discos conectados en varias controladoras) y los basados en hardware añaden un punto de fallo más al sistema (la controladora RAID).

Todas las implementaciones pueden soportar el uso de uno o más discos de reserva (*hot spare*), unidades preinstaladas que pueden usarse inmediatamente (y casi siempre automáticamente) tras el fallo de un disco del RAID. Esto reduce el tiempo del período de reparación al acortar el tiempo de reconstrucción del RAID.

Los niveles RAID estándar y más comúnmente usados son:

- RAID 0: Conjunto dividido.
- RAID 1: Conjunto en espejo.
- RAID 5: Conjunto dividido con paridad distribuida.

5.3.1.1 RAID 0 (Data Striping)

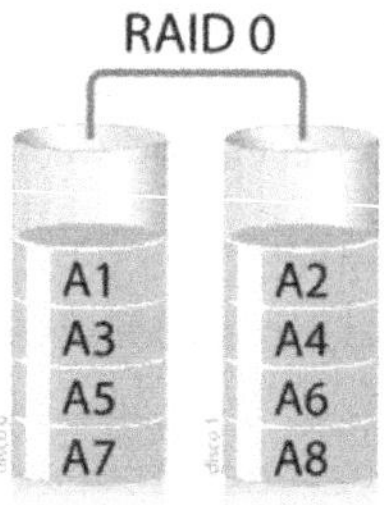

Diagrama de una configuración RAID 0

Un **RAID 0** (también llamado **conjunto dividido** o **volumen dividido**) según SC, distribuye los datos equitativamente entre dos o más discos sin información de paridad que proporcione redundancia. Es importante señalar que el RAID 0 no era uno de los niveles RAID originales y que no es redundante. El RAID 0 se usa normalmente para incrementar el rendimiento, aunque también puede utilizarse como forma de crear un pequeño número de grandes discos virtuales a partir de un gran número de pequeños discos físicos. Un RAID 0 puede ser creado con discos de diferentes tamaños, pero el espacio de almacenamiento añadido al conjunto estará limitado por el tamaño del disco más pequeño (por ejemplo, si un disco de 300 GB se divide con uno de 100 GB, el tamaño del conjunto resultante será sólo de 200 GB, ya que cada disco aporta 100 GB).

5.3.1.2 RAID 1 (Data Mirroring)

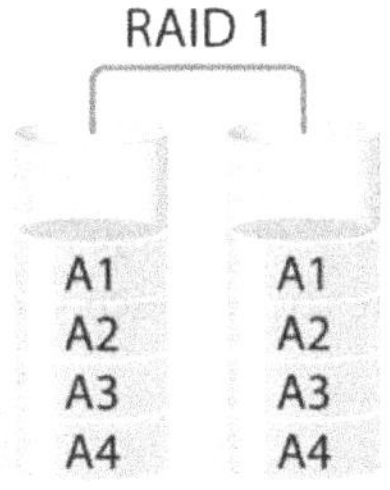

Diagrama de una configuración RAID 1

Un **RAID 1** crea una copia exacta (o **espejo**) de un conjunto de datos en dos o más discos. Esto resulta útil cuando el rendimiento en lectura es más importante que la capacidad. Un conjunto RAID 1 sólo puede ser tan grande como el más pequeño de sus discos. Un RAID 1 clásico consiste en dos discos en espejo, lo que incrementa exponencialmente la fiabilidad respecto a un solo disco; es decir, la probabilidad de fallo del conjunto es igual al producto de las probabilidades de fallo de cada uno de los discos (pues para que el conjunto falle es necesario que lo hagan *todos* sus discos).

Adicionalmente, dado que todos los datos están en dos o más discos, con hardware habitualmente independiente, el rendimiento de lectura se incrementa aproximadamente como múltiplo lineal del número de copias; es decir, un RAID 1 puede estar leyendo simultáneamente dos datos diferentes en dos discos diferentes, por lo que su rendimiento se duplica. Para maximizar los beneficios sobre el rendimiento del RAID 1 se recomienda el uso de controladoras de disco independientes, una para cada disco (práctica que algunos denominan *splitting* o *duplexing*).

Como en el RAID 0, el tiempo medio de lectura se reduce, ya que los sectores a buscar pueden dividirse entre los discos, bajando el tiempo de búsqueda y subiendo la tasa de transferencia, con el único límite de la velocidad soportada por la controladora RAID. Sin embargo, muchas tarjetas RAID 1 IDE antiguas leen sólo de un disco de la pareja, por lo que su rendimiento es igual al de un único disco. Algunas implementaciones RAID 1 antiguas también leen de ambos discos simultáneamente y comparan los datos para detectar errores. La detección y corrección de errores en los discos duros modernos hacen esta práctica poco útil.

Al escribir, el conjunto se comporta como un único disco, dado que los datos deben ser escritos en todos los discos del RAID 1. Por tanto, el rendimiento no mejora.

El RAID 1 tiene muchas ventajas de administración. Por ejemplo, en algunos entornos 24/7, es posible "dividir el espejo": marcar un disco como inactivo, hacer una copia de seguridad de dicho disco y luego reconstruir el espejo.

5.3.1.3 RAID 2, 3 y 4

Un **RAID 2** divide los datos a nivel de bits en lugar de a nivel de bloques y usa un **código de Hamming para la corrección de errores**. Los discos son sincronizados por la controladora para funcionar al unísono. Éste es el único nivel RAID original que actualmente no se usa. Permite tasas de trasferencias extremadamente altas.

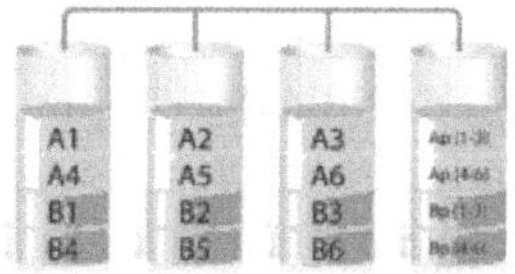

Diagrama de una configuración RAID 3. Cada número representa un byte de datos; cada columna, un disco.

Un **RAID 3** usa división a nivel de bytes con un disco de paridad dedicado. El RAID 3 se usa rara vez en la práctica. Uno de sus efectos secundarios es que normalmente no puede atender varias peticiones simultáneas, debido a que por definición cualquier simple bloque de datos se dividirá por todos los miembros del conjunto, residiendo la misma dirección dentro de cada uno de ellos. Así, cualquier operación de lectura o escritura exige activar todos los discos del conjunto.

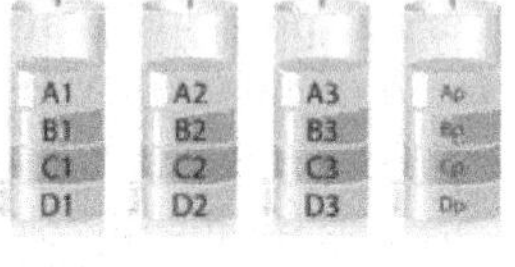

Diagrama de una configuración RAID 4. Cada número representa un bloque de datos; cada columna, un disco.

Un **RAID 4** usa división a nivel de bloques con un disco de paridad dedicado. Necesita un mínimo de 3 discos físicos. El RAID 4 es parecido al RAID 3 excepto porque divide a nivel de bloques en lugar de a nivel de bytes. Esto permite que cada miembro del conjunto funcione independientemente cuando se solicita un único bloque. Si la controladora de disco lo permite, un conjunto RAID 4 puede servir varias peticiones de lectura simultáneamente. En principio también sería posible servir varias peticiones de escritura simultáneamente, pero al estar toda la información de paridad en un solo disco, éste se convertiría en el cuello de botella del conjunto.

5.3.1.4 RAID 5

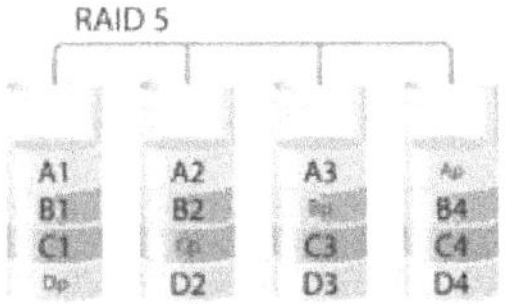

Diagrama de una configuración RAID 5

Un **RAID 5** usa división de datos a nivel de bloques distribuyendo la información de paridad entre todos los discos miembros del conjunto. El RAID 5 ha logrado popularidad gracias a su bajo coste de redundancia. Generalmente, el RAID 5 se implementa con **soporte hardware para el cálculo de la paridad**.

En el gráfico de ejemplo anterior, una petición de lectura del bloque A1 sería servida por el disco 0. Una petición de lectura simultánea del bloque B1 tendría que esperar, pero una petición de lectura de B2 podría atenderse concurrentemente ya que sería servida por el disco 1.

Cada vez que un bloque de datos se escribe en un RAID 5, se genera un bloque de paridad dentro de la misma división (*stripe*). Un bloque se compone a menudo de muchos sectores consecutivos de disco. Una serie de bloques (un bloque de cada uno de los discos del conjunto) recibe el nombre colectivo de división (*stripe*). Si otro bloque, o alguna porción de un bloque, es escrita en esa misma división, el bloque de paridad (o una parte del mismo) es recalculada y vuelta a escribir. El disco utilizado por el bloque de paridad está escalonado de una división a la siguiente, de ahí el término bloques de paridad distribuidos. Las escrituras en un RAID 5 son costosas en términos de operaciones de disco y tráfico entre los discos y la controladora.

Un RAID 6 amplía el nivel RAID 5 añadiendo otro bloque de paridad, por lo que divide los datos a nivel de bloques y distribuye los dos bloques de paridad entre todos los miembros del conjunto. El RAID 6 no era uno de los niveles RAID originales.

5.3.1.5 Niveles RAID anidados

Muchas controladoras permiten anidar niveles RAID, es decir, que un RAID pueda usarse como elemento básico de otro en lugar de discos físicos. Resulta instructivo pensar en estos conjuntos como capas dispuestas unas sobre otras, con los discos físicos en la inferior.

Los RAID anidados se indican normalmente uniendo en un solo número los correspondientes a los niveles RAID usados, añadiendo a veces un + entre ellos. Por ejemplo, el RAID 10 (o RAID 1+0) consiste conceptualmente en múltiples conjuntos de nivel 1 almacenados en discos físicos con un nivel 0 encima, agrupando los anteriores niveles 1. En el caso del RAID 0+1 se usa más esta forma que RAID 01 para evitar la confusión con el RAID 1. Sin embargo, cuando el conjunto de más alto nivel es un RAID 0 (como en el RAID 10 y en el RAID 50), la mayoría de los vendedores eligen omitir el +, a pesar de que RAID 5+0 sea más informativo.

Al anidar niveles RAID, se suele combinar un nivel RAID que proporcione redundancia con un RAID 0 que aumenta el rendimiento. Con estas configuraciones es preferible tener el RAID 0 como nivel más alto y los conjuntos redundantes debajo, porque así será necesario reconstruir menos discos cuando uno falle. (Así, el RAID 10 es preferible al RAID 0+1 aunque las ventajas administrativas de dividir el espejo del RAID 1 se perderían).

Los niveles RAID anidados más comúnmente usados son:

- RAID 0+1: un espejo de divisiones.
- RAID 1+0: una división de espejos.
- RAID 30: una división de niveles RAID con paridad dedicada.
- RAID 100: una división de una división de espejos.

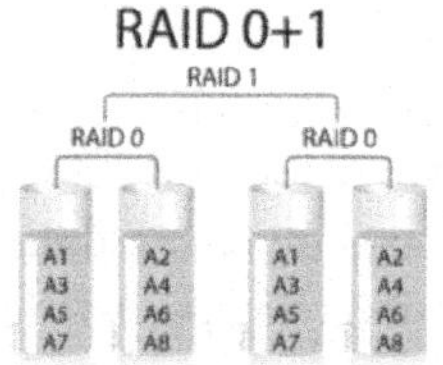

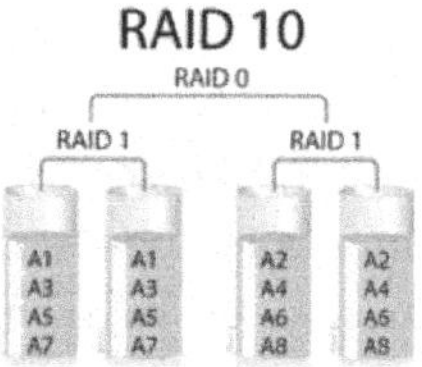

ACTIVIDADES

- Busca en la web si se puede realizar RAID 1 por software en Windows. Realiza los pasos necesarios para su implementación con algunas precauciones. Para la realización de esta práctica debemos tener espacio no particionado, de igual o más tamaño que la partición a espejar, ya creada y con datos. La opción más recomendable es disponer 2 discos duros, uno con datos y sistema operativo y otro conectado vacío, donde se realizará el RAID 1, mirroring o espejo.

5.3.2 CENTROS DE RESPALDO

La otra opción que hemos visto para posibilitar la redundancia y distribución de la información son los centro de respaldo.

Un centro de respaldo es un centro de procesamiento de datos (CPD) específicamente diseñado para tomar el control de otro CPD principal en caso de contingencia o fallo.

Grandes organizaciones, tales como bancos o Administraciones Públicas, no pueden permitirse la pérdida de información ni el cese de operaciones ante un desastre en su centro de proceso de datos. Terremotos, incendios o atentados en estas instalaciones son infrecuentes, pero no improbables. Por este motivo, se suele habilitar un centro de respaldo para absorber las operaciones del CPD principal en caso de emergencia.

Un centro de respaldo se diseña bajo los mismos principios que cualquier CPD, pero bajo algunas consideraciones más. En primer lugar, debe elegirse una localización totalmente distinta a la del CPD principal con el objeto de que no se vean ambos afectados simultáneamente por la misma contingencia. Es habitual situarlos entre 20 y 40 kilómetros del CPD principal. La distancia está limitada por las necesidades de telecomunicaciones entre ambos centros.

En segundo lugar, el equipamiento electrónico e informático del centro de respaldo debe ser **absolutamente compatible** con el existente en el CPD principal. Esto no implica que el equipamiento deba ser exactamente igual. Normalmente, no todos los procesos del CPD principal son críticos. Por este motivo no es necesario duplicar todo el equipamiento. Por otra parte, tampoco se requiere el mismo nivel de servicio en caso de emergencia. En consecuencia, es posible utilizar hardware menos potente. La pecera de un centro de respaldo recibe estas denominaciones en función de su equipamiento:

- ✓ Sala blanca: cuando el equipamiento es exactamente igual al existente en el CPD principal.
- ✓ Sala de backup: cuando el equipamiento es similar pero no exactamente igual.

En tercer lugar, el equipamiento software debe ser idéntico al existente en el CPD principal. Esto implica exactamente las mismas versiones y parches del software de base y de las aplicaciones corporativas que estén en explotación en el CPD principal. De otra manera, no se podría garantizar totalmente la continuidad de operación.

Por último, pero no menos importante, es necesario contar con una **réplica de los mismos datos** con los que se trabaja en el CPD original. Este es el problema principal de los centros de respaldo, que se detalla a continuación. Existen dos políticas o aproximaciones a este problema:

- ✓ Copia síncrona de datos: se asegura que todo dato escrito en el CPD principal también se escribe en el centro de respaldo antes de continuar con cualquier otra operación.
- ✓ Copia asíncrona de datos: no se asegura que todos los datos escritos en el CPD principal se escriban inmediatamente en el centro de respaldo, por lo que puede existir un desfase temporal entre unos y otros.

Un centro de respaldo por sí sólo no basta para hacer frente a una contingencia grave. Es necesario disponer de un **plan de contingencias** corporativo, con las actuaciones en caso de incidente.

El centro de respaldo no es la única manera de articular el plan de contingencia. También es posible el outsourcing (externalización) de servicios similares.

5.4 ALMACENAMIENTO REMOTO

Las posibilidades de las redes han crecido exponencialmente en los últimos años, estudiando incluso la posibilidad de eliminar el almacenamiento en el equipo local. Hoy en día existen principalmente tres tipos de almacenamiento remoto:

- SAN o Storage Area Network, red de área de almacenamiento.
- NAS o Network-Attached Storage, almacenamiento conectado en red.
- Almacenamiento en la nube (en Internet).

El sistema DAS, Direct Attached Storage (DAS) es el método tradicional de almacenamiento y el más sencillo. Consiste en conectar el dispositivo de almacenamiento directamente al servidor o estación de trabajo, es decir, físicamente conectado al dispositivo que hace uso de él. Es el caso convencional disponer un disco duro conectado directamente al sistema informático.

Una SAN se puede considerar una extensión de Direct Attached Storage (DAS). Donde en DAS hay un enlace punto a punto entre el servidor y su almacenamiento, una SAN permite a varios servidores acceder a varios dispositivos de almacenamiento en una red compartida. Tanto en SAN como en DAS, las aplicaciones y programas de usuarios hacen sus peticiones de datos al sistema de ficheros (SF) directamente. La diferencia reside en la manera en la que dicho sistema de ficheros obtiene los datos requeridos del almacenamiento. En **DAS**, el **almacenamiento es local** al sistema de ficheros, mientras que en **SAN**, el **almacenamiento es remoto**. SAN utiliza diferentes protocolos de acceso como Fibre Channel y Gigabit Ethernet.

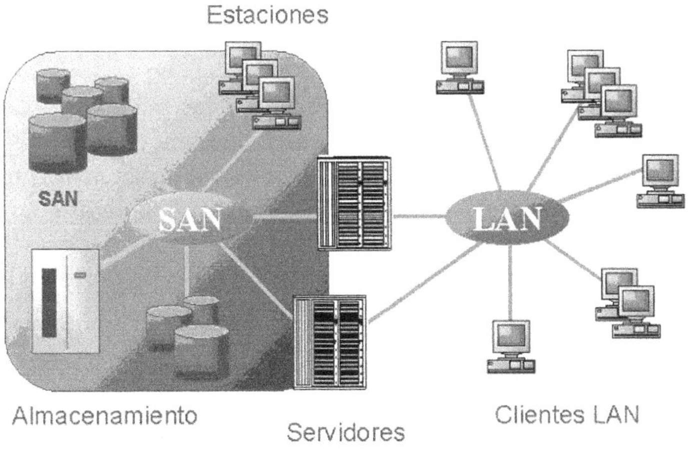

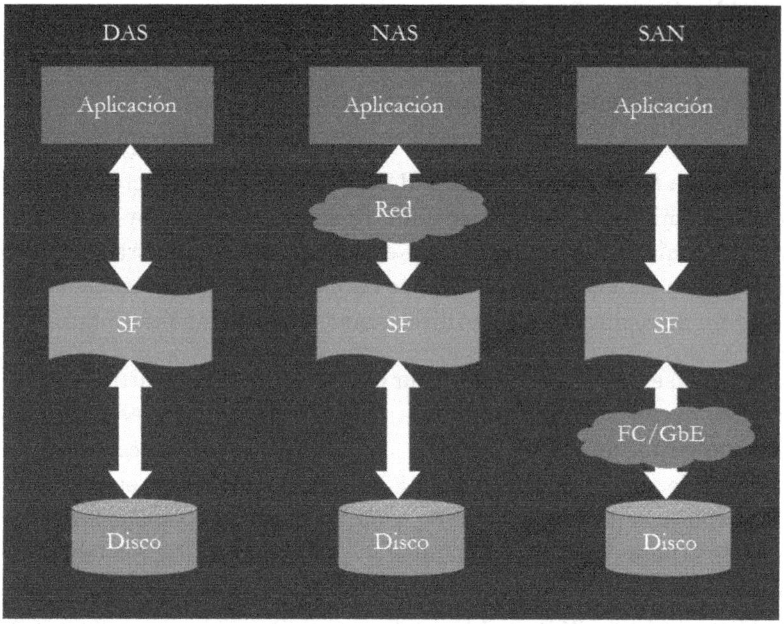

En el lado opuesto se encuentra la tecnología **Network-Attached Storage** (NAS), donde las **aplicaciones hacen las peticiones de datos a los sistemas de ficheros de manera remota** mediante protocolos CIFS y Network File System (NFS).

El rendimiento de la SAN está directamente relacionado con el tipo de red que se utiliza. En el caso de una red de canal de fibra, el ancho de banda es de aproximadamente 100 megabytes/segundo (1.000 megabits/segundo) y se puede extender aumentando la cantidad de conexiones de acceso.

La capacidad de una SAN se puede extender de manera casi ilimitada y puede alcanzar cientos y hasta miles de terabytes. Una SAN permite compartir datos entre varios equipos de la red sin afectar el rendimiento porque el tráfico de SAN está totalmente separado del tráfico de usuario. Son los servidores de aplicaciones que funcionan como una interfaz entre la red de datos (generalmente un canal de fibra) y la red de usuario (por lo general Ethernet).

Una SAN es mucho más costosa que una NAS ya que la primera es una arquitectura completa que utiliza una tecnología que todavía es muy cara.

ACTIVIDADES

Implementación de un servidor NAS. Emplearemos una distribución de GNU/Linux como FreeNAS de la que disponemos de bastante documentación en Internet para su instalación y configuración.

Podemos usar FreeNAS en modo Live, instalarlo sobre un pendrive USB o en una máquina virtual. Descargar de www.freenas.org.

"FreeNAS es un sistema operativo basado en FreeBSD que proporciona servicios de almacenamiento en red. Este sistema operativo gratuito, open-source y software libre (basado en la Licencia BSD) permite convertir un ordenador personal en un soporte de almacenamiento accesible desde red, por ejemplo para almacenamientos masivos de información, música, backups, etc."

Este sistema operativo ocupa muy poco, instalable fácilmente y muy configurable. Es muy sencillo e intuitivo, y es capaz de trabajar con diferentes protocolos de compartición de archivos, lo que lo hace mucho más versátil que otro tipo de sistemas.

Para configurarlo le asignaremos una IP (el equipo servidor NAS debe estar en red, con el resto de equipos que quieran leer/escribir datos en el servidor NAS).

En cuanto al acceso al servidor FreeNAS desde un **cliente remoto**, al tener la posibilidad de tener servidor CIFS (o SMB, carpetas compartidas en Windows), un servidor FTP y un servidor SSH, los tres preparados para servir ficheros, mediante clientes FTP o acceso a carpetas compartidas desde los equipos en red podremos acceder a nuestro servidor NAS para almacenamiento y recuperación de datos en red.

En cuanto a los programas para gestionar las órdenes de backup en los clientes del "pc-FreeNAS", existen muchísimas posibilidades en GNU/Linux con diferentes características: Synkron, FlyBack, Snap Backup, Bacula, TimeVault, etc. En cuanto a los programas clientes para Windows existen muchas alternativas comerciales y unas cuantas freeware (por ejemplo, uranium).

- Prueba el acceso al servidor NAS para almacenamiento y recuperación de archivos remotos. Implementar en clase un directorio MisDocumentos_nombre por cada alumno, en los que cada alumno pueda guardar sus trabajos (mediante usuario/contraseña) y no sean accesibles por ningún otro compañero, y a los que el profesor pueda acceder con todos los permisos de modificación/borrado, y cada usuario. ¿Qué ventajas crees que aporta este tipo de servidores frente a posibles fallos de sistemas operativos? ¿Y en cuestiones de seguridad?

ACTIVIDADES

» Busca qué servicios ofrece Dropbox para almacenamiento en la nube. Qué servicios ofrecen y a qué precios, las empresas www.copiadeseguridad.com y www.perfectbackup.es. Te parece interesante la propuesta, qué ventajas e inconvenientes crees que existen.

ACTIVIDADES

» **Para realizar copias de seguridad en Internet podemos emplear un sitio ftp gratuito, como Dropbox, Idrive o Mozy, veamos sus opciones. Visualiza la demostración de Idrive en español, crea una cuenta, y realiza una configuración y prueba de copia de seguridad on-line de archivos de tu equipo.**

Los servicios de copias de seguridad en línea como iDrive (idrive.com) o MozyHome (mozy.com). Ambos ofrecen 2 GB de almacenamiento gratuito y la opción de mejorar al almacenamiento ilimitado por 5 dólares mensuales. Mozy necesita un programa cliente para ayudarte a seleccionar los tipos de archivo comunes que desea copiar y los archivos de datos importantes para programas como Outlook y Quicken, mientras que iDrive emplea una interfaz parecida al Explorador de Windows para seleccionar carpetas y archivos específicos. La ventaja real de ambos servicios es que funcionan automáticamente y en un segundo plano, cargando los archivos nuevos y modificados desde tu PC mientras trabajas (o en horas programadas, como a la media noche). Ese tipo de confiabilidad para una copia de seguridad automática bien merece la inversión de unos cuantos dólares todos los meses.

Si prefieres ahorrarte dinero y no te importa participar en el proceso, hay muchos servicios que te permiten estacionar archivos en línea sin tener que pagar nada. ADrive, por ejemplo, ofrece 50 GB de almacenamiento absolutamente gratis. Sin embargo, no ofrece sincronización: tienes que decidir qué archivos debe cargar y cuándo. Estos servicios deberían usarse para los archivos que no cambian con mucha frecuencia, como las bibliotecas de MP3 y de fotos.

5.5 COPIAS DE SEGURIDAD Y RESTAURACIÓN

Por acción de virus, de usuarios malintencionados, por fallos en el hardware, o simplemente por accidente o descuido **la información contenida en nuestro equipo puede resultar dañada o incluso desaparecer. Las copias de seguridad (en inglés, backup) son réplicas de datos que nos permiten recuperar la información original en caso de ser necesario, es un archivo digital, un conjunto de archivos o la totalidad de los datos considerados lo suficientemente importantes para ser conservados.**

Corresponde a cada usuario determinar los datos que, por su importancia, serán almacenados en la copia de seguridad. Estas copias se pueden almacenar en soportes extraíbles (CD/DVD, pendrive, disquetes...), en otros directorios o particiones de datos de nuestra propia máquina, en unidades compartidas de otros equipos en red, en discos de red o en servidores remotos...

La copia de seguridad es útil por varias razones:

- ✓ Para restaurar un ordenador a un estado operacional después de un desastre (copias de seguridad del sistema).
- ✓ Para restaurar un pequeño número de ficheros después de que hayan sido borrados o dañados accidentalmente (copias de seguridad de datos).

En el mundo de la empresa, además es útil y obligatorio, para evitar ser sancionado por los órganos de control en materia de protección de datos. Por ejemplo, en España la Agencia Española de Protección de Datos (AEPD).

Normalmente las copias de seguridad se suelen hacer en cintas magnéticas, si bien dependiendo de lo que se trate podrían usarse disquetes, CD, DVD, discos ZIP, magnético-ópticos, pendrives o pueden realizarse sobre un *centro de respaldo remoto* propio o vía Internet.

La copia de seguridad puede realizarse sobre los datos, en los cuales se incluyen también archivos que formen parte del sistema operativo. Así las copias de seguridad suelen ser utilizadas como la última línea de defensa contra pérdida de datos, y se convierten por lo tanto en el último recurso a utilizar.

Las copias de seguridad en un sistema informático tienen por objetivo el mantener cierta capacidad de recuperación de la información ante posibles pérdidas. Esta capacidad puede llegar a ser algo muy importante, incluso crítico, para las empresas. Se han dado casos de empresas que han llegado a desaparecer ante la imposibilidad de recuperar sus sistemas al estado anterior a que se produjese un incidente de seguridad grave.

5.5.1 MODELOS DE ALMACÉN DE DATOS

Cualquier estrategia de copia de seguridad empieza con el concepto de almacén de datos. Los datos de la copia deben ser almacenados de alguna manera y probablemente deban ser organizados con algún criterio. Para ello se puede usar desde una hoja de papel con una lista de las cintas de la copia de seguridad y las fechas en que fueron hechas hasta un sofisticado programa con una base de datos relacional.

Cada uno de los distintos almacenes de datos tiene sus ventajas. Esto está muy relacionado con el esquema de rotación de copia de seguridad elegido.

- **Desestructurado:** Un almacén desestructurado podría ser simplemente una pila de disquetes o CD-R con una mínima información sobre qué ha sido copiado y cuándo. Ésta es la forma más fácil de implementar, pero ofrece pocas garantías de recuperación de datos.

- **Completa + Incremental:** Un almacén completo-incremental propone hacer más factible el almacenamiento de varias copias de la misma fuente de datos. En primer lugar se realiza la copia de seguridad completa del sistema. Más tarde se realiza una copia de seguridad incremental, es decir, sólo con los ficheros que se hayan modificado desde la última copia de seguridad. Recuperar y restaurar un sistema completamente a un cierto punto en el tiempo requiere localizar una copia de seguridad completa y todas las incrementales posteriores realizadas hasta el instante que se desea restaurar. Los inconvenientes son tener que tratar con grandes series de copias incrementales y contar con un gran espacio de almacenaje.

- **Espejo + Diferencial:** Un almacén de tipo espejo + diferencial inversa es similar al almacén completo-incremental. La diferencia está en que en vez de hacer una copia completa seguida de series incrementales, este modelo ofrece un espejo que refleja el estado del sistema a partir de la última copia y un historial de copias diferenciales. Una ventaja de este modelo es que sólo requiere una copia de seguridad completa inicial. Cada copia diferencial es inmediatamente añadida al espejo y los ficheros que son remplazados son movidos a una copia incremental inversa. Una copia diferencial puede sustituir a otra copia diferencial más antigua sobre la misma copia total.

- **Protección continua de datos:** Este modelo va un paso más allá y en lugar de realizar copias de seguridad periódicas, el sistema inmediatamente registra cada cambio en el sistema anfitrión. Este sistema reduce al mínimo la cantidad de información perdida en caso de desastre.
- **Sintética (synthetic backup):** Esta tecnología permite crear una nueva imagen de copia de respaldo a partir de copias de respaldo anteriormente completas y posteriores incrementales. Es de gran utilidad sobre todo en redes de almacenamiento (SAN) ya que no es necesaria la participación del host/nodo final, quitándole mucha carga de proceso.

Las causas habituales de pérdidas de datos son:

- ✓ Errores de hardware o del sistema ,52%.
- ✓ Errores humanos, 26%.
- ✓ Errores de SW, 9%.
- ✓ Virus informáticos, 4%.
- ✓ Desastres naturales, 2%.
- ✓ Substracción o robo, 7%.

El 70% de las empresas que sufren una importante pérdida de datos quiebran antes de 18 meses. (Fuente DTI).

5.5.2 PROPUESTAS DE COPIA DE SEGURIDAD DE DATOS

Decidir qué se va a incluir en la copia de seguridad es un proceso más complejo de lo que parece a priori.

Si copiamos muchos datos redundantes agotamos la capacidad de almacenamiento disponible rápidamente. Si no realizamos una copia de seguridad de los suficientes datos, podría perderse información crítica.

La clave está en guardar copias de seguridad sólo de aquello que se ha modificado.

- **Archivos a copiar:** sólo copiar los ficheros que se hayan modificado.
- **Depósito del sistema de ficheros:** copiar el sistema de ficheros que tienen los ficheros copiados. Esto normalmente implica desmontar el sistema de ficheros y hacer funcionar un programa como un depósito. Esto es también conocido como copia de seguridad particionada en bruto. Este tipo de copia de seguridad tiene la posibilidad de hacer funcionar una copia más rápida que la simple copia de ficheros. El rasgo de algún software de depósitos es la habilidad para restaurar ficheros específicos de la imagen del depósito.
- **Control de cambios:** algunos sistemas de ficheros poseen un bit de archivo para cada fichero el cual nos indica si recientemente ha sido modificado. Algunos software de copia de seguridad miran la fecha del fichero y la comparan con la última copia de seguridad, para así determinar si el archivo se ha modificado.
- **Incremental a nivel de bloque:** un sistema más sofisticado de copia de seguridad de ficheros es el basado en solamente copiar los bloques físicos del fichero que han sufrido algún cambio. Esto requiere un alto nivel de integración entre el sistema de ficheros y el software de la copia de seguridad.
- **Incremental o diferencial binaria:** son tecnologías de backup que se desarrollan en la década de 2000. El método es similar a la incremental a nivel de bloque, pero basada en reflejar las variaciones binarias que sufren los ficheros respecto al anterior backup.
- **Versionando el sistema de ficheros:** el versionado del sistema de ficheros se mantiene atento a los cambios del fichero y crea estos cambios accesibles al usuario. Esta es una forma de copia de seguridad que está integrada al ambiente informático.

5.5.3 MANIPULACIÓN DE LOS DATOS DE LA COPIA DE SEGURIDAD

Es una práctica habitual el manipular los datos guardados en las copias de seguridad para optimizar tanto los procesos de copia como el almacenamiento.

- **Compresión:** La compresión es el mejor método para disminuir el espacio de almacenaje necesario y de ese modo reducir el coste.

- **Redundancia:** Cuando varios sistemas guardan sus copias de seguridad en el mismo sistema de almacenamiento, existe la posibilidad de redundancia en los datos copiados. Si tenemos estaciones con el mismo sistema operativo compartiendo el mismo almacén de datos, existe la posibilidad de que la mayoría de los archivos del sistema sean comunes. El almacén de datos realmente sólo necesita almacenar una copia de esos ficheros para luego ser utilizada por cualquiera de las estaciones. Esta técnica puede ser aplicada al nivel de ficheros o incluso al nivel de bloques de datos, reduciendo el espacio utilizado para almacenar.

- **Des-duplicación:** Algunas veces las copias de seguridad están duplicadas en un segundo soporte de almacenamiento. Esto puede hacerse para cambiar de lugar imágenes, para optimizar velocidades de restauración, o incluso para disponer de una segunda copia a salvo en un lugar diferente o en soportes de almacenamiento diferentes.

- **Cifrado:** La alta capacidad de los soportes de almacenamiento desmontables implica un riesgo de perderse o ser robados. Si se cifra la información de estos soportes se puede mitigar el problema, aunque esto presenta nuevos inconvenientes. Primero, cifrar es un proceso que consume mucho tiempo de CPU y puede bajar la velocidad de copiado. En segundo lugar, una vez cifrados los datos, la compresión es menos eficaz.

5.5.4 SOFTWARE DE COPIAS DE SEGURIDAD Y RESTAURACIÓN

Existe una gran gama de software en el mercado para realizar copias de seguridad. Es importante definir previamente los requerimientos específicos para determinar el software adecuado.

Entre los más populares se encuentran Cobian, SeCoFi y CopiaData.

Existe una infinidad de programas adaptados a cada necesidad.

Para la adecuación a la LOPD de ficheros con datos de carácter personal de nivel alto (salud, vida sexual, religión, etc.) la regulación exige que las copias de seguridad de dichos datos se almacenen cifrados y en **una ubicación diferente al lugar de origen**. Para estos casos lo mejor es contar con un programa que realice copias de seguridad de manera automática almacenando los datos (cifrados) en un centro de datos externo.

ACTIVIDADES

- Analiza los servicios de la empresa www.copiasegura.com/rcs.htm e indica qué precio tiene y qué servicios ofrece para la recogida de datos (copias de seguridad) insitu en la empresa.

La copia de seguridad es el mejor método de protección de datos de importancia, pero siempre existe la posibilidad de que la copia de datos no haya funcionado correctamente y en caso de necesidad de restauración de los datos no podamos realizarlo ya que la información de la copia de seguridad puede encontrarse corrupta por diversos motivos: el medio en el que se realizaba la copia se encuentra dañado, los automatismos de copia no se han ejecutado correctamente y otros muchos motivos que pueden causar que nuestras copias de seguridad sean incorrectas, y por lo tanto inútiles.

Para evitar este problema es muy importante que nos **cercioremos** de que **hacemos las copias correctamente** y **comprobemos que somos capaces de restaurar la copia de seguridad a su ubicación original**, comprobando así que la copia sea correcta y que somos capaces de restaurarla y conocemos el método de restauración, ya que en caso de necesidad crítica los nervios afloran y nos pueden echar por tierra nuestra labor de copia al realizar algún paso erróneo a la hora de restaurar los datos.

En el hipotético caso de que no podamos restaurar nuestra información, existe una última alternativa, ya que en el mercado existen aplicaciones de recuperación de datos que nos pueden ayudar en caso de que **no podamos restaurar nuestra copia de seguridad**, como son: Advanced File Recovery, Diskdoctors, RecuperaData y Stellar.

También existen **métodos de recuperación de datos vía web**, como e-ROL.

Por último, y en casos extremos como unidades dañadas, sólo nos quedaría recurrir a un laboratorio especializado en la recuperación de datos, como RecoveryLabs.

Para el usuario hogareño, existe la posibilidad de utilizar una cuenta de correo que brinde el espacio suficiente (Yahoo brinda gratuitamente un gigabyte y Google casi tres gigabytes de espacio, y no son los unicos en brindar tanto espacio de almacenamiento gratuito) para almacenar datos.

Evidentemente, con tantos sistemas disponibles es muy difícil encontrar excusas para no realizar una copia de nuestros valiosos datos. Un error bastante común es descuidar la realización de backups dado que "nunca nos pasó nada". Pero no perdamos de vista que el único capital de nuestra empresa que no podemos recuperar comprándolo nuevamente es la información que generamos con el trabajo diario, y un evento tan simple como un corte de luz puede echar por tierra meses de trabajo. Es única e irrecuperable. Salvo, claro, que contemos con una copia de seguridad a mano.

ACTIVIDADES →

- Busca información sobre Cobian Backup instálalo en tu equipo y automatiza una copia de seguridad completa de tus carpetas fundamentales, el viernes antes de irte, y una copia incremental diaria, a un pendrive que emplees como dispositivo de backup.

ACTIVIDADES →

- **Usa la utilidad que Windows ofrece para hacer copias de seguridad de su equipo.**

En **Inicio**, selecciona **Todos los programas**, **Accesorios** y, a continuación, **Herramientas del sistema**. A continuación pulsa sobre **Copia de seguridad**.

Sigue los pasos del asistente para crear tus copias de seguridad.

¿Qué aplicación te parece más completa, la que ofrece el sistema operativo o alguna como Cobian Backup? Explica tus razones y configura una copia de seguridad semanal, de tus carpetas personales.

ACTIVIDADES →

- Copiar datos del correo electrónico Outlook. Algunas aplicaciones como Outlook guardan información relevante en carpetas del sistema, por lo que para realizar una copia de seguridad de los correos electrónicos debemos acordarnos de ellas, si queremos no perder datos importantes. Busca y explica cómo se pueden guardar y restaurar las carpetas de correo electrónico de Outlook y de Mozilla Thunderbird.

ACTIVIDADES

- **Realiza un punto de restauración de tu sistema**. ¿Crees qué es útil? ¿En qué momento lo recomendarías realizar?

Una característica importante que trae Windows XP es el hecho de permitir crear un punto de restauración, con la finalidad de **guardar en ellos la configuración de nuestro equipo en un momento determinado**.

De esta manera, en caso de tener un problema de configuración por causa de un programa u otra causa similar, podremos restaurar la configuración de nuestro equipo al momento en que hemos creado un punto de restauración, configuración en la que nuestro equipo funcionaba correctamente.

El propio sistema crea sus propios puntos de restauración, pero es recomendable crear unos cuando vamos a realizar un cambio importante de software o hardware en nuestro equipo.

Para crear un punto debemos pulsar sobre Inicio -> Programas -> Accesorios -> Herramientas del Sistema y por último en Restaurar sistema. Desde la que podremos crear y restaurar un punto de restauración.

Se recomienda antes de trabajar con el sistema operativo, y haber guardado datos de usuario y aplicaciones, con una configuración del sistema estable, una vez instaladas aplicaciones y drivers, realizar un punto de restauración.

5.6 REFERENCIAS WEB

- Soluciones de almacenamiento para empresas HP: http://welcome.hp.com/country/es/es/smb/storage.html
- Empresa dedicada a copias de seguridad remotas: http://www.copiadeseguridad.com/
- Soluciones de almacenamiento y copia de seguridad Dell: http://www.dell.es/
- Blog de seguridad informática. Copias de seguridad: http://www.bloginformatico.com/etiqueta/copias-de-seguridad
- Almacenamiento de datos en Internet Idrive: http://www.idrive.com

RESUMEN DEL CAPÍTULO

Los tres elementos principales a proteger en cualquier sistema informático son el software, el hardware y los datos. Habitualmente los datos constituyen el principal elemento de los tres a proteger, ya que es el más amenazado y seguramente el más difícil de recuperar.

Todo equipo informático dispone de un **sistema de almacenamiento para guardar los datos,** con una serie de características que mejorar:

- Rendimiento: se refiere a la capacidad de disponer un volumen de datos en un tiempo determinado, las tecnologías avanzan hacia memorias de estado sólido o electrónicas como las memorias FLASH, como ejemplo los pendrive USB. Aunque mayoritariamente se siguen empleando tecnologías magnéticas como el disco duro.
- Disponibilidad: **la seguridad de que la información pueda ser recuperada en el momento que se necesite**, esto es, evitar su pérdida o bloqueo. Se garantizará mediante las copias de seguridad periódicas, redundancia en la información y en la ubicación geográfica, par ello se emplean técnicas como:
  - La **redundancia o duplicados de la información**: Sistemas RAID, "conjunto redundante de discos independientes", centros de procesamiento de datos de respaldo, copias de seguridad automatizadas, etc.
  - La **distribución de la información**: disponer de copias de seguridad en distintas ubicaciones geográficas, medios de almacenamiento extraíbles y portátiles, servidores de almacenamiento NAS y SAN, redundantes y distribuidos geográficamente con sincronización en la información que contienen, copias de seguirdad en la nube (Internet), como los servicios de copia de seguridad on-line, etc.
- Accesibilidad: tener disponible la información por parte **de los usuarios autorizados, mediante técnicas de control a archivos y dispositivos.**

Dada la importancia necesaria a los datos y a sus backups, es importante que nos **cercioremos** de que **hacemos las copias correctamente** y **comprobemos que somos capaces de restaurar la copia de seguridad a su ubicación original**, comprobando así que la copia sea correcta y útil.

EJERCICIOS PROPUESTOS

1. Realiza una copia de seguridad completa de tu sistema. Para ello realiza un análisis y anota para tener un histórico de la configuración:

- Archivos y carpetas que quieres conservar
- Controladores o drivers. Busca e instala alguna aplicación que realice copia de tus controladores, o comprueba el modelo del dispoisitivo con algún software de test como Everest o Aida32, para poder buscar y descargar en la web del fabricante el controlador necesario.
- Configuración de usuarios, directivas de seguridad. Usuarios y contraseñas.
- Configuración de red (perfiles inalámbricos, direcciones IP, puerta de enlace, servidores DNS, etc.).
- Instalaciones de aplicaciones, códecs y drivers.

2. ¿Cuánto espacio en disco ocupa? ¿En qué dispositivo lo vas a almacenar? ¿Estás seguro que formateando el equipo podrías restaurarlo por completo, sin perder información relevante?.

3. Completa tu **manual de buenas prácticas y recomendaciones** a modo de resumen en dos ámbitos, calculando siempre el coste de la solución óptima, y la periodicidad de cambio o uso de las mismas:

A. A nivel de usuario, qué medidas y recomendaciones de equipamiento y uso tomarías.

B. A nivel de pequeña y mediana empresa, PYME, qué medidas y recomendaciones darías a un cliente, propietario de una PYME.

Complétalo con soluciones y recomendaciones tomadas con respecto al Capítulo 5 en base a:

- Dispositivos de almacenamiento a emplear. Estrategia de particiones.
- Listado de directorios, archivos, drivers, configuración para la realización de copias de seguridad.
- Redundancia de copias de seguridad. ¿Copia on-line?
- Periodicidad de realización de copias de seguridad.
- Herramientas u opciones software a utilizar.

TEST DE CONOCIMIENTOS

1 No tiene sentido realizar copias de seguridad de:

a) Programas ejecutables.
b) Drivers.
c) Instalaciones.
d) Archivos de usuario.
e) Archivos de contraseñas.

2 Los dispositivos de almacenamiento se clasifican en:

a) Magnéticos.
b) Magnético-ópticos.
c) Ópticos.
d) Ópticos-flash.
e) Memorias flash.

3 Backup en la nube:

a) Es una copia de seguridad en Internet.
b) Es una copia de seguridad en red.
c) Es una copia de seguridad en un servidor.
d) No es posible realizar una copia si no es en un dispositivo.

4 Nuestro disco duro conectado al PC es un sistema de almacenamiento:

a) SAN.
b) DAS.
c) NAS.
d) En la nube.

5 La técnica concoida como mirroring o espejo se implementa en:

a) RAID 5.
b) RAID 30.
c) RAID 0.
d) RAID 1.
e) RAID 2.

6 Seguridad en redes

Objetivos del capítulo

- ✓ Valorar los nuevos peligros derivados de la conexión a redes.
- ✓ Adoptar medidas de seguridad en redes cableadas e inalámbricas.
- ✓ Analizar las principales vulnerabilidades de las redes inalámbricas.
- ✓ Comprender la importancia de los puertos de comunicaciones y su filtrado mediante cortafuegos o firewall.
- ✓ Aprender el significado de las listas de control de acceso (ACL) en routers y cortafuegos.

6.1 ASPECTOS GENERALES

Sin importar si están conectadas por cable o de manera inalámbrica, las redes de computadoras cada vez se tornan más esenciales para las actividades diarias. Tanto las personas como las organizaciones dependen de sus computadoras y de las redes para funciones como correo electrónico, contabilidad, organización y administración de archivos. Las intrusiones de personas no autorizadas pueden causar interrupciones costosas en la red y pérdidas de trabajo. Los ataques a una red pueden ser devastadores y pueden causar pérdida de tiempo y de dinero debido a los daños o robos de información o de activos importantes.

Los intrusos pueden obtener acceso a la red a través de vulnerabilidades del software, ataques al hardware o incluso a través de métodos menos tecnológicos, como el de adivinar el nombre de usuario y la contraseña de una persona. Por lo general, a los intrusos que obtienen acceso mediante la modificación del software o la explotación de las vulnerabilidades del software se los denomina **piratas informáticos**.

Una vez que el pirata informático obtiene acceso a la red, pueden surgir cuatro tipos de amenazas:

- ✓ Robo de información.
- ✓ Robo de identidad.
- ✓ Pérdida y manipulación de datos.
- ✓ Interrupción del servicio.

Las amenazas de seguridad causadas por intrusos en la red pueden originarse tanto en forma interna como externa.

- **Amenazas externas:** las amenazas externas provienen de personas que trabajan fuera de una organización. Estas personas no tienen autorización para acceder al sistema o a la red de la computadora. Los atacantes externos logran introducirse a la red principalmente desde Internet, enlaces inalámbricos o servidores de acceso por marcación o dial-up.

- **Amenazas internas:** las amenazas internas se originan cuando una persona cuenta con acceso autorizado a la red a través de una cuenta de usuario o tiene acceso físico al equipo de la red. Un atacante interno conoce la política interna y las personas. Por lo general, conocen información valiosa y vulnerable y saben cómo acceder a ésta.

Sin embargo, no todos los ataques internos son intencionados. En algunos casos la amenaza interna puede provenir de un empleado confiable que capta un virus o una amenaza de seguridad mientras se encuentra fuera de la compañía y, sin saberlo, lo lleva a la red interna.

La mayor parte de las compañías invierten recursos considerables para defenderse contra los ataques externos; sin embargo, **la mayor parte de las amenazas son de origen interno**.

Para un intruso, una de las formas más fáciles de obtener acceso, ya sea interno o externo, es el aprovechamiento de las conductas humanas. Uno de los métodos más comunes de explotación de las debilidades humanas se denomina ingeniería social.

Ingeniería social: ingeniería social es un término que hace referencia a la capacidad de algo o alguien para influenciar la conducta de un grupo de personas. En el contexto de la seguridad de computadoras y redes, la ingeniería social hace referencia a una serie de técnicas utilizadas para engañar a los usuarios internos a fin de que realicen acciones específicas o revelen información confidencial.

A través de estas técnicas, el atacante se aprovecha de usuarios legítimos desprevenidos para obtener acceso a los recursos internos y a información privada, como números de cuentas bancarias o contraseñas.

Los ataques de ingeniería social aprovechan el hecho de que a los usuarios generalmente se los considera uno de los enlaces más débiles en lo que se refiere a la seguridad. Los ingenieros sociales pueden ser internos o externos a la organización; sin embargo, por lo general no conocen a sus víctimas cara a cara.

Con los años, las **herramientas y los métodos de ataque a las redes han evolucionado. En 1985 los agresores debían tener conocimientos avanzados de informática**, programación y networking para utilizar herramientas rudimentarias y realizar ataques básicos. Con el correr del tiempo, y a medida que los métodos y las herramientas de los agresores mejoraban, ya no necesitaban el mismo nivel avanzado de conocimientos. Esto, efectivamente, disminuyó los requisitos de nivel inicial para los agresores. Quienes antes no hubieran cometido delitos informáticos, ahora pueden hacerlo.

Con la evolución de los tipos de amenazas, ataques y explotaciones, se han acuñado varios términos para describir a las personas involucradas. Estos son algunos de los términos más comunes:

- **Hacker**: es un término general que se ha utilizado históricamente para describir a un experto en programación. Recientemente, este término se ha utilizado con frecuencia con un sentido negativo, para describir a una persona que intenta obtener acceso no autorizado a los recursos de la red con intención maliciosa.

- **Hacker de sombrero blanco**: una persona que busca vulnerabilidades en los sistemas o en las redes y, a continuación, informa estas vulnerabilidades a los propietarios del sistema para que las arreglen. Son éticamente opuestos al abuso de los sistemas informáticos. Por lo general, un hacker de sombrero blanco se concentra en proporcionar seguridad a los sistemas informáticos, mientras que a un hacker de sombrero negro (el opuesto) le gustaría entrar por la fuerza en ellos.

- **Hacker de sombrero negro:** otro término que se aplica a las personas que utilizan su conocimiento de las redes o los sistemas informáticos que no están autorizados a utilizar, generalmente para beneficio personal o económico. Un cracker es un ejemplo de hacker de sombrero negro.

- **Cracker:** es un término más preciso para describir a una persona que intenta obtener acceso no autorizado a los recursos de la red con intención maliciosa.

- **Phreaker:** una persona que manipula la red telefónica para que realice una función que no está permitida. Un objetivo común del phreaking es ingresar en la red telefónica, por lo general a través de un teléfono público, para realizar llamadas de larga distancia gratuitas.

- **Spammer:** persona que envía grandes cantidades de mensajes de correo electrónico no solicitado. Por lo general, los spammers utilizan virus para tomar control de computadoras domésticas y utilizarlas para enviar sus mensajes masivos.

- **Estafador:** utiliza el correo electrónico u otro medio para engañar a otras personas para que brinden información confidencial, como números de tarjetas de crédito o contraseñas. Un estafador se hace pasar por una persona de confianza que tendría una necesidad legítima de obtener información confidencial.

Con la mejora de las medidas de seguridad en el transcurso de los años, algunos de los tipos de ataques más comunes disminuyeron en frecuencia, y surgieron nuevos tipos. **La concepción de soluciones de seguridad de red comienza con una evaluación del alcance completo de los delitos informáticos**. Estos son los actos de delitos informáticos denunciados con más frecuencia que tienen implicaciones en la seguridad de la red:

- ✓ Abuso del acceso a la red por parte de personas que pertenecen a la organización.
- ✓ Virus.
- ✓ Suplantación de identidad en los casos en los que una organización está representada de manera fraudulenta como el emisor.
- ✓ Uso indebido de la mensajería instantánea.
- ✓ Denegación de servicio, caída de servidores.
- ✓ Acceso no autorizado a la información.
- ✓ Robo de información de los clientes o de los empleados.
- ✓ Abuso de la red inalámbrica.
- ✓ Penetración en el sistema.
- ✓ Fraude financiero.
- ✓ Detección de contraseñas.
- ✓ Registro de claves.
- ✓ Alteración de sitios web.
- ✓ Uso indebido de una aplicación web pública.

Hay diversos tipos de ataques informáticos en redes. Algunos son:

- **Ataque de denegación de servicio**, también llamado *ataque DoS* (*Deny of Service*), es un ataque a un sistema de computadoras o red que causa que un servicio o recurso sea inaccesible a los usuarios legítimos, normalmente provocando la pérdida de la conectividad de la red por el consumo del ancho de banda de la red de la víctima o sobrecarga de los recursos computacionales del sistema de la víctima.

- **Man in the middle**, a veces abreviado MitM, es una situación donde un atacante supervisa (generalmente mediante un rastreador de puertos) una comunicación entre dos partes y falsifica los intercambios para hacerse pasar por una de ellas.

- **Ataques de REPLAY**, una forma de ataque de red, en el cual una transmisión de datos válida es maliciosa o fraudulentamente repetida o retardada. Es llevada a cabo por el autor o por un adversario que intercepta la información y la retransmite, posiblemente como parte de un ataque enmascarado.

ACTIVIDADES →

TEST DE VELOCIDAD

Nuestra conexión a Internet tiene unas características que dependen del servicio que tengamos contratado con el proveedor.

El ancho de banda contratado determina la velocidad de conexión y de transferencia de datos con la que accedemos a los contenidos disponibles en la Red.

Esta velocidad varía en función de diversos factores (protocolo de conexión, congestión en la red, etc.), e incluso puede verse afectada por códigos maliciosos.

Existen, por ejemplo, troyanos que se conectan a Internet para realizar sus acciones, menguando así el ancho de banda disponible para procesos legitimados por los usuarios.

Si nuestra máquina está siendo "esclavizada" y utilizada para enviar spam sin nuestro conocimiento, también se puede observar una reducción del ancho de banda disponible.

- A continuación se lista una serie de enlaces que permiten realizar un test de la velocidad de acceso a Internet, de modo que un resultado muy inferior al contratado podría ser un síntoma de tener ocupantes no deseados en nuestra máquina. ¿Son las velocidades de subida y bajada las esperadas?

  http://www.adsl4ever.com/test/
  http://www.testdevelocidad.es/
  http://www.internautas.org/testvelocidad/
  http://www.adslayuda.com/test-de-velocidad/

- Recuerda que el ancho de banda del aula es compartido por todos los PC del mismo. Realiza el test de velocidad de manera individual (sin que nadie en el aula lo realice o esté haciendo uso de Internet).

ACTIVIDADES →

» En esta actividad vamos a aprender qué es un *sniffer*.

En informática, un **packet sniffer** es un programa de captura de las tramas de red.

Es algo común que, por topología de red y necesidad material, el medio de transmisión (cable coaxial, UTP, etc.) sea compartido por varias computadoras y dispositivos de red, lo que hace posible que un ordenador capture las tramas de información no destinadas a él. Para conseguir esto el sniffer pone la tarjeta de red o NIC en un estado conocido como "modo promiscuo" en el cual en la capa de enlace de datos no son descartadas las tramas no destinadas a la *MAC address* de la tarjeta; de esta manera se puede capturar (sniff, esnifar) todo el tráfico que viaja por la red.

Los **packet sniffers** tienen diversos usos, como monitorizar redes para detectar y analizar fallos o ingeniería inversa de protocolos de red. También es habitual su uso para fines maliciosos, como robar contraseñas, interceptar mensajes de correo electrónico, espiar conversaciones de chat, etc.

La cantidad de tramas que puede obtener un *sniffer* depende de la topología de red, del modo donde esté instalado y del medio de transmisión. Por ejemplo:

Para redes antiguas con topologías en estrella, el *sniffer* se podría instalar en cualquier nodo, ya que lo que hace el nodo central es retransmitir todo lo que recibe a todos los nodos, mediante un concentrador o un hub. Sin embargo, en las redes modernas, en las que sólo lo retransmite al nodo destino, conexión mediante conmutadores o switches, enrutadores o routers, el único lugar donde se podría poner el *sniffer* para que capturara todas las tramas sería el nodo central, el propio switch o router.

Para topologías en anillo, doble anillo y en bus, el sniffer se podría instalar en cualquier nodo, ya que todos tienen acceso al medio de transmisión compartido.

Es importante remarcar el hecho de que los sniffers sólo tienen efecto en redes que **compartan el medio de transmisión** como en redes sobre cable coaxial, cables de par trenzado (UTP, FTP o STP), con un hub, o redes WiFi.

El uso de switch en lugar de hub incrementa la seguridad de la red ya que limita el uso de sniffers al dirigirse las tramas únicamente a sus correspondientes destinatarios. En el caso de las redes inalámbricas no existe la posibilidad de transmitir en el aire sólo al destinatario, por lo que todos los PC que se encuentren en el área de cobertura inalámbrica podrán interceptar las tramas dirigidas a otros usuarios, haciendo que este tipo de redes sean muy vulnerables.

Los principales usos que se le pueden dar son:

- Captura automática de contraseñas enviadas en claro y nombres de usuario de la red. Esta capacidad es utilizada en muchas ocasiones por crackers para atacar sistemas a *posteriori*.
- Conversión del tráfico de red en un formato inteligible por los humanos.
- Análisis de fallos para descubrir problemas en la red, tales como: ¿por qué el ordenador A no puede establecer una comunicación con el ordenador B?
- Medición del tráfico, mediante el cual es posible descubrir cuellos de botella en algún lugar de la red.
- Detección de intrusos, con el fin de descubrir hackers. Aunque para ello existen programas específicos llamados IDS (*Intrusion Detection System*, Sistema de detección de intrusos), estos son prácticamente sniffers con funcionalidades específicas.
- Creación de registros de red, de modo que los hackers no puedan detectar que están siendo investigados.
- Para los desarrolladores, en aplicaciones cliente-servidor. Les permite analizar la información real que se transmite por la red.

Existen **packet sniffers** para Ethernet/LAN y algunos de ellos son Wireshark (anteriormente conocido como Ethereal), Ettercap, TCPDump, WinDump, WinSniffer, Hunt, Darkstat, traffic-vis, KSniffer) y para redes inalámbricas como Kismet o Network Stumbler.

» ¿Es posible, mediante un sniffer, obtener las contraseñas de protocolos como telnet, http, smtp o pop3 de correo electrónico? ¿Cómo? ¿Qué ventajas ofrece https? ¿Te conectarías a una web de un banco mediante http?

ACTIVIDADES

- Descarga e instala wireshark en tu equipo, y haz que capture el tráfico que emite y recibe tu tarjeta de red. Accede a una dirección web como www.google.es. ¿Qué dirección IP tiene? Intenta acceder a tu correo electrónico vía web (Hotmail, Yahoo, Gmail) ¿es posible descubrir mediante wireshark la contraseña? ¿Por qué?

ACTIVIDADES

Spoofing, en términos de seguridad de redes hace referencia al uso de técnicas de suplantación de identidad generalmente con usos maliciosos o de investigación.

Existen diferentes tipos dependiendo de la tecnología a la que nos refiramos, los cuales se describirán más adelante, como el *IP spoofing* (quizás el más conocido), *ARP spoofing*, *DNS spoofing*, *Web spoofing* o *e-mail spoofing*, aunque en general se puede englobar dentro de spoofing cualquier tecnología de red susceptible de sufrir suplantaciones de identidad.

- Busca en la red, y explica algunos de los usos y ataques que se pueden realizar mediante suplantación de identidad o spoofing.

6.2 CORTAFUEGOS

¿Qué es un puerto TCP/IP? En TCP/IP, el protocolo que usan los ordenadores para entenderse en Internet, y actualmente casi en cualquier otra red, **el puerto es una numeración lógica que se asigna a las conexiones, tanto en el origen como en el destino**. No tiene ninguna significación física.

El permitir o denegar acceso a los puertos es importante porque las aplicaciones servidoras (que aceptan conexiones originadas en otro ordenador) deben "escuchar" en un puerto conocido de antemano para que un cliente (que inicia la conexión) pueda conectarse. Esto quiere decir que cuando el sistema operativo recibe una petición a ese puerto, la pasa a la aplicación que escucha en él, si hay alguna, y a ninguna otra.

Los servicios más habituales tienen asignados los llamados *puertos bien conocidos*, por ejemplo el 80 para web, el 21 para ftp, el 23 para telnet, etc. Así pues, cuando pides una página web, su navegador realiza una conexión al puerto 80 del servidor web, y si este número de puerto no se supiera de antemano o estuviera bloqueado no podría recibir la página.

Un puerto puede estar:

- **Abierto:** acepta conexiones. Hay una aplicación escuchando en este puerto. Esto no quiere decir que se tenga acceso a la aplicación, sólo que hay posibilidad de conectarse.
- **Cerrado:** se rechaza la conexión. Probablemente no hay aplicación escuchando en este puerto, o no se permite el acceso por alguna razón. Este es el comportamiento normal del sistema operativo.
- **Bloqueado o sigiloso:** no hay respuesta. Este es el estado ideal para un cliente en Internet, de esta forma ni siquiera se sabe si el ordenador está conectado. Normalmente este comportamiento se debe a un cortafuegos de algún tipo, o a que el ordenador está apagado.

ACTIVIDADES

Análisis de puertos. Detectar qué puertos de comunicaciones se encuentran abiertos, cerrados, bloqueados, es una medida básica de seguridad para nuestros equipos. Existen tres formas básicas para detectarlos:

Usando las herramientas proporcionadas por el sistema operativo: tanto Windows como Linux o Mac OS X nos ofrecen una herramienta que nos va a mostrar qué conexiones de red tenemos en cada momento. Esa herramienta es el programa netstat, y para ejecutarla, en ambos casos, necesitamos abrir una Consola de comandos.

Usando un escaner de puertos: una herramienta para detectar puertos abiertos es el escaner de puertos. Sirve para controlar el estado de los puertos de cualquier PC conectado a la red.

Usando un escaner de puertos online: estas herramientas detectan qué puertos son accesibles desde el exterior de nuestra red, ya que aunque tengamos un puerto abierto en nuestro PC, tal vez un *firewall*, o más comúnmente un router que esté en nuestra red, impida su acceso.

http://www.internautas.org/w-scanonline.php

http://www.upseros.com/portscan.php

http://www.kvron.com/utils/portscanner/index.php En esta web podrás probar algunos de los puertos empleados por el *malware* más conocido.

- ¿Tienes cerrados los puertos empleados frecuentemente por malware?
- ¿Qué IP visualiza el escáner de puertos? ¿Es tu conexión a Internet directa, o mediante un router? Compara la dirección IP de tu tarjeta de red, y la que aparece en el escaneo de puertos.
- ¿Para qué sirven los puertos 23, 135 y 443? ¿Son seguros?

Para **controlar el estado de los puertos de conexión a redes TCP/IP**, y por tanto de las aplicaciones que los usan, emplearemos un **cortafuegos**. Un **muro de fuego** (***firewall*** en inglés) es una parte de un sistema o una red que está diseñada para bloquear el acceso no autorizado, permitiendo al mismo tiempo comunicaciones autorizadas. Se trata de un dispositivo hardware o software, o conjunto de dispositivos configurados para permitir, limitar, cifrar, descifrar, el tráfico entre los diferentes ámbitos sobre la base de un conjunto de normas y otros criterios.

Los cortafuegos pueden ser **implementados en hardware o software**, o una combinación de ambos. Los cortafuegos se utilizan con frecuencia para **evitar que los usuarios de Internet no autorizados tengan acceso a redes privadas** conectadas a Internet, especialmente intranets. Todos los mensajes que entren o salgan de la intranet pasan a través del cortafuegos, que examina cada mensaje y bloquea aquellos que no cumplen los criterios de seguridad especificados.

El cortafuegos ayuda a controlar las conexiones que puede iniciar o recibir un ordenador conectado a una red. Cuando en un ordenador se produce un intento de entrada o de salida, el cortafuegos lo detecta y muestra un mensaje al usuario, mostrando el programa o proceso que solicita la comunicación, preguntándole si la permite o la deniega, el problema surge cuando el nombre de proceso o programa que muestra no lo reconocemos, en este caso hay que tener presentes varias cosas, si deniego el acceso a un programa, éste puede no funcionar.

En este caso se produce un error, que podemos asimilar al denegar la conexión. La siguiente vez que me pregunte, le permitiré el acceso, y en caso de funcionar, la siguiente vez que me pregunte, lo permitiré de forma permanente. También es importante leer siempre los mensajes del mismo, para **permitir o denegar conexiones**, es muy pesado al principio, pero después, es efectivo.

- Ventajas de un cortafuegos:
  - **Protege de intrusiones.** El acceso a ciertos segmentos de la red de una organización sólo se permite desde máquinas autorizadas de otros segmentos de la organización o de Internet.
  - **Protección de información privada.** Permite definir distintos niveles de acceso a la información, de manera que en una organización cada grupo de usuarios definido tenga acceso sólo a los servicios e información que le son estrictamente necesarios.
  - **Optimización de acceso.** Identifica los elementos de la red internos y optimiza que la comunicación entre ellos sea más directa. Esto ayuda a reconfigurar los parámetros de seguridad.
- Limitaciones de un cortafuegos

  Las limitaciones se desprenden de la misma definición del cortafuegos: filtro de tráfico. Cualquier tipo de ataque informático que use tráfico aceptado por el cortafuegos (por usar puertos TCP abiertos expresamente, por ejemplo) o que sencillamente no use la red, seguirá constituyendo una amenaza.
- Políticas del cortafuegos

  Hay dos políticas básicas en la configuración de un cortafuegos que cambian radicalmente la filosofía fundamental de la seguridad en la organización:
  - **Política restrictiva:** se deniega todo el tráfico excepto el que está explícitamente permitido. El cortafuegos obstruye todo el tráfico y hay que habilitar expresamente el tráfico de los servicios que se necesiten.
  - **Política permisiva:** se permite todo el tráfico excepto el que esté explícitamente denegado. Cada servicio potencialmente peligroso necesitará ser aislado básicamente caso por caso, mientras que el resto del tráfico no será filtrado.

La política restrictiva es la más segura, ya que es más difícil permitir por error tráfico potencialmente peligroso, mientras que en la política permisiva es posible que no se haya contemplado algún caso de tráfico peligroso y sea permitido por omisión.

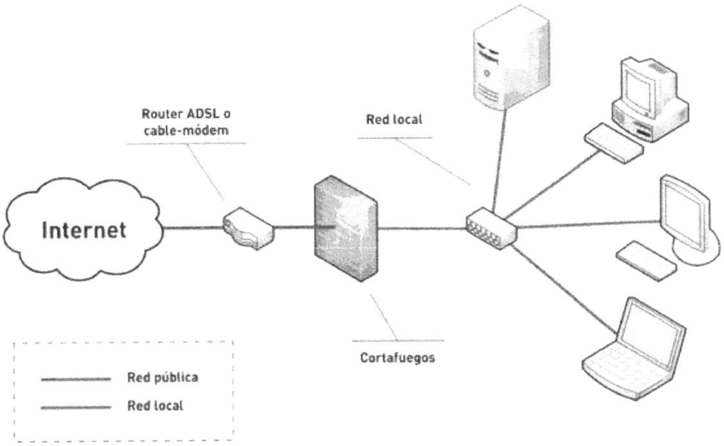

Algunos sistemas operativos incluyen un cortafuegos activado por defecto (como por ejemplo Windows XP y Vista). Si el sistema operativo de tu ordenador no incluye un cortafuegos o el que trae no te gusta, deberás instalar uno de otra empresa. Ten en cuenta que no es conveniente tener más de un cortafuegos ejecutándose simultáneamente en una misma máquina, por lo que si deseas utilizar el cortafuegos de Microsoft, no te instales ningún otro; y viceversa, si deseas usar otro cortafuegos es aconsejable que desactives el de Microsoft.

ACTIVIDADES →

Analiza si tienes instalado un firewall. En caso de que tengas el del propio sistema operativo como Windows, desactívalo, instala y configura Zone Alarm. ¿Qué aplicaciones permitirás el acceso a internet? ¿Cuáles no?

- Busca otra serie de cortafuegos, al menos 5. ¿Qué opciones permiten?
- ¿Pueden integrarse cortafuegos y antivirus?, indica algunas empresas que lo realicen.

En seguridad informática, una **zona desmilitarizada** (*DMZ, demilitarized zone*) o **red perimetral** es una red local que se ubica entre la red interna de una organización y una red externa, generalmente Internet. El objetivo de una DMZ es que las conexiones desde la red interna y la externa a la DMZ estén permitidas, mientras que las conexiones desde la DMZ sólo se permitan a la red externa, los equipos (*hosts*) en la DMZ no pueden conectar con la red interna. Esto permite que **los equipos (*hosts*) de la DMZ puedan dar servicios a la red externa** a la vez que protegen la red interna en el caso de que intrusos comprometan la seguridad de los equipos (*host*) situados en la zona desmilitarizada. Para cualquiera de la red externa que quiera conectarse ilegalmente a la red interna, la zona desmilitarizada se convierte en un callejón sin salida.

La DMZ se usa habitualmente para ubicar servidores que es necesario que sean accedidos desde fuera, como servidores de e-mail, archivos (FTP), Web y DNS.

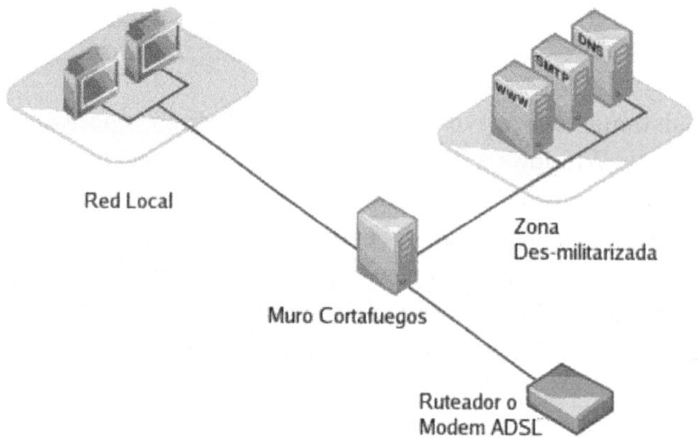

Una DMZ se crea a menudo a través de las opciones de configuración del cortafuegos, donde cada red se conecta a un puerto distinto de éste. Esta configuración se llama cortafuegos en trípode (*three-legged firewall*). Un planteamiento más seguro es usar dos cortafuegos, donde la DMZ se sitúa en medio y se conecta a ambos cortafuegos, uno conectado a la red interna y el otro a la red externa. Esta configuración ayuda a prevenir configuraciones erróneas accidentales que permitan el acceso desde la red externa a la interna. Este tipo de configuración también es llamado cortafuegos de subred monitoreada (*screened-subnet firewall*).

6.3 LISTAS DE CONTROL DE ACCESO (ACL) Y FILTRADO DE PAQUETES

Una **Lista de Control de Acceso** o **ACL** (del inglés, ***Access Control List***) es un concepto de seguridad informática usado para fomentar la separación de privilegios. Es una forma de determinar los permisos de acceso apropiados a un determinado objeto, dependiendo de ciertos aspectos del proceso que hace el pedido.

Las ACL permiten **controlar el flujo del tráfico en equipos de redes, tales como routers y switches**. Su principal objetivo es filtrar tráfico, permitiendo o denegando el tráfico de red de acuerdo a alguna condición. Sin embargo, también tienen usos adicionales, como por ejemplo, distinguir tráfico prioritario.

Las listas de acceso de control pueden configurarse generalmente para controlar tráfico entrante y saliente y en este contexto son **similares a un cortafuegos**. Se pueden considerar como **cada una de las reglas individuales que controlan y configuran un cortafuegos o firewall.**

6.3.1 ACL EN ROUTERS

Para el caso de los **routers** (en el caso concreto de los *routers* de la compañía líder CISCO) las ACL son listas de condiciones que se aplican al tráfico que viaja a través de una interfaz del router, y se crean según el protocolo, la dirección o el puerto a filtrar. Estas listas indican al router qué tipos de paquetes se deben aceptar o rechazar en las interfaces del router, ya sea a la entrada de la interfaz o a la salida. Razones principales para crear las ACL:

- ✓ Limitar el tráfico de la red.
- ✓ Mejorar su rendimiento de la red.
- ✓ Controlar el flujo de tráfico, decidiendo qué tráfico se bloquea y cuál se permite, ya sea por direccionamiento o por servicios de red.
- ✓ Proporcionar un nivel básico de seguridad para el uso de la red.

Existen dos tipos de ACL:

- ACL estándar, donde sólo tenemos que especificar una dirección de origen.

- ACL extendida, en cuya sintaxis aparece el protocolo y una dirección de origen y de destino. Se utilizan con más frecuencia que las estándar porque ofrecen un mayor control. Verifican las direcciones de paquetes de origen y destino, y también protocolos y números de puerto.

Veamos un ejemplo de ACL estándar:

Una ACL estándar sólo filtra la dirección **origen**, donde ésta puede ser una dirección de *host*, de red o un rango de direcciones. Con la comparación se permite o deniega el acceso. La configuración se hace en modo de configuración global, y luego se hace la asignación a la interfaz de red que corresponda, ya sea a la entrada o a la salida.

La sintaxis completa del comando ACL estándar, para routers CISCO bajo sistema operativo propietario CISCO IOS, es la siguiente:

Router(config)# access-list numero_ACL deny | permit dirección_a_filtrar mascara_wildcard

Donde: número_ACL es un número que va del 1 al 99 o del 1300-1999

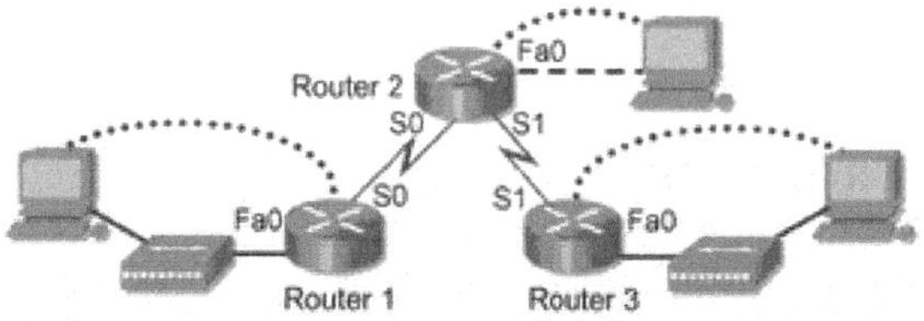

Nombre	FastEthernet0	Serial0	Serial1	Mascara
Router 1	192.168.14.1	192.168.15.1	No hay dirección	255.255.255.0
Router 2	192.168.16.1	192.168.15.2	192.168.13.1	255.255.255.0
Router 3	192.168.17.1	No hay dirección	192.168.13.2	255.255.255.0

Ejemplo. Tomando en cuenta la topología de la imagen, para crear una ACL en Router 1 que solamente permita los paquetes de la red 192.168.16.0:

Router1(config)# access-list 1 permit 192.168.16.0 0.0.0.255
Router1(config)# interface Serial0
Router1(config-if)# ip-access-group 1 in

La explicación de esta ACL es que como es una ACL estándar, se configura lo más cerca del destino (Router1), la dirección a filtrar es una dirección de red de clase C, por lo que la máscara *wildcard* es 0.0.0.255 ya que verifica la red y no verifica la parte de *host*.

Aunque no se escriba, implícitamente hay una línea al final de la ACL que deniega todo lo demás: **Router1(config)# access-list 1 deny any**, la cual no nos afecta en este ejemplo para el funcionamiento que deseamos de la ACL.

Después se asigna en la interfaz de red que corresponda, para eso debe seguir la ruta que seguiría el paquete al tratar de entrar a Router1. La dirección de red a filtrar proviene de Router2, por lo que la trayectoria sería salir de Router2 por su interfaz S0 y entrar a Router1 por la interfaz S0, lo cual la hace la interfaz en la que se debe configurar, justamente a la entrada (in).

6.3.2 IPTABLES

El cortafuegos utilizado para gestionar las conexiones de red en los sistemas GNU/Linux, desde la versión 2.4 del núcleo, es iptables. Las **posibilidades** de iptables son **prácticamente infinitas y un administrador que quiera sacarle el máximo provecho, puede realizar configuraciones extremadamente complejas.** Para simplificar, diremos que, básicamente, iptables permite crear reglas que analizarán los paquetes de datos que entran, salen o pasan por nuestra máquina, y en función de las condiciones que establezcamos, tomaremos una decisión que normalmente será permitir o denegar que dicho paquete siga su curso.

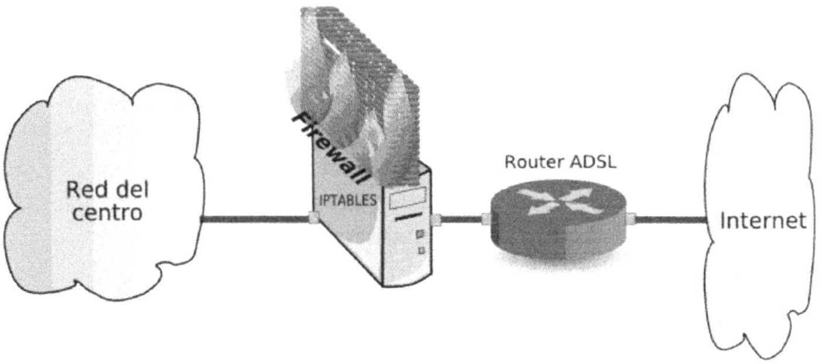

El cortafuegos controla las comunicaciones entre la red y el exterior. Para crear las reglas, podemos analizar muchos aspectos de los paquetes de datos. Podemos filtrar paquetes en función de:

- **Tipo de paquete de datos:**

  - Tipo INPUT: paquetes que llegan a nuestra máquina.
  - Tipo OUTPUT: paquetes que salen de nuestra máquina.
  - Tipo FORWARD: paquetes que pasan por nuestra máquina.

- **Interfaz por la que entran (-i = input) o salen (-o = output) los paquetes:**
  - eth0, eth1, wlan0, ppp0, ...
- **IP origen de los paquetes (-s = source)**
  - IP concreta, ej: 10.0.1.3
  - Rango de red, ej: 10.0.1.0/8
- **IP destino de los paquetes (-d = destination)**
  - IP concreta, ej: 10.0.1.3
  - Rango de red, ej: 10.0.1.0/8
- **Protocolo de los paquetes (-p = protocol)**
  - tcp, udp, icmp...
- **Hacer NAT (modificar IP origen y destino para conectar nuestra red a otra red o a Internet) y...**
  - Filtrar antes de enrutar: PREROUTING
  - Filtrar después de enrutar: POSTROUTING

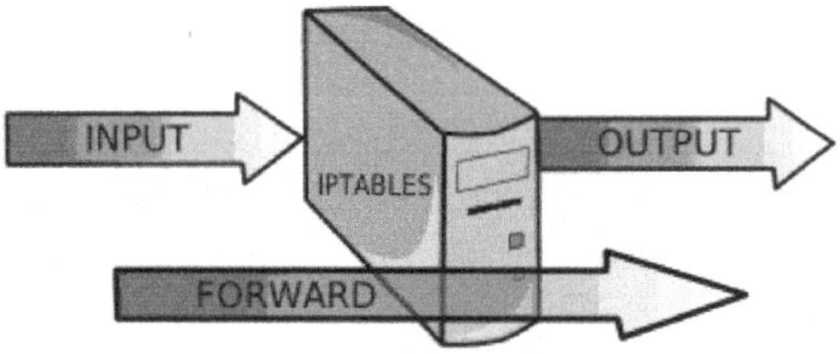

- **Los paquetes pueden entrar, salir o pasar.**

Una forma sencilla de trabajar con iptables es permitir las comunicaciones que nos interesen y luego denegar el resto de las comunicaciones. Lo que se suele hacer es definir la política por defecto aceptar (ACCEPT), después crear reglas concretas para permitir las comunicaciones que nos interesen y, finalmente, denegar el resto de comunicaciones. Lo mejor será crear un script en el que dispondremos la secuencia de reglas que queremos aplicar en nuestro sistema. Un ejemplo típico podría ser el siguiente:

```
#!/bin/sh
# Script cortafuegos.sh configuración de iptables
#  1° borramos todas las reglas previas que existan
iptables -F
iptables -X
```

```
iptables -Z
iptables -t nat -F

# Definimos que la politica por defecto sea ACEPTAR
iptables -P INPUT ACCEPT
iptables -P OUTPUT ACCEPT
iptables -P FORWARD ACCEPT
iptables -t nat -P PREROUTING ACCEPT
iptables -t nat -P POSTROUTING ACCEPT

# Aceptamos las comunicaciones que nos interesan y
# luego denegamos el resto.
# Ejemplo: Denegamos acceso al aula 1. Red 10.0.1.0/24
iptables -A FORWARD -s 10.0.1.0/24 -j DROP
# Aceptamos SMTP (envío de mail por el puerto 25), POP3 (recepción
# de mail por el puerto 110), HTTP (navegación web por el puerto 80),
# FTP (transferencia de ficheros por los puertos 20 y 21) y DNS
# (resolución de nombres de dominio por el puerto 53).
iptables -A FORWARD -s 10.0.0.0/8 -p tcp --dport 25 -j ACCEPT
iptables -A FORWARD -s 10.0.0.0/8 -p tcp --dport 110 -j ACCEPT
iptables -A FORWARD -s 10.0.0.0/8 -p tcp --dport 21 -j ACCEPT
iptables -A FORWARD -s 10.0.0.0/8 -p -tcp -dport 20 -j ACCEPT
iptables -A FORWARD -s 10.0.0.0/8 -p tcp --dport 80 -j ACCEPT
iptables -A FORWARD -s 10.0.0.0/8 -p -tcp -dport 53 -j ACCEPT

# Al PC 10.0.0.7 le damos acceso a todo (cliente VIP)
iptables -A FORWARD -s 10.0.0.7 -j ACCEPT
# Denegamos resto de comunicaciones (evitar el p2p)
iptables -A FORWARD -s 10.0.0.0/8 -j DROP

# Hacemos NAT si IP origen 10.0.0.0/8 y salen por eth0
iptables -t nat -A POSTROUTING -s 10.0.0.0/8 -o eth0 -j MASQUERADE
# Activamos el enrutamiento
echo 1 > /proc/sys/net/ipv4/ip_forward

# Comprobamos cómo quedan las reglas
iptables -L -n
```

En el script anterior vemos una serie de reglas que se van a ir ejecutando secuencialmente conformando la configuración del cortafuegos iptables. Cuando indicamos "-A FORWARD" nos referimos a paquetes que van a pasar por nuestro servidor. Otras opciones son "-A INPUT" y "-A OUTPUT". Acto seguido ponemos las condiciones.

Si ponemos "-s 10.0.0.0/8" nos referimos a paquetes cuya IP origen está en el rango 10.0.0.0/8. Cuando ponemos "-p tcp" nos referimos a paquetes que utilizan el protocolo tcp. Cuando indicamos "--dport 25" nos referimos a paquetes cuyo puerto de destino es el 25, es decir, protocolo SMTP (correo saliente). Si en una regla no ponemos la condición -p ni la condición --dport, significa que no nos importa el protocolo (cualquier protocolo) ni nos importa el puerto destino (cualquier puerto destino).

Por ejemplo, en la regla donde damos acceso al PC 10.0.0.7, no hemos indicado ni protocolo ni puerto, por lo que dejará pasar todos los protocolos y todos los puertos.

ACTIVIDADES

iptables -A INPUT -i eth0 -p ICMP -j ACCEPT

- ¿A qué es equivalente esta regla de iptables?.
- ¿Crees qué dispones del mismo nivel y control de configuración en el firewall de Windows? ¿Y en uno como Zone Alarm? Explica tu respuesta, indicando qué opciones de configuración tienes en los indicados anteriormente y comparándolos con iptables.

6.4 REDES INALÁMBRICAS

Los **cables** que se suelen utilizar para construir las **redes locales** van del cable telefónico, cable de pares, cable coaxial o la fibra óptica. Algunos edificios de oficinas ya se construyen con los cables instalados para evitar el tiempo y el gasto posterior, y de forma que se minimice el riesgo de un corte, rozadura u otro daño accidental.

Los riesgos más comunes para el cableado se pueden resumir en los siguientes:

- Interferencia: estas modificaciones pueden estar generadas por cables de alimentación de maquinaria pesada o por equipos de radio o microondas. Los cables de fibra óptica no sufren el problema de alteración (de los datos que viajan a través de él) por acción de campos eléctricos, que sí sufren los cables metálicos. Son por tanto los más seguros.
- Corte del cable: la conexión establecida se rompe, lo que impide que el flujo de datos circule por el cable.
- Daños en el cable: los daños normales con el uso pueden dañar el apantallamiento que preserva la integridad de los datos transmitidos o dañar al propio cable, lo que hace que las comunicaciones dejen de ser fiables.

En la mayor parte de las organizaciones, estos problemas entran dentro de la categoría de **daños naturales**. Sin embargo, también se pueden ver como un medio para atacar la red si el objetivo es únicamente interferir en su funcionamiento.

El cable de red ofrece también un nuevo frente de ataque para un determinado intruso que intentase acceder a los datos. Esto se puede hacer:

- ✓ Desviando o estableciendo una conexión no autorizada en la red: un sistema de administración y procedimiento de identificación de acceso adecuados hará difícil que se puedan obtener privilegios de usuarios en la red, pero los datos que fluyen a través del cable pueden estar en peligro.
- ✓ Haciendo una escucha sin establecer conexión, los datos se pueden seguir y pueden verse comprometidos.

Luego, no hace falta penetrar en los cables físicamente para obtener los datos que transportan.

En ocasiones, para mejorar la seguridad de las comunicaciones cableadas, se adoptan medidas como:

- **Cableado de alto nivel de seguridad:** son cableados de redes que se recomiendan para instalaciones con grado de seguridad militar. El objetivo es impedir la posibilidad de infiltraciones y monitoreos de la información que circula por el cable. Consta de un sistema de tubos (herméticamente cerrados) por cuyo interior circula aire a presión y el cable. A lo largo de la tubería hay sensores conectados a una computadora. Si se detecta algún tipo de variación de presión se dispara un sistema de alarma.
- **Protección electromagnética:** cableado coaxial y cableado de pares FTP y STP.

ACTIVIDADES →

- Busca y explica las diferencias entre cable UTP, FTP y STP. ¿En entornos industriales qué tipo de medio de transmisión consideras óptimo?

En los últimos años ha irrumpido con fuerza, en el sector de la redes de ordenadores, las **comunicaciones inalámbricas**, también denominadas Wireless. La tecnología inalámbrica ofrece muchas **ventajas** en comparación con las tradicionales redes conectadas por cable.

- ✓ Una de las principales ventajas es la capacidad de brindar conectividad en cualquier momento y lugar. La implementación extendida de la conexión inalámbrica en lugares públicos, conocidos como puntos de conexión, permite a las personas conectarse a Internet para descargar información e intercambiar mensajes de correo electrónico y archivos.
- ✓ La instalación de la tecnología inalámbrica es simple y económica. El coste de dispositivos inalámbricos domésticos y comerciales continúa disminuyendo. Sin embargo, a pesar de la disminución del coste, las capacidades y la velocidad de transmisión de datos han aumentado, lo que permite conexiones inalámbricas más confiables y rápidas.
- ✓ La tecnología inalámbrica permite que las redes se amplíen fácilmente, sin limitaciones de conexiones de cableado. Los usuarios nuevos y los visitantes pueden unirse a la red rápida y fácilmente.

A pesar de la flexibilidad y los beneficios de la tecnología inalámbrica, existen algunos **riesgos y limitaciones**.

- ✓ Primero, las tecnologías LAN inalámbricas (WLAN, Wireless LAN) utilizan las regiones sin licencia del espectro de radiofrecuencia RF. Dado que estas regiones no están reguladas, muchos dispositivos distintos las utilizan. Como resultado, estas regiones están saturadas y las señales de distintos dispositivos suelen interferir entre sí. Además, muchos dispositivos, como los hornos de microondas y los teléfonos inalámbricos, utilizan estas frecuencias y pueden interferir en las comunicaciones WLAN.
- ✓ En segundo lugar, un área problemática de la tecnología inalámbrica es la seguridad. La tecnología inalámbrica brinda facilidad de acceso, ya que transmite datos de manera que otorga a todos los usuarios la capacidad de acceder a ella. Sin embargo, esta misma característica también limita la cantidad de protección que la conexión inalámbrica puede brindar a los datos. Permite a cualquier persona interceptar la corriente de comunicación, incluso a los receptores accidentales. Para tratar estas cuestiones de seguridad se han desarrollado técnicas para ayudar a proteger las transmisiones inalámbricas, por ejemplo la encriptación y la autenticación.

Un muy elevado porcentaje de redes son instalados sin tener en consideración la seguridad convirtiendo así sus redes en redes abiertas (o completamente vulnerables a los crackers), sin proteger la información que por ellas circulan.

6.4.1 ¿QUÉ ES UNA RED INALÁMBRICA?

Es una red que permite a sus usuarios conectarse a una red local o a Internet sin estar conectado físicamente mediante cables, sus datos (paquetes de información) se transmiten por el aire.

Existen varios dispositivos que permiten interconectar dispositivos inalámbricos, de forma que puedan interactuar entre sí. Entre ellos destacan los puntos de acceso que controlan el acceso y las comunicaciones de usuarios conectados a la red y las tarjetas receptoras para conectar a la computadora personal, ya sean internas (tarjetas PCI) o bien USB.

Los **puntos de acceso** funcionan a modo de emisor remoto, es decir, se instalan en lugares donde la señal inalámbrica se quiera difundir, reciben la señal bien por un cable UTP que se lleve hasta él o bien capturan la señal débil inalámbrica y la amplifican. Los puntos de acceso pueden estar integrados con módems o routers inalámbricos, convencionalmente denominados router Wi-fi.

Los paquetes de información en las redes inalámbricas viajan en forma de ondas de radio. Las ondas de radio en principio pueden viajar más allá de las paredes y filtrarse en habitaciones/casas/oficinas contiguas o llegar hasta la calle.

Si nuestra instalación está *abierta*, sin seguridad en el control de acceso a la red, una persona con el equipo adecuado y conocimientos básicos podría no sólo utilizar nuestra conexión a Internet, sino también acceder a nuestra red interna o a nuestro equipo, donde podríamos tener carpetas compartidas o analizar toda la información que viaja por nuestra red mediante *sniffers* y obtener así contraseñas de nuestras cuentas de correo, el contenido de nuestras conversaciones por MSN, etc.

Si la infiltración no autorizada en redes inalámbricas de por sí ya es grave en una instalación residencial (en casa), mucho más peligroso es en una instalación corporativa o empresarial. Y desgraciadamente, cuando analizamos el entorno corporativo nos damos cuenta de que las redes *cerradas* son más bien escasas.

Sin pretender invitaros a hacer nada *ilegal*, podéis comprobar la cantidad de **redes abiertas** que podéis encontrar sin más que utilizar el programa Network Stumbler o la función *Site Survey* o escaneo de redes de vuestro PDA con Wi-Fi o de vuestro portátil mientras dáis un paseo por vuestro barrio o por vuestra zona de trabajo.

6.4.2 CONSEJOS DE SEGURIDAD

En los siguientes consejos aparece la figura de *el observador*, como la persona de la que queremos proteger nuestra red.

✓ **Asegurar el punto de acceso por ser un punto de control de las comunicaciones de todos los usuarios, y por tanto crítico en las redes inalámbricas:**

1. **Cambia la contraseña por defecto.**

   Todos los fabricantes establecen un password por defecto de acceso a la administración del punto de acceso.

   Al usar un fabricante la misma contraseña para todos sus equipos, es fácil o posible que *el observador* la conozca.

   Evita contraseñas como tu fecha de nacimiento, el nombre de tu pareja, etc. Intenta además intercalar letras con números.

✓ **Aumentar la seguridad de los datos transmitidos:**

2. **Usa encriptación WEP/WPA.**

   Las redes inalámbricas basan princiaplemente su seguridad en la encriptación de los datos que viajan a través del aire. El método habitual es la encriptación **WEP**, pero no podemos mantener WEP como única estrategia de seguridad ya que no es del todo seguro. Existen aplicaciones para Linux y Windows (como AiroPeek, AirSnort, AirMagnet o WEPCrack) que, escaneando el suficiente número de paquetes de información de una red Wi-Fi, son capaces de obtener las claves WEP utilizadas y permitir el acceso de *intrusos* a nuestra red.

   Activa en el punto de acceso la encriptación WEP. Mejor de 128 bits que de 64 bits... cuanto mayor sea el número de bits mejor.

Los puntos de acceso más recientes permiten escribir una *frase* a partir de la cual se generan automáticamente las claves. Es importante que en esta frase intercales mayúsculas con minúsculas y números, evites utilizar palabras incluidas en el diccionario y secuencias contiguas en el teclado (como “qwerty”, “fghjk” o “12345”).

También tendrás que establecer en la configuración WEP la clave que se utilizará de las cuatro generadas (*Key 1*, *Key 2*, *Key 3* o *Key 4*).

Después de configurar el AP tendrás que configurar los accesorios o dispositivos Wi-Fi de tu red. En éstos tendrás que marcar la misma clave WEP (posiblemente puedas utilizar la *frase* anterior) que has establecido para el AP y la misma clave a utilizar (*Key 1*, *Key 2*, *Key 3* o *Key 4*).

Ya hemos visto que con algunos programas y el suficiente tiempo pueden obtenerse estas claves. En cualquier caso si el observador encuentra una red sin encriptación y otra con encriptación, preferirá investigar la primera en vez de la segunda.

Algunos Puntos de Acceso más recientes soportan también encriptación WPA (Wi-Fi Protected Access), y WPA 2, encriptación dinámica y más segura que WEP.

Si activas WPA en el punto de acceso, tanto los accesorios y dispositivos WLAN de tu red como tu sistema operativo deben soportarlo.

ACTIVIDADES →

- Busca y explica las diferencias entre encriptación WEP, WPA y WPA2. ¿Cuál crees que es el método más seguro? ¿Por qué todavía no se utiliza mayoritariamente WPA2?

✓ **Ocultar tu red Wi-Fi:**

3. Cambia el SSID por defecto.

Suele ser algo del estilo a “default”, “wireless”, “101”, “linksys” o “SSID“.

En vez de "MiAP", "APManolo" o el nombre de la empresa es preferible escoger algo menos atractivo para *el observador*, como puede ser "Broken", "Down" o "Desconectado".

Si no llamamos la atención de *el observador* hay menos posibilidades de que éste intente entrar en nuestra red.

4. **Desactiva el broadcasting SSID, o identificador de la red inalámbrica.**

   El broadcasting SSID permite que los nuevos equipos que quieran conectarse a la red Wi-Fi identifiquen automáticamente el nombre y los datos de la red inalámbrica, evitando así la tarea de configuración manual.

   Al desactivarlo tendrás que introducir manualmente el SSID en la configuración de cada nuevo equipo que quieras conectar.

✓ **Evitar que se conecten:**

5. **Activa el filtrado de direcciones MAC.**

   Activa en el AP el filtrado de direcciones MAC de los dispositivos Wi-Fi que actualmente tengas funcionando. Al activar el filtrado MAC dejarás que sólo los dispositivos con las direcciones MAC especificadas se conecten a tu red Wi-Fi.

   Por un lado es posible conocer las direcciones MAC de los equipos que se conectan a la red con tan sólo "escuchar" con el programa adecuado, ya que las direcciones MAC se transmiten "en abierto", sin encriptar, entre el punto de acceso y el equipo.

   Además, aunque en teoría las direcciones MAC son únicas a cada dispositivo de red y no pueden modificarse, hay comandos o programas que permiten simular temporalmente por software una nueva dirección MAC para una tarjeta de red.

ACTIVIDADES

» ¿Se puede modificar la dirección MAC de una tarjeta de red? ¿Cómo?. ¿Cómo se le denomina a este hecho?

6. **Establece el número máximo de dispositivos que pueden conectarse.**

   Si el AP lo permite, establece el número máximo de dispositivos que pueden conectarse al mismo tiempo al punto de acceso.

7. **Desactiva DHCP, asignación dinámica de direcciones IP.**

   Desactiva DHCP en el router o en el punto de acceso (AP).

   En la configuración de los dispositivos/accesorios Wi-Fi tendrás que introducir a mano la dirección IP, la puerta de enlace, la máscara de subred y el DNS primario y secundario.

   Si el observador conoce "el formato" y el rango de IP que usamos en nuestra red, no habremos conseguido nada con este punto.

✓ **Para los más cautelosos:**

8. **Desconecta el AP cuando no lo uses.**

   Desconecta el punto de acceso de la alimentación cuando no lo estés usando o no vayas a hacerlo durante una temporada. El AP almacena la configuración y no necesitarás introducirla de nuevo cada vez que lo conectes.

9. **Cambia las claves regularmente.**

   Por ejemplo semanalmente o cada 2 o 3 semanas.

   Antes decíamos que existen aplicaciones capaces de obtener la clave WEP de nuestra red Wi-Fi analizando los datos transmitidos por la misma. Pueden ser necesarios entre 1 y 4 Gb de datos para romper una clave WEP, dependiendo de la complejidad de las claves.

   Cuando lleguemos a este caudal de información transmitida es recomendable cambiar las claves.

   Recuerda que tendrás que poner la misma clave WEP en el punto de acceso y en los dispositivos que se vayan a conectar a éste.

   Mientras que en las redes cableadas es más complicado conectarse de forma ilegítima, habría que conectarse físicamente mediante un cable, en las redes inalámbricas donde la comunicación se realiza mediante ondas de radio, esta tarea es más sencilla. Debido a esto hay que poner especial cuidado en *blindar* nuestra red Wi-Fi.

ACTIVIDADES

- Busca el principio de funcionamiento de un servidor RADIUS. ¿En qué casos se emplea? ¿Crees que aporta un mayor nivel de seguridad? Explica tu respuesta.

ACTIVIDADES

- Busca el principio de funcionamiento de las auditorías Wireless.¿Para qué sirve la distribución GNU/Linux WifiSlax? ¿Crees que conociendo las posibilidades de vulnerabilidades que existen, asegurarás más tu red inalámbrica, o incluso optarás por un mayor de nivel de seguridad cableándola?

ACTIVIDADES

Para familiarizarnos con la configuración de los puntos de acceso inalámbricos emplearemos un simulador de configuración del dispositivo TP-LINK TL-WA501G. Para ello accederemos a la web:

http://www.tp-link.com/simulator/TL-WA501G/userRpm/index.htm, y realizaremos los siguientes pasos:

- Deshabilitar el servidor DHCP.
- Aplicar encriptación WEP, con una contraseña segura.
- Modificar la contraseña de administrador por defecto de acceso al router inalámbrico.
- Realizar filtrado por MAC, para que pueda acceder sólo tu equipo (busca la MAC de tu tarjeta de red inalámbrica).
- Deshabilitar el SSID broadcast.
- Modificar el nombre de la SSID por defecto.

Configura la red inalámbrica LAN, para que se encuentre en otra red, por ejemplo la red 192.168.154.0/24. ¿Crees que será algo más segura tu red? Busca para qué sirve el software **angry ip**, ¿crees que algún usuario externo a tu red puede encontrar en qué rango de IP se encuentra tu WLAN?

- Realiza un manual tomando de referencia las pantallas de configuración modificadas y explica por qué se realizan los distintos cambios realizados de cara a mejorar la seguridad de la red.

6.5 REFERENCIAS WEB

- Sitio web sobre seguridad informática en materia de redes:

  http://www.virusprot.com/

- Noticias sobre seguridad en redes. Asociación de internautas:

  http://seguridad.internautas.org/

- Conexiones inalámbricas seguras y auditorías wireless en:

  http://www.seguridadwireless.net/

RESUMEN DEL CAPÍTULO

A finales del siglo XX y principios del XXI las redes han significado una verdadera revolución tecnológica, a la que millones de usuarios se han unido. Nuevos peligros han surgido de la evolución de Internet, y términos como hacker o cracker, rastrean vulnerabilidades en los sistemas en red.

Un mecanismo para poder acceder y controlar equipos remotamente, y que formen parte de una red maliciosa como una red zombi o botnet, es el control de puertos abiertos remotos.

En TCP/IP, el protocolo que usan los ordenadores para entenderse en Internet y actualmente casi en cualquier otra red, **el puerto es una numeración lógica que se asigna a las conexiones, tanto en el origen como en el destino**. No tiene ninguna significación física.

Para **controlar el estado de los puertos de conexión a redes TCP/IP**, y por tanto de las aplicaciones que los usan, emplearemos un **cortafuegos**. Un **muro de fuego** (***firewall*** en inglés) es una parte de un sistema o una red que está diseñada para bloquear el acceso no autorizado, permitiendo al mismo tiempo comunicaciones autorizadas, dentro de los firewalls, las listas de acceso de control (ACL) pueden configurarse generalmente para controlar tráfico entrante y saliente y en este contexto se pueden considerar como **cada una de las reglas individuales que controlan y configuran un cortafuegos o firewall.**

Un ejemplo de control máximo de las reglas de cortafuegos lo encontramos en GNU/Linux con Iptables.

Otra gran inseguridad que se ha abierto en los últimos años ha sido con el desarrollo inalámbrico en redes locales de usuario, las redes Wireless, debido a su facilidad de instalación y bajo coste. Pero a costa de seguridad en la comunicación, para ello se recomienda cambiar aspectos de la configuración por defecto de los puntos de acceso que controlan la red inalámbrica (SSID, deshabilitar DHCP, modificar la clave de administrador, filtrado por MAC), pero sobre todo emplear mecanismos de encriptación con contraseña WEP, WPA y WPA2, que aunque se puedan llegar a crackear supondrán una barrera importante para los posibles vecinos intrusos.

EJERCICIOS PROPUESTOS

- **1.** Completa tu **manual de buenas prácticas y recomendaciones** a modo de resumen en dos ámbitos, calculando siempre el coste de la solución óptima, y la periodicidad de cambio o uso de las mismas:
  - **A.** A nivel de usuario, qué medidas y recomendaciones de equipamiento y uso tomarías.
  - **B.** A nivel de pequeña y mediana empresa, PYME, qué medidas y recomendaciones darías a un cliente, propietario de una PYME.

  Complétalo con soluciones y recomendaciones tomadas con respecto al Capítulo 6 en base a:
  - Dispositivos de conexión en red a emplear preferentemente.
  - Recomendaciones en caso de tener una red inalámbrica.
  - Configuración de puertos y firewall.
  - Test que puedes emplear.

TEST DE CONOCIMIENTOS

1 Iptables:

a) Es un conjunto de reglas de routers.
b) Es equivalente a las ACL en Windows.
c) Emplea características de un firewall de Zone Alarm.
d) Se trata de un cortafuegos basado en reglas de filtrado.

2 Indique qué sentencia es verdadera:

a) Las redes inalámbricas son más o menos igual de seguras que las cableadas.
b) Las redes inalámbricas nunca serán tan seguras como las cableadas.
c) Las redes cableadas UTP son más seguras que con STP.
d) Las redes de fibra óptica son menos seguras que las inalámbricas.

3 El mecanismo de seguridad más robusto en redes inalámbricas es:

a) Open system.
b) WPA2.
c) WPA.
d) WEP.

4 En redes inalámbricas no se recomienda:

a) Cambiar el SSID de fabrica.
b) Cambiar el passord de administrador por defecto.
c) Deshabilitar el DHCP.
d) Tener claves WEP complejas.

5 Los cortafuegos son elementos:

a) Hardware.
b) Software.
c) Pueden ser software y hardware.
d) Ninguna de las anteriores.

7 Criptografía

Objetivos del capítulo

- ✓ Profundizar en aspectos de criptografía en comunicaciones.
- ✓ Garantizar la privacidad de las comunicaciones.
- ✓ Analizar nuevos procesos de identificación digital, como:
  - dni electrónico
  - firma digital
  - firma electrónica.

A lo largo de la historia el ser humano ha desarrollado unos sistemas de seguridad que le permiten comprobar en una comunicación la identidad del interlocutor (p.ej., tarjetas de identificación, firma), asegurarse de que sólo obtendrá la información el destinatario seleccionado (p.ej., correo certificado), que además ésta no podrá ser modificada (p.ej., notariado) e incluso que ninguna de las dos partes podrá negar el hecho (p.ej., Notariado, firma) ni cuándo se produjo (p.ej., fechado de documentos).

En la mayor parte de los casos el sistema de seguridad se basa en la identificación física de la persona, información que se contrasta con el documento de identidad.

Actualmente cada vez mayor número de actividades se está trasladando al mundo electrónico a través de Internet. Se hace, por lo tanto, necesario trasladar también los sistemas de seguridad a este contexto en el que el principal problema reside en que no existe contacto directo entre las partes implicadas.

Necesitamos **un documento digital** que ofrezca las mismas funcionalidades que los documentos físicos con el añadido de **ofrecer garantías aún sin presencia física**.

¿Cómo se resuelve este problema? Gracias a mecanismos criptográficos, cuyos elementos fundamentales son el certificado digital y la firma electrónica.

Veremos inicialmente los fundamentos de la criptografía.

7.1 PRINCIPIOS DE CRIPTOGRAFÍA

La **criptografía** (del griego κρύπτω *krypto*, "oculto", y γράφω *graphos*, "escribir", literalmente "escritura oculta") es el arte o ciencia de cifrar y descifrar información mediante técnicas especiales y se emplea frecuentemente para permitir un intercambio de mensajes que sólo puedan ser leídos por personas a las que van dirigidos y que poseen los medios para descifrarlos.

Con más precisión, cuando se habla de esta área de conocimiento como ciencia, se debería hablar de **criptología**, que a su vez engloba tanto las técnicas de cifrado, es decir, la **criptografía** propiamente dicha, como sus técnicas complementarias, entre las cuales se incluye el **criptoanálisis**, que estudia métodos empleados para romper textos cifrados con objeto de recuperar la información original en ausencia de las claves.

La criptografía se considera una rama de las Matemáticas y en la actualidad de la Informática y la Telemática, que hace uso de métodos y técnicas matemáticas con el objeto principal de *cifrar un mensaje o archivo por medio de un algoritmo, usando una o más claves.*

En la jerga de la criptografía, la **información original** que debe protegerse se denomina ***texto en claro* o texto plano**. El *cifrado* es el proceso de convertir el *texto plano* en un galimatías **ilegible**, denominado ***texto cifrado* o *criptograma***. Por lo general, la aplicación concreta del *algoritmo de cifrado* (también llamado ***cifra***) se basa en la existencia de una ***clave***: información secreta que adapta el *algoritmo de cifrado* para cada uso distinto. Cifra es una antigua palabra arábiga para designar el número cero; en la Antigüedad, cuando Europa empezaba a cambiar del sistema de numeración romano al arábigo, se desconocía el cero, por lo que éste resultaba misterioso, de ahí probablemente que cifrado signifique misterioso.

Las **dos técnicas más sencillas** de *cifrado*, en la criptografía clásica, son la ***sustitución*** (que supone el cambio de significado de los elementos básicos del mensaje, las letras, los dígitos o los símbolos) y la ***transposición*** (que supone una reordenación de los mismos); la gran mayoría de las *cifras* clásicas son combinaciones de estas dos operaciones básicas.

El *descifrado* es el proceso inverso que recupera el *texto plano* a partir del *criptograma* y la *clave*. El *protocolo criptográfico* especifica los detalles de cómo se utilizan los *algoritmos* y las *claves* (y otras operaciones primitivas) para conseguir el efecto deseado. El conjunto de *protocolos*, *algoritmos de cifrado*, procesos de gestión de claves y actuaciones de los usuarios, es lo que constituyen en conjunto un *criptosistema*, que es con lo que el usuario final trabaja e interactúa.

Existen dos grandes grupos de *cifras*: los algoritmos que usan una única *clave* tanto en el proceso de *cifrado* como en el de *descifrado*, y los que emplean una *clave* para *cifrar* mensajes y una *clave* distinta para *descifrarlos*. Los primeros se denominan *cifras simétricas*, de *clave simétrica* o de *clave privada*, y son la base de los algoritmos de cifrado clásico. Los segundos se denominan *cifras asimétricas*, de *clave asimétrica* o de *clave pública* y forman el núcleo de las técnicas de cifrado modernas.

En el lenguaje cotidiano, la palabra *código* se usa de forma indistinta con *cifra*. En la jerga de la criptografía, sin embargo, el término tiene un uso técnico especializado: los *códigos* son un método de criptografía clásica que consiste en sustituir unidades textuales más o menos largas o complejas, habitualmente palabras o frases, para ocultar el mensaje; por ejemplo, "cielo azul" podría significar "atacar al amanecer". Por el contrario, las *cifras* clásicas normalmente sustituyen o reordenan los elementos básicos del mensaje, letras, dígitos o símbolos; en el ejemplo anterior, "rcnm arcteeaal aaa" sería un criptograma obtenido por *transposición*. Cuando se usa una técnica de códigos, la información secreta suele recopilarse en un *libro de códigos*.

ACTIVIDADES

La historia de la criptografía es larga y abunda en anécdotas. Ya las primeras civilizaciones desarrollaron técnicas para enviar mensajes durante las campañas militares, de forma que si el mensajero era interceptado la información que portaba no corriera el peligro de caer en manos del enemigo. Posiblemente, el primer criptosistema que se conoce fuera documentado por el historiador griego Polibio: un sistema de sustitución basado en la posición de las letras en una tabla. También los romanos utilizaron sistemas de sustitución, siendo el método actualmente conocido como César, porque supuestamente Julio César lo empleó en sus campañas, uno de los más conocidos en la literatura (según algunos autores, en realidad Julio César no usaba este sistema de sustitución, pero la atribución tiene tanto arraigo que el nombre de este método de sustitución ha quedado para los anales de la historia).

César utilizó un esquema criptográfico simple pero efectivo para comunicarse con sus generales. El esquema de César consistía en desplazar cada letra del alfabeto un número determinado de posiciones. Por ejemplo, la letra "A" podría ser codificada como "M", la "B" como "N", la "C" como "O"...así sucesivamente. En este caso, el número que se sumaría a cada letra para realizar la codificación sería el 13.

Así pues, el mensaje "ATAQUEN HOY AL ENEMIGO" podría transformarse en "MFMCGQZ TAK MX QZQYUSA", sin poder ser reconocido por el enemigo.

El método de cifrado introducido por Julio César introduce el concepto de 2clave criptográfica". El desplazamiento de 13 letras es la clave que se utiliza por César para cifrar el mensaje, necesitándose la misma clave para descifrarlo. El ejemplo de César muestra un criptosistema de clave simétrica en el que se utiliza la misma clave para cifrar y descifrar el mensaje.

- Codifica el siguiente mensaje: "(nombre remitente): Saludos amigo (nombre de destinatario)" mediante código César. Siendo interceptado el mensaje, reconocer remitente y destinatario.

7.1.1 CRIPTOGRAFÍA SIMÉTRICA

La **criptografía simétrica** es un método criptográfico en el cual se usa una **misma clave para cifrar y descifrar mensajes**. Las dos partes que se comunican han de ponerse de acuerdo de antemano sobre la clave a usar. Una vez ambas tienen acceso a esta clave, el remitente cifra un mensaje usándola, lo envía al destinatario, y éste lo descifra con la misma.

Un buen sistema de cifrado pone toda la seguridad en la clave y ninguna en el algoritmo. En otras palabras, *no debería ser de ninguna ayuda para un atacante conocer el algoritmo que se está usando*. Sólo si el atacante obtuviera la clave, le serviría conocer el algoritmo. Los algoritmos de cifrado ampliamente utilizados tienen estas propiedades (por ejemplo: GnuPG en sistemas GNU).

Dado que toda la seguridad está en la clave, es importante que sea muy difícil adivinar el tipo de clave. Esto quiere decir que el abanico de claves posibles, o sea, el espacio de posibilidades de claves, debe ser amplio. Richard

Feynman fue famoso en Los Álamos por su habilidad para abrir cajas de seguridad.

En realidad, utilizaba una gran variedad de trucos para reducir a un pequeño número la cantidad de combinaciones que debía probar, y a partir de ahí simplemente probaba hasta que adivinaba la combinación correcta. En otras palabras, reducía el tamaño de posibilidades de claves.

Actualmente, los ordenadores pueden descifrar claves con extrema rapidez, y ésta es la razón por la cual el tamaño de la clave es importante en los criptosistemas modernos.

El algoritmo de **cifrado DES** usa una clave de 56 bits, lo que significa que hay 2 elevado a 56 claves posibles (72.057.594.037.927.936 claves). Esto representa un número muy alto de claves, pero un ordenador genérico puede comprobar el conjunto posible de claves en cuestión de días. Una máquina especializada puede hacerlo en horas.

Algoritmos de cifrado de diseño más reciente como 3DES, Blowfish e IDEA usan claves de 128 bits, lo que significa que existen 2 elevado a 128 claves posibles. La mayoría de las tarjetas de crédito y otros medios de pago electrónicos tienen como estándar el algoritmo 3DES.

El **principal problema** con los sistemas de cifrado simétrico no está ligado a su seguridad, sino al intercambio de claves. Una vez que el remitente y el destinatario hayan intercambiado las claves pueden usarlas para comunicarse con seguridad, pero ¿qué canal de comunicación que sea seguro han usado para transmitirse las claves? Sería mucho más fácil para un atacante intentar interceptar una clave que probar las posibles combinaciones del espacio de claves.

Otro problema es el número de claves que se necesitan. Si tenemos un número **n** de personas que necesitan comunicarse entre sí, se necesitan **n/2** claves para cada pareja de personas que tengan que comunicarse de modo privado. Esto puede funcionar con un grupo reducido de personas, pero sería imposible llevarlo a cabo con grupos más grandes.

7.1.2 ATAQUES CRIPTOGRÁFICOS

En criptografía, se denomina **ataque de fuerza bruta** a la forma de recuperar una clave probando todas las combinaciones posibles hasta encontrar aquella que permite el acceso.

Dicho de otro modo, define al procedimiento por el cual a partir del conocimiento del algoritmo de cifrado empleado y de un par texto claro/ texto cifrado, se realiza el cifrado (respectivamente, descifrado) de uno de los miembros del par con cada una de las posibles combinaciones de clave, hasta obtener el otro miembro del par. El esfuerzo requerido para que la búsqueda sea exitosa con probabilidad mejor que la par será 2^{n-1} operaciones, donde n es la longitud de la clave (también conocido como el *espacio de claves*).

Otro factor determinante en el coste de realizar un ataque de fuerza bruta es el juego de caracteres que se pueden utilizar en la clave. Contraseñas que sólo utilicen dígitos numéricos serán más fáciles de descifrar que aquellas que incluyen otros caracteres como letras, así como las que están compuestas por menos caracteres serán también más fáciles de descifrar, la complejidad impuesta por la cantidad de caracteres en una contraseña es logarítmica.

Los ataques por fuerza bruta, dado que utilizan el método de prueba y error, son muy costosos en tiempo computacional.

La fuerza bruta suele combinarse con un ataque de diccionario.

Un **ataque de diccionario** es un método de cracking que consiste en intentar averiguar una contraseña probando todas las palabras del diccionario. Este tipo de ataque suele ser más eficiente que un ataque de fuerza bruta, ya que muchos usuarios suelen utilizar una palabra existente en su lengua como contraseña para que la clave sea fácil de recordar, lo cual no es una práctica recomendable.

Los ataques de diccionario tienen pocas probabilidades de éxito con sistemas que emplean **contraseñas fuertes** con letras en mayúsculas y minúsculas mezcladas con números y con cualquier otro tipo de símbolos. Sin embargo, para la mayoría de los usuarios recordar contraseñas tan complejas resulta complicado. Existen variantes que comprueban también algunas de las típicas sustituciones (determinadas letras por números, intercambio de dos letras, abreviaciones), así como distintas combinaciones de mayúsculas y minúsculas.

Por ejemplo, el programa KeePass nos muestra automáticamente la solidez o fortaleza de la contraseña.

Una **práctica bastante habitual** para usar contraseñas que sean fáciles de recordar y a la vez no sean vulnerables a los ataques de diccionario es tomar las **iniciales de todas las palabras de una oración** que tenga algún significado especial para nosotros. Por ejemplo, si tomamos la frase *"Mi primera bicicleta fue una BH210 que me regaló mi abuelo Francisco"*, la contraseña resultante sería la siguiente: *MpbfuBH210qmrmaF*. Esta contraseña mezcla letras y números, que con sus 16 caracteres es relativamente larga, y sería bastante difícil de romper mediante un ataque de fuerza bruta, suponiendo que el algoritmo de cifrado elegido sea lo suficientemente seguro. Sin embargo, para el usuario en cuestión seguramente sea bastante fácil de recordar.

Otra solución habitual para no tener que memorizar un número elevado de contraseñas complejas es utilizar un gestor de contraseñas. Estos programas también nos pueden ayudar a generar contraseñas seguras. Asegurándonos que no se trate de spyware.

Protección frente a los ataques

Una forma sencilla de proteger un sistema contra los ataques de fuerza bruta o los ataques de diccionario es establecer un **número máximo de tentativas**. De esta forma se bloquea el sistema automáticamente después de un número de intentos infructuosos predeterminado. Un ejemplo de este tipo de sistema de protección es el mecanismo empleado en las tarjetas SIM que se bloquean automáticamente tras tres intentos fallidos al introducir el código PIN.

Para solucionar estos problemas se mejora la seguridad de los sistemas, mediante la criptografía asimétrica y la criptografía híbrida.

7.1.3 CRIPTOGRAFIA DE CLAVE ASIMÉTRICA

En este caso, cada usuario del sistema criptográfico ha de poseer una pareja de claves:

- **Clave privada:** será custodiada por su propietario y no se dará a conocer a ningún otro.
- **Clave pública:** será conocida por todos los usuarios.

Esta pareja de claves es complementaria: **lo que cifra una SÓLO lo puede descifrar la otra y viceversa.** Estas claves se obtienen mediante métodos matemáticos complicados de forma que por razones de tiempo de cómputo, es imposible conocer una clave a partir de la otra.

Los sistemas de cifrado de clave pública se basan en **funciones-hash de un solo sentido** que aprovechan propiedades particulares, por ejemplo de los números primos. Una función de un solo sentido es aquella cuya computación es fácil, mientras que su inversión resulta extremadamente difícil. Por ejemplo, es fácil multiplicar dos números primos juntos para obtener uno compuesto, pero es difícil factorizar uno compuesto en sus componentes primos. Una función-hash de un sentido es algo parecido, pero tiene una "trampa". Esto quiere decir que si se conociera alguna pieza de la información, sería fácil computar el inverso. Por ejemplo, *si tenemos un número compuesto por dos factores primos y conocemos uno de los factores, es fácil computar el segundo.*

Dado un cifrado de clave pública basado en **factorización de números primos**, la clave pública contiene un número compuesto de dos factores primos grandes, y el algoritmo de cifrado usa ese compuesto para cifrar el mensaje. El algoritmo para descifrar el mensaje requiere el conocimiento de los factores primos, para que el descifrado sea fácil si poseemos la clave privada que contiene uno de los factores o número primo, pero extremadamente difícil en caso de no tener ninguno.

Como con los sistemas de cifrado simétricos buenos, con un buen sistema de cifrado de clave pública toda la seguridad descansa en la clave y no en el algoritmo. Por lo tanto, el tamaño de la clave es una medida de la seguridad del sistema, pero no se puede comparar el tamaño de la clave del cifrado simétrico con el del cifrado de clave pública para medir la seguridad.

En un ataque de fuerza bruta sobre un cifrado simétrico con una clave del tamaño de 80 bits, el atacante debe probar hasta 2^{80}- 1 claves para encontrar la clave correcta. En un ataque de fuerza bruta sobre un cifrado de clave pública con una clave del tamaño de 512 bits, el atacante debe factorizar un número compuesto codificado en 512 bits (hasta 155 dígitos decimales). La cantidad de trabajo para el atacante será diferente dependiendo del cifrado que esté atacando. Mientras 128 bits son suficientes para cifrados simétricos, dada la tecnología de factorización de hoy en día, se recomienda el uso de claves públicas de 1024 bits para la mayoría de los casos.

La mayor ventaja de la criptografía asimétrica es que se puede cifrar con una clave y descifrar con la otra, pero este sistema tiene bastantes **desventajas**:

- ✓ Para una misma longitud de clave y mensaje se necesita **mayor tiempo de proceso**.
- ✓ Las claves deben ser de mayor tamaño que las simétricas.
- ✓ El mensaje cifrado ocupa más espacio que el original.
- ✓ El sistema de criptografía de curva elíptica representa una alternativa menos costosa para este tipo de problemas.

Herramientas como PGP, SSH o la capa de seguridad SSL para la jerarquía de protocolos TCP/IP utilizan un **híbrido** formado por la **criptografía asimétrica** para **intercambiar claves de criptografía simétrica**, y la **criptografía simétrica para la transmisión de la información**.

Algunos algoritmos de técnicas de clave asimétrica son:

- ✓ Diffie-Hellman.
- ✓ RSA.
- ✓ DSA.
- ✓ ElGamal.
- ✓ Criptografía de curva elíptica.
- ✓ Otros algoritmos de clave asimétrica pero inseguros: Merkle-Hellman, algoritmos “Knapsack”.

Algunos **protocolos** que usan los algoritmos antes citados son:

- ✓ DSS (Digital Signature Standard) con el algoritmo DSA (Digital Signature Algorithm).
- ✓ PGP.
- ✓ GPG, una implementación de OpenPGP.
- ✓ SSH.
- ✓ SSL, ahora un estándar del IETF.
- ✓ TLS.

Veamos el proceso:

Ana y Bernardo tienen sus pares de claves respectivas: una clave privada que sólo ha de conocer el propietario de la misma y una clave pública que está disponible para todos los usuarios del sistema.

Ana escribe un mensaje a Bernardo y quiere que sólo él pueda leerlo. Por esta razón lo cifra con la clave pública de Bernardo, accesible a todos los usuarios.

Se produce el envío del mensaje cifrado no siendo necesario el envío de la clave.

Sólo Bernardo puede descifrar el mensaje enviado por Ana ya que sólo él conoce la clave privada correspondiente.

El **beneficio** obtenido consiste en la supresión de la necesidad del envío de la clave, siendo por lo tanto un sistema más seguro.

El **inconveniente** es la lentitud de la operación. Para solventar dicho inconveniente, el procedimiento que suele seguirse para realizar el cifrado de un mensaje es utilizar un algoritmo de clave pública junto a uno de clave simétrica.

7.1.4 CRIPTOGRAFIA DE CLAVE ASIMÉTRICA. CIFRADO DE CLAVE PÚBLICA

El uso de claves asimétricas ralentiza el proceso de cifrado. Para solventar dicho inconveniente, el procedimiento que suele seguirse para realizar el cifrado de un mensaje es utilizar un **algoritmo de clave pública junto a uno de clave simétrica**. A continuación veremos cómo se produce el cifrado de un mensaje, mediante el cual obtenemos plena garantía de confidencialidad.

PROCESO:

Ana y Bernardo tienen sus pares de claves respectivas.

Ana escribe un mensaje a Bernardo. Lo cifra con el sistema de criptografía de clave simétrica. La clave que utiliza se llama clave de sesión y se genera aleatoriamente. Para enviar la clave de sesión de forma segura, ésta se cifra con la clave pública de Bernardo, utilizando por lo tanto criptografía de clave asimétrica.

Bernardo recibe el mensaje cifrado con la clave de sesión y ésta misma cifrada con su clave pública. Para realizar el proceso inverso, en primer lugar utiliza su clave privada para **descifrar la clave de sesión**.

Una vez ha obtenida la clave de sesión, ya puede descifrar el mensaje.

Con este sistema conseguimos:

- **Confidencialidad:** sólo podrá leer el mensaje el destinatario del mismo.
- **Integridad:** el mensaje no podrá ser modificado.

Pero todavía quedan sin resolver los problemas de **autenticación y de no repudio**. Veamos cuál es la solución.

7.1.5 CRIPTOGRAFIA DE CLAVE ASIMÉTRICA. FIRMA DIGITAL

Una de las principales ventajas de la criptografía de clave pública es que ofrece un método para el desarrollo de firmas digitales. La firma digital permite al receptor de un mensaje **verificar la autenticidad del origen de la información** así como verificar que dicha información no ha sido modificada desde su generación. De este modo, la firma digital ofrece el soporte para la autenticación e integridad de los datos así como para el no repudio en origen, ya que la persona que origina un mensaje firmado digitalmente no puede argumentar que no lo es.

Una firma digital está destinada al mismo propósito que una manuscrita. Sin embargo, una firma manuscrita es sencilla de falsificar mientras que la digital es imposible mientras no se descubra la clave privada del firmante.

La firma digital se basa en la propiedad ya comentada, sobre que un mensaje cifrado utilizando la clave privada de un usuario sólo puede ser descifrado utilizando la clave pública asociada. De tal manera, se tiene la seguridad de que el mensaje que ha podido descifrarse utilizando la clave pública sólo pudo cifrarse utilizando la privada. La firma digital, por tanto, es un cifrado del mensaje que se está firmando pero utilizando la clave privada en lugar de la pública.

Sin embargo, ya se ha comentado el principal inconveniente de los algoritmos de clave pública: su lentitud que, además, crece con el tamaño del mensaje a cifrar. Para evitar este problema, la firma digital hace uso de **funciones hash**. Una función hash es una operación que se realiza sobre un conjunto de datos de cualquier tamaño de tal forma que se obtiene como resultado otro conjunto de datos, en ocasiones denominado **resumen de los datos originales**, de tamaño fijo e independiente del tamaño original que, además, tiene la propiedad de estar asociado unívocamente a los datos iniciales, es decir, es prácticamente imposible encontrar dos mensajes distintos que tengan un resumen hash idéntico.

PROCESO:

Ana y Bernardo tienen sus pares de claves respectivas.

Ana escribe un mensaje a Bernardo. Es necesario que Bernardo pueda verificar que realmente es Ana quien ha enviado el mensaje. Por lo tanto, Ana debe enviarlo firmado:

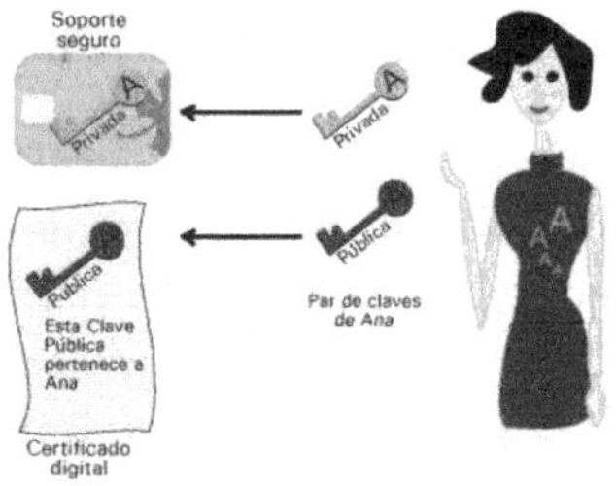

1. Resume el mensaje o datos mediante una función hash.
2. Cifra el resultado de la función hash con su clave privada. De esta forma obtiene su **firma digital**.
3. Envía a Bernardo el mensaje original junto con la firma.

   Bernardo recibe el mensaje junto a la firma digital. Deberá comprobar la validez de ésta para dar por bueno el mensaje y reconocer al autor del mismo (integridad y autenticación).
4. Descifra el resumen del mensaje mediante la clave pública de Ana.
5. Aplica al mensaje la función hash para obtener el resumen.
6. Compara el resumen recibido con el obtenido a partir de la función hash. Si son iguales, Bernardo puede estar seguro de que quien ha enviado el mensaje es Ana y que éste no ha sido modificado.

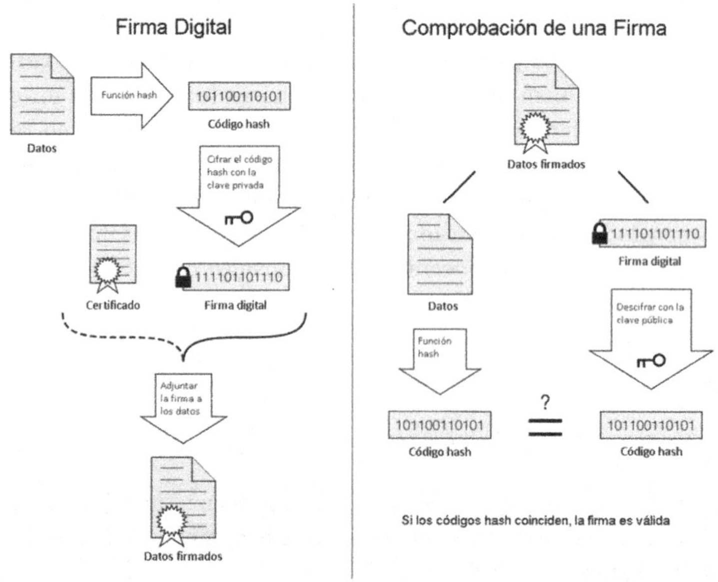

Mecánica de la generación y comprobación de una firma digital.

SHA y MD5 son dos ejemplos de este tipo de algoritmos que implementan funciones hash. El *Digital Signature Algorithm* es un algoritmo de firmado de clave pública que funciona como hemos descrito. DSA es el algoritmo principal de firmado que se usa en GnuPG.

Alguna de las aplicaciones son:

- ✓ Mensajes con autenticidad asegurada.
- ✓ Mensajes sin posibilidad de repudio.
- ✓ Contratos comerciales electrónicos.
- ✓ Factura Electrónica.
- ✓ Transacciones comerciales electrónicas.
- ✓ Notificaciones judiciales electrónicas.
- ✓ Voto electrónico.
- ✓ Trámites de Seguridad Social.
- ✓ Contratación pública.

Con este sistema conseguimos:

- **Autenticación:** la firma digital es equivalente a la firma física de un documento.
- **Integridad:** el mensaje no podrá ser modificado.
- **No repudio en origen:** el emisor no puede negar haber enviado el mensaje.

7.1.6 CERTIFICADOS DIGITALES

Según puede interpretarse de los apartados anteriores, la eficacia de las operaciones de cifrado y firma digital basadas en criptografía de clave pública sólo está garantizada si se tiene la certeza de que la clave privada de los usuarios sólo es conocida por dichos usuarios y que la pública puede ser dada a conocer a todos los demás usuarios con la seguridad de que no exista confusión entre las claves públicas de los distintos usuarios.

Para garantizar la unicidad de las claves privadas se suele recurrir a **soportes físicos** tales como tarjetas inteligentes (*SmartCards*) o tarjetas PCMCIA que garantizan la imposibilidad de la duplicación de las claves. Además, las tarjetas criptográficas suelen estar protegidas por un número personal o PIN sólo conocido por su propietario que garantiza que, aunque se extravíe la tarjeta, nadie que no conozca dicho número podrá hacer uso de ella.

Por otra parte, para asegurar que una determinada clave pública pertenece a un usuario en concreto se utilizan los ***certificados digitales*****. Un certificado digital es un documento electrónico que asocia una clave pública con la identidad de su propietario.**

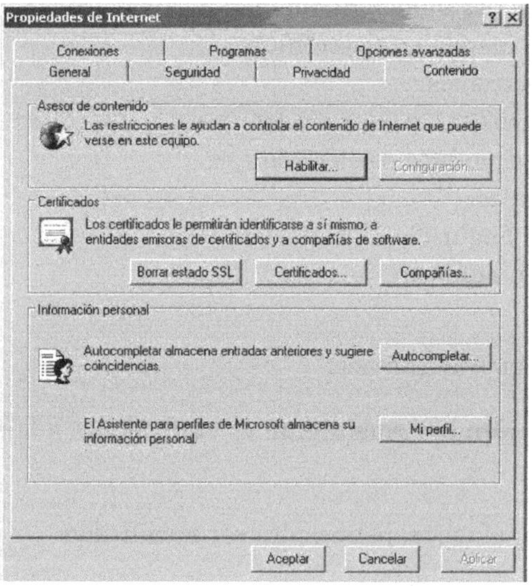

Localización de certificados digitales en las propiedades de Internet del navegador web Internet Explorer.

En general un **certificado digital es un archivo** que puede emplear un software para **firmar digitalmente archivos**, en los cuales puede **verificarse la identidad del firmante.**

La extensión del certificado con clave privada suele ser un *.pfx o *.p12, mientras que el certificado que no tiene clave privada (sólo la pública) suele ser de extensión *.cer o *.crt.

En los sistemas Windows el icono del archivo certificado es un diploma. Para poder diferenciar dichos certificados nos fijaremos en lo siguiente:

El certificado que **contiene la clave privada** (recomendación a la hora de realizar copia de seguridad) tiene como icono un diploma metido en un sobre con una llave, sin embargo, el certificado que **no contiene la clave privada** sólo tendrá el icono del diploma pero sin llave y sin sobre.

Adicionalmente, además de la clave pública y la identidad de su propietario, un certificado digital puede contener otros atributos para, por ejemplo, concretar el ámbito de utilización de la clave pública, las fechas de inicio y fin de la validez del certificado, etc. El usuario que haga uso del certificado podrá, gracias a los distintos atributos que posee, conocer más detalles sobre las características del mismo.

7.1.7 TERCERAS PARTES DE CONFIANZA

Una vez definido el concepto de certificado digital se plantea una duda: ¿cómo confiar si un determinado certificado es válido o si está falsificado? La validez de un certificado es la confianza en que la clave pública contenida en el certificado pertenece al usuario indicado en el certificado. La validez del certificado en un entorno de clave pública es esencial ya que se debe conocer si se puede confiar o no en que el destinatario de un mensaje será o no realmente el que esperamos.

La manera en que se puede confiar en el certificado de un usuario con el que nunca hemos tenido ninguna relación previa es mediante la confianza en terceras partes.

La idea consiste en que **dos usuarios puedan confiar directamente entre sí, si ambos tienen relación con una tercera parte ya que ésta puede dar fé de la fiabilidad de los dos.**

La necesidad de una Tercera Parte Confiable (TPC o TTP, *Trusted Third Party*) es fundamental en cualquier entorno de clave pública de tamaño considerable debido a que es impensable que los usuarios hayan tenido relaciones previas antes de intercambiar información cifrada o firmada. Además, la mejor forma de permitir la **distribución de las claves públicas (o certificados digitales)** de los distintos usuarios es que algún **agente,** en quien todos los usuarios confíen, se encargue de su publicación en algún repositorio al que todos los usuarios tengan acceso.

En conclusión, se podrá tener confianza en el certificado digital de un usuario al que previamente no conocemos si dicho certificado está avalado por una tercera parte en la que sí confiamos. La forma en que esa tercera parte avalará que el certificado es de fiar es mediante su firma digital sobre el certificado. Por tanto, podremos confiar en cualquier certificado digital firmado por una tercera parte en la que confiamos. La TPC que se encarga de la firma digital de los certificados de los usuarios de un entorno de clave pública se conoce con el nombre de Autoridad de Certificación (AC).

El modelo de confianza basado en Terceras Partes Confiables es la base de la definición de las **Infraestructuras de Clave Pública** (ICP o PKI, *Public Key Infrastructures*).

ACTIVIDADES

- Revisa uno de los usos que tiene el certificado digital mediante la búsqueda de envío de correos electrónicos con certificado digital, describe el proceso. Para informarte visita la web www.camerfirma.com. Explica una posible utilidad que tendría el uso de certificado digital para minimizar el *spam*.

ACTIVIDADES

- Busca qué Autoridades Certificadoras Admitidas de certificados *digitales existen en España. Describe el proceso para la obtención del* certificado digital. Para ello visita la web www.fnmt.es. ¿Es válido para todos los navegadores web? ¿Puede emplearse para firmar otro tipo de archivos? ¿Es posible exportarlo o solamente se puede emplear en un solo equipo? ¿Qué precauciones podemos tener con el certificado digital en cuanto a protección mediante contraseñas? Una persona que acceda a nuestro equipo con certificado digital ¿puede acceder a distintos sitios web de información personal de tipo legal?

ACTIVIDADES →

» Realiza los trámites para la obtención de tu certificado digital.

¿Dónde lo tienes que descargar? ¿Dónde tienes que ir a recogerlo? ¿Qué caducidad posee? Instálalo en Internet Explorer y Mozilla Firefox. Realiza una copia de seguridad con contraseña privada, y elimínalo de un PC inseguro al que puedan acceder otros usuarios.

7.2 FIRMA ELECTRÓNICA

Uno de los temas, con mayor desconocimiento entre usuarios de ordenador no tecnológicos es la utilización indistinta de los términos firma electrónica, firma digital y firma digitalizada para referirse a una misma cosa, cuando en realidad se trata de conceptos distintos.

Una **firma electrónica** es un concepto amplio e indefinido desde el punto de vista tecnológico. Es por tanto una expresión más genérica.

Una **firma digital** es aquella firma electrónica que está basada en los sistemas de criptografía de clave pública (PKI – *Public Key Infrastructure*) que satisface los requerimientos de definición de firma electrónica avanzada.

Una **firma digitalizada**, no tiene nada que ver con las anteriores. Se trata de una simple representación gráfica de la firma manuscrita obtenida a través de un escáner, que puede ser "pegada" en cualquier documento. Esta técnica la empezaron a utilizar masivamente los expertos en márketing cuando la publicidad circulaba por correo postal ordinario (Snail mail), hoy en día no tiene ninguna validez.

En la práctica, la firma que utilizamos mayoritariamente para la realización de multitud de trámites tanto ante la Agencia Tributaria, con otras Administraciones Públicas, e incluso, para uso interno de las propias empresas o el correo electrónico seguro, es la digital.

Ejemplos de este tipo de firmas son los que ofrece la Fábrica Nacional de Moneda y Timbre (FNMT), Camerfirma, Ancert, el DNI electrónico, DNIe, etc.

Mientras que firma digital hace referencia a una serie de métodos criptográficos, firma electrónica es un término de naturaleza fundamentalmente legal y más amplio desde un punto de vista técnico, ya que puede contemplar métodos no criptográficos.

Un ejemplo claro de la importancia de esta distinción es el uso por la Comisión Europea. En el desarrollo de la Directiva Europea 1999/93/CE que establece un marco europeo común para la firma electrónica empezó utilizando el término de firma digital en el primer borrador, pero finalmente acabó utilizando el término de firma electrónica para desacoplar la regulación legal de este tipo de firma de la tecnología utilizada en su implementación.

Una **firma electrónica** es una firma digital que se ha almacenado en un soporte de hardware; mientras que la firma digital se puede almacenar tanto en soportes de hardware como de software. La firma electrónica reconocida tiene el **mismo valor legal que la firma manuscrita**.

De hecho se podría decir que una firma electrónica es una firma digital contenida o almacenada en un contenedor electrónico, normalmente un chip de memoria ROM (sólo lectura). Su principal característica diferenciadora con la firma digital es su cualidad de ser **inmodificable** (que no inviolable). No se debe confundir el almacenamiento en hardware, como por ejemplo, en un chip, con el almacenamiento de la firma digital en soportes físicos; es posible almacenar una firma digital en una memoria flash, pero al ser esta del tipo RAM y no ROM, no se consideraría una firma electrónica si no una firma digital contenida en un soporte físico.

La firma digital contenida en soportes de tipo ROM tiene ya hoy en día un uso muy extendido y se utiliza en gran cantidad de tarjetas de acceso, tarjetas de telefonía, RFID o cualquier otra actividad en la que es preciso identificar inequívocamente una persona u objeto.

Una de las aplicaciones mas destacadas a nivel mundial es el DNI electrónico español, también conocido como DNIe que, al ser de uso obligado, ya dispone de varios millones de usuarios.

Las características y usos de la firma electrónica son exactamente los mismos que los de la firma digital con la única diferenciación del tipo de soporte en el que se almacenan. Su condición de inmodificable aporta un grado superior de seguridad, si bien la ausencia habitual de contraseñas de seguridad que protejan su uso permitirían que un portador ilegítimo pudiese suplantar al propietario con facilidad.

7.2.1 DOCUMENTO NACIONAL DE IDENTIDAD ELECTRÓNICO (DNIE)

El Documento Nacional de Identidad (DNI), emitido por la **Dirección General de la Policía** (Ministerio del Interior), es el documento que acredita, desde hace más de 50 años, la identidad, los datos personales que en él aparecen y la nacionalidad española de su titular.

A lo largo de su vida, el Documento Nacional de Identidad ha ido evolucionado e incorporando las innovaciones tecnológicas disponibles en cada momento, con el fin de aumentar tanto la seguridad del documento como su ámbito de aplicación.

Con la llegada de la Sociedad de la Información y la generalización del uso de Internet se hace necesario adecuar los mecanismos de acreditación de la personalidad a la nueva realidad y disponer de un instrumento eficaz que traslade al mundo digital las mismas certezas con las que operamos cada día en el mundo físico y que, esencialmente, son:

- **Acreditar electrónicamente y de forma indubitada la identidad de la persona.**
- **Firmar digitalmente documentos electrónicos, otorgándoles una validez jurídica equivalente a la que les proporciona la firma manuscrita.**

Para responder a estas nuevas necesidades nace el **Documento Nacional de Identidad electrónico (DNIe)**, similar al tradicional y cuya principal novedad es que **incorpora un pequeño circuito integrado (chip)**, capaz de guardar de forma segura información y de procesarla internamente.

Para poder incorporar este chip, el Documento Nacional de Identidad cambia su soporte tradicional (cartulina plastificada) por una tarjeta de material plástico, dotada de nuevas y mayores medidas de seguridad. A esta **nueva versión** del Documento Nacional de Identidad nos referimos como **DNI electrónico** que nos permitirá, además de su uso tradicional, acceder a los nuevos servicios de la Sociedad de la Información, que ampliarán nuestras capacidades de actuar a distancia con las Administraciones Públicas, con las empresas y con otros ciudadanos.

En la medida que el DNI electrónico vaya sustituyendo al DNI tradicional y se implanten las nuevas aplicaciones, podremos utilizarlo para:

- ✓ Realizar compras **firmadas** a través de Internet.
- ✓ Hacer **trámites completos** con las Administraciones Públicas a cualquier hora y sin tener que desplazarse ni hacer colas.
- ✓ Realizar **transacciones seguras** con entidades bancarias.
- ✓ Acceder al edificio donde trabajamos.
- ✓ Utilizar de **forma segura nuestro ordenador personal.**
- ✓ Participar en una conversación por Internet con la certeza de que nuestro interlocutor es quien dice ser.

El DNI electrónico es una oportunidad para acelerar la implantación de la Sociedad de la Información en España y situarnos entre los países más avanzados del mundo en la utilización de las tecnologías de la información y de las comunicaciones, lo que, sin duda, redundará en beneficio de todos los ciudadanos.

El DNI electrónico tiene grandes ventajas para el ciudadano:

- ✓ Desde el punto de vista de la **SEGURIDAD**:

  El DNI electrónico es un documento más seguro que el tradicional, pues incorpora mayores y más sofisticadas medidas de seguridad que harán virtualmente imposible su falsificación.

- ✓ Desde el punto de vista de la **COMODIDAD**:

  Con el DNI electrónico se podrán realizar trámites a distancia y en cualquier momento: el **DNI electrónico** permitirá realizar multitud de trámites sin tener que acudir a las oficinas de la Administración y sin tener que guardar colas. Y hacerlo en cualquier momento (24 horas al día, 7 días a la semana).

  El DNI electrónico se expedirá de forma inmediata.

  Hacer trámites sin tener que aportar una documentación que ya exista en la Administración: una de las ventajas derivadas del uso del DNI electrónico y de los servicios de Administración Electrónica basados en él será la práctica eliminación del papel en la tramitación. El ciudadano no tendrá que aportar una información que ya exista en otra Unidad de la Administración, evitándose de nuevo colas y pérdidas de tiempo. La Unidad que realice la tramitación lo hará por él, siempre que el ciudadano así lo autorice.

- Desde el punto de vista de la **ERGONOMÍA**:

  El **DNI electrónico es un documento más robusto**. Está construido en policarbonato y tiene una duración prevista de unos diez años.

  El **DNI electrónico** mantiene las medidas del DNI tradicional (idénticas a las tarjetas de crédito habituales).

  El DNI electrónico es una tarjeta de un material plástico (concretamente policarbonato), que incorpora un chip con información digital y que tiene unas **dimensiones idénticas a las del DNI tradicional.** Su tamaño, por tanto, coincide con las dimensiones de las tarjetas de crédito comúnmente utilizadas (85,60 mm de ancho x 53,98 mm de alto).

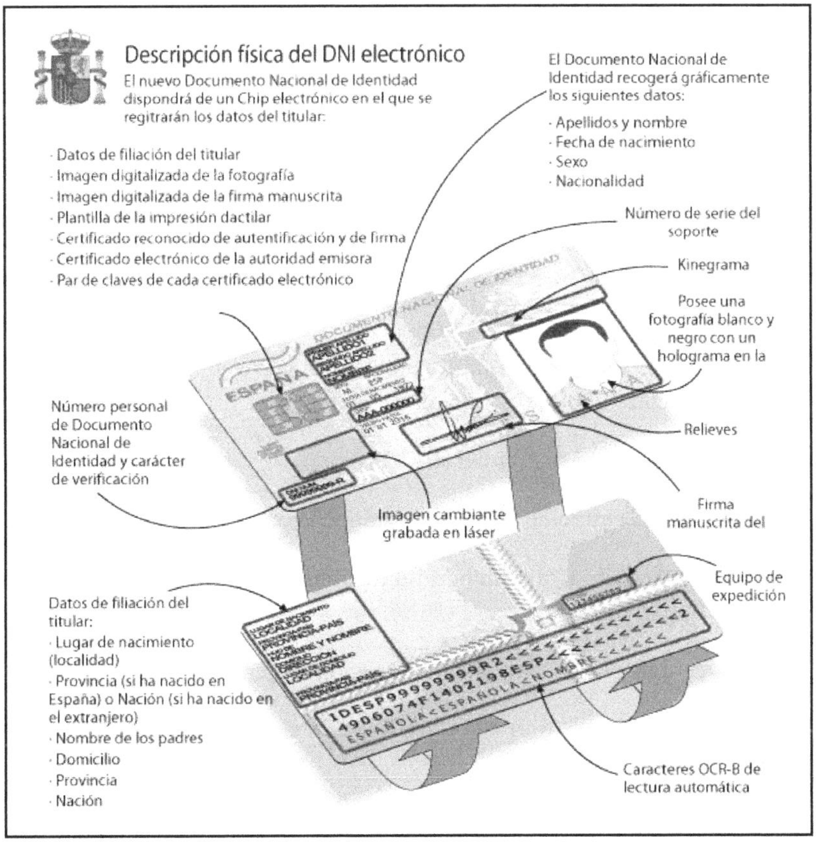

- **En cuanto al chip criptográfico**, contiene la siguiente información en **formato digital**:
  - Un certificado electrónico para autenticar la personalidad del ciudadano.
  - Un certificado electrónico para firmar electrónicamente, con la misma validez jurídica que la firma manuscrita.
  - Certificado de la Autoridad de Certificación emisora.
  - Claves para su utilización.
  - La plantilla biométrica de la impresión dactilar.
  - La fotografía digitalizada del ciudadano.
  - La imagen digitalizada de la firma manuscrita.
  - Datos de la filiación del ciudadano, correspondientes con el contenido personalizado en la tarjeta.
- **Los elementos de seguridad** del documento, para impedir su falsificación:
  - Medidas de seguridad **físicas**:
    - Visibles a simple vista (tintas ópticamente variables, relieves, fondos de seguridad).
    - Verificables mediante medios ópticos y electrónicos (tintas visibles con luz ultravioleta, microescrituras).
  - Medidas de seguridad **digitales**:
    - Encriptación de los datos del chip.
    - Acceso a la funcionalidad del DNI electrónico mediante clave personal de acceso (PIN).
    - Las claves nunca abandonan el chip.
    - La Autoridad de Certificación es la Dirección General de la Policía.

Para la utilización del DNI electrónico es necesario contar con determinados elementos hardware y software que nos van a permitir el acceso al chip de la tarjeta y, por tanto, la utilización de los certificados contenidos en él.

a) Elementos hardware

El DNI electrónico requiere el siguiente equipamiento físico:

- ✓ Un ordenador personal (Intel a partir de Pentium III o tecnología similar).
- ✓ Un lector de tarjetas inteligentes que cumpla el estándar ISO-7816. Existen distintas implementaciones, bien integrados en el teclado, bien externos (conectados vía USB) o bien a través de una interfaz PCMCIA.

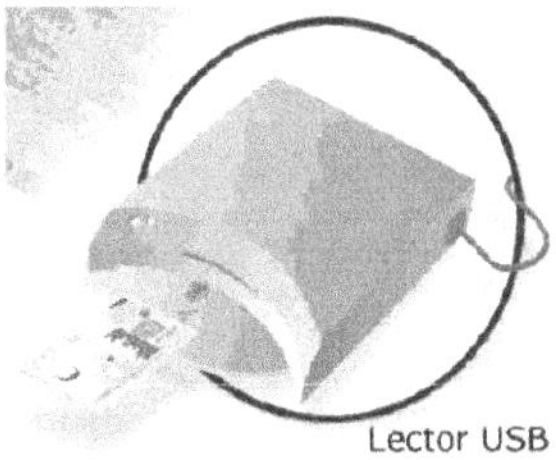

b) Elementos software

- ✓ Sistemas operativos

  El DNI electrónico puede operar en diversos entornos:

  - Microsoft Windows (2000, XP y Vista), Linux , Mac.

- ✓ Navegadores

  El DNI electrónico es compatible con los siguientes navegadores:

  - Microsoft Internet Explorer (versión 6.0 o superior).
  - Mozilla Firefox (versión 1.5 o superior).
  - Netscape (versión 4.78 o superior).

- ✓ Controladores/módulos criptográficos: para poder interaccionar adecuadamente con las tarjetas criptográficas en general y con el DNI electrónico en particular, el equipo ha de tener instalados unos módulos de software ,denominadas módulos criptográficos.

- En un entorno Microsoft Windows, el equipo debe tener instalado un servicio que se denomina *Cryptographic Service Provider* (CSP).
- En los entornos UNIX/Linux o MAC podemos utilizar el DNI electrónico a través de un módulo criptográfico denominado PKCS#11.

Tanto el CSP como el PKCS#11 específico para el DNI electrónico podrán obtenerse en la dirección www.dnielectronico.es/descargas

ACTIVIDADES

Imaginemos la siguiente situación: un ciudadano establece una comunicación a través de Internet con un organismo de la Administración Pública (o una entidad privada) que ofrece un servicio telemático para que el ciudadano cumplimente un trámite administrativo que requiere su consentimiento explícito para la realización.

Este escenario plantea el uso de los dos tipos de certificados electrónicos por parte del ciudadano:

- Certificado de autenticación (*Digital Signature*), cuyo propósito exclusivo es el de identificar al ciudadano. Este certificado no vincula al ciudadano en ninguna forma y es exclusivamente utilizado para el establecimiento de canales privados y confidenciales con los prestadores de servicio.
- Certificado de firma (*nonRepudiation*), cuyo fin es permitir al ciudadano firmar trámites o documentos. Este certificado permite sustituir la firma manuscrita por la electrónica en las relaciones del ciudadano con terceros.

» Busca e indica un uso reconocido de cada uno de los certificados indicados anteriormente, autenticación y firma de documentos ¿Crees que la modernización del DNIe permitirá mayor seguridad, con respecto al DNI anterior? Explica tus razones. ¿Qué nuevos peligros posee?

El uso más conocido para el DNI electrónico tiene que ver con las diferentes **Administraciones Públicas**, donde tenemos una amplio abanico de gestiones para hacer, entre ellas, las más demandadas y usadas: **pedir el historial laboral**, realizar la declaración de la renta, solicitar la ayuda al desempleo...

Teniendo ya el lector de DNI, el propio documento y el software necesario, sólo nos queda **entrar en el servicio online** que queramos usar y al hacerlo, debemos escoger como identificación el DNIe. A continuación nos aparecerá una ventana donde deberemos introducir nuestra contraseña o PIN y ya estaremos identificados una vez aceptado el certificado digital del servicio al que estemos accediendo.

ACTIVIDADES

- Lee la siguiente noticia y comenta qué te parece la iniciativa. Busca algún hardware lector de DNI electrónico e indica su coste.

Con el objetivo de seguir impulsando y extendiendo el uso del DNI electrónico (eDNI), el Ministerio de Industria, a través de Red.es, junto con la compañía Tractis, ha organizado una campaña en la que regalarán 300.000 lectores de eDNI. Los lectores serán gratuitos, sólo tendrán que pagar 2 euros por gastos de envío aquellos ciudadanos que lo soliciten.

Los patrocinadores de la campaña, Tractis y Jazztel, participarán en la iniciativa comprando lectores para las zonas no cubiertas por Red.es y, a cambio, obtendrán visibilidad durante la duración de la campaña. Por un lado, Red.es asumirá el coste de los lectores que se repartan en Galicia, Asturias, Castilla y León, Castilla-La Mancha, Extremadura, Andalucía, Comunidad Valenciana, Murcia, Canarias, Ceuta y Melilla. Y, por otro, los patrocinadores abonarán los equipos que se distribuyan en el resto de comunidades (Aragón, Baleares, Cantabria, Cataluña, Comunidad de Madrid, La Rioja, Navarra y País Vasco).

El reparto comenzará el 1 de octubre de 2009 y la campaña durará tres meses (hasta el 31 de diciembre) o hasta agotar existencias.

A fecha de este mismo mes, septiembre, ya se han emitido más de 12 millones de DNI electrónicos y, aunque no se sabe con exactitud cuántos lectores de tarjetas inteligentes hay, en la web de Tractis se afirma que el número de operaciones realizadas con DNIe en marzo fue de 2,5 millones en el sector público y 200.000 en el sector privado.

ACTIVIDADES →

Realiza una búsqueda de los servicios de la administración a los que se puede acceder de forma segura, mediante certificado digital y mediante DNIe.

En caso de disponer de certificado digital y/o DNI electrónico intenta acceder de forma segura a alguno de los servicios comentados e indica el proceso de acceso y las posibilidades que te ofrece el servicio. ¿Consideras estos servicios útiles para el ciudadano? ¿Para qué colectivos especialmente pueden ser útiles estas aplicaciones?

7.3 REFERENCIAS WEB

- Web de la Fábrica Nacional de Moneda y Timbre, Autoridad de Certificación y expedición de certificados digitales:

  http://www.cert.fnmt.es/

- *Camerfirma.* Todo sobre certificados digitales. Web de las cámaras de comercio:

  http://www.camerfirma.com/

- Web del DNI electrónico. Ministerio del interior:

  http://www.dnielectronico.es/

- Información sobre el DNIe:

  http://www.dnielectronico.eu/

- Taller de criptografía:

  http://www.cripto.es/

RESUMEN DEL CAPÍTULO

Desde los orígenes de la humanidad los mensajes que se transmitían se han intentado realizar de tal modo que no se pudieran entender por una persona que lo interceptara. Basado en la criptografía, el arte o ciencia de cifrar y descifrar información mediante técnicas especiales, se emplea frecuentemente para permitir un intercambio de mensajes que sólo puedan ser leídos por personas a las que van dirigidos y que poseen los medios para descifrarlos.

El *cifrado* es el proceso de convertir el *texto plano* en un galimatías **ilegible**, denominado ***texto cifrado.*** Existen dos tipos de criptografía, principalmente:

- La **criptografía simétrica** es un método criptográfico en el cual se usa una **misma clave para cifrar y descifrar mensajes, como el César, DES y 3DES, que con ataques de fuerza bruta y diccionario de claves pueden ser descubiertas.**
- La **criptografía asimétrica,** en este caso cada usuario del sistema criptográfico ha de poseer una pareja de claves:
  - Clave privada: será custodiada por su propietario y no se dará a conocer a ningún otro.
  - Clave pública: será conocida por todos los usuarios.

Esta pareja de claves es complementaria: lo que cifra una SÓLO lo puede descifrar la otra y viceversa. Estas claves se obtienen mediante métodos matemáticos complicados (funciones *hash*) de forma que por razones de tiempo de cómputo, es imposible conocer una clave a partir de la otra.

Una de las principales ventajas de la criptografía de clave pública es que ofrece un método para el desarrollo de firmas digitales:

Un certificado digital es un documento electrónico (archivo) que asocia una clave pública con la identidad de su propietario.

Una **firma electrónica** es una firma digital que se ha almacenado en un soporte de hardware. La firma electrónica reconocida tiene el **mismo**

valor legal que la firma manuscrita. Una de su aplicaciones más destacadas a nivel mundial es el DNI electrónico (DNIe) que es similar al tradicional y cuya principal novedad es que incorpora un pequeño circuito integrado (chip), capaz de guardar de forma segura información y de procesarla internamente.

El DNI electrónico es un documento más seguro que el tradicional, pues incorpora mayores y más sofisticadas medidas de seguridad que harán virtualmente imposible su falsificación, y permite al igual que el certificado digital de usuario, hacer trámites de la Administración, acercándonos a la Administración Pública electrónica u on-line.

Por último, y en contraposición, la firma digitalizada no tiene nada que ver con las anteriores. Se trata de una simple representación gráfica de la firma manuscrita obtenida a través de un escáner, que puede ser "pegada" en cualquier documento, hoy en día no tiene ninguna validez.

EJERCICIOS PROPUESTOS

- **1.** Completa tu **manual de buenas prácticas y recomendaciones** a modo de resumen en dos ámbitos, calculando siempre el coste de la solución óptima, y la periodicidad de cambio o uso de las mismas:
  - **A.** A nivel de usuario, qué medidas y recomendaciones de equipamiento y uso tomarías.
  - **B.** A nivel de pequeña y mediana empresa, PYME, qué medidas y recomendaciones darías a un cliente, propietario de una PYME.

  Complétalo con soluciones y recomendaciones tomadas con respecto al Capítulo 7 en base a:
  - Recomendaciones y precauciones con *login* y *password* en Internet, y en operaciones de comercio electrónico.
  - Uso de certificado digital y eDNI.
  - Hardware y software necesario.

TEST DE CONOCIMIENTOS

1 Indica qué sentencia es falsa, con respecto al DNIe:

a) Posee la misma utilidad en Internet que el DNI anterior.
b) Posee mucho más nivel de seguridad que el anterior.
c) Lo poseen actualmente muchas menos personas.
d) Exige un hardware bastante económico.

2 Con el certificado digital y el DNIe no puedo realizar trámites como:

a) Acceder a la declaración de la renta.
b) Realizar devoluciones on-line de un producto.
c) Averiguar mis datos de la Seguridad Social.
d) Pedir una cita para el médico.

3 La extensión habitual de los archivos certificados digitales con clave privada es:

a) .crt.
b) .exe.
c) .cdig.
d) .pfx.

4 ¿Cuál de estos tipos de mecanismos de identificación no poseen validez alguna todavía?

a) DNIe.
b) Firma digitalizada.
c) Firma digital.
d) Firma electrónica.
e) Certificado digital.

5 La codificación César, es un método:

a) Asimétrico.
b) Simétrico.
c) Hash.
d) De clave pública.

8 Normativa legal en materia de seguridad informática

Objetivos del capítulo

- ✓ Conocer la normativa española en materia de seguridad informática.
- ✓ Analizar la normativa y aplicaciones de la LOPD, en materia de seguridad de los datos de carácter personal.
- ✓ Analizar la normativa y aplicaciones de la LSSICE, en materia de comercio electrónico y actividades empresariales vía Internet.
- ✓ Valorar la importancia de la normativa como reguladora de derechos y obligaciones a ciudadanos y empresas.

El último punto que abarca la seguridad informática, cubre el resto de temas: seguridad física y lógica, almacenamiento de los datos, comunicaciones y criptografía, todos ellos, aspectos vistos hasta ahora, y es la normativa legal. En este tema veremos la normativa desde dos puntos de vista, la Ley Orgánica de Protección de Datos (LOPD), que pretende proteger el uso de datos de carácter personal por parte de empresas y profesionales, y la Ley de Servicios de la Sociedad de la Información y de Comercio Electrónico (LSSICE), que regula ciertos aspectos de las web que posean a través de ellas, actividades económicas, como publicidad, venta on-line, etc., así como las notificaciones comerciales electrónicas, como SMS o correos electrónicos publicitarios.

8.1 INTRODUCCIÓN A LA LEY ORGÁNICA DE PROTECCIÓN DE DATOS (LOPD)

La Protección de Datos de Carácter Personal es una materia que ha tomado importancia en los últimos años, fundamentalmente a raíz de la aprobación de la LO 15/1999 de Protección de Datos de Carácter Personal, convirtiéndose en una obligación a cumplir por las empresas si no quieren estar expuestas a duras sanciones por la Agencia Española de Protección de Datos.

Muchas veces las trampas surgen en el camino, por el propio devenir del la Ley Orgánica de Protección de Datos, en adelante LOPD, ha adquirido una gran importancia debido a que equipara y convierte el derecho a la protección de los datos personales en un derecho fundamental de las personas.

El derecho fundamental al que hacemos referencia tiene una estrecha relación con el derecho a la intimidad y al honor, encuadrándose todos ellos dentro del art. 18 de la Constitución. Este "nuevo" derecho fundamental adopta la denominación de libertad informativa o autodeterminación informática, protegiendo el "control que a cada una de las personas le corresponde sobre la información que les concierne personalmente, sea íntima o no, para preservar el libre desarrollo de la personalidad".

La **LOPD** establece una serie de obligaciones en aras a la protección de los datos personales contenidos en ficheros automatizados que poseen empresas y Administraciones Públicas, y que son tratadas por éstas con diferentes finalidades; gestión de personal, proveedores, clientes, campañas de marketing, etc.

Para profundizar en el porqué de la importancia de la normativa sobre Protección de Datos de Carácter Personal y conocer su objeto y finalidad principal, es preciso conocer la finalidad de la Ley y los antecedentes de la misma. Así, hemos de remontarnos hasta el año 1992, en el que se aprobó la denominada LORTAD, precedente de la actual LOPD.

A) Los antecedentes

La LORTAD o Ley Orgánica 5/1992, de 29 de octubre, de Regulación del Tratamiento Automatizado de Datos de Carácter Personal, desarrollaba en su Exposición de Motivos el art. 18 de la Constitución Española de 1978, asimilando, de este modo, el derecho a la protección de datos de carácter personal con el Derecho Fundamental al Honor, la Intimidad personal y familiar, y la propia imagen, estableciendo:

"...hasta el presente, las fronteras de la privacidad estaban defendidas por el tiempo y el espacio. El primero procuraba, con su transcurso, que se desvanecieran los recuerdos de las actividades ajenas, impidiendo, así, la configuración de una historia lineal e ininterrumpida de la persona; el segundo, con la distancia que imponía, hasta hace poco difícilmente superable, impedía que tuviésemos conocimiento de los hechos que, protagonizados por los demás, hubieran tenido lugar lejos de donde nos hallábamos. El tiempo y el espacio operaban, así, como salvaguarda de la privacidad de la persona."

Uno y otro límite han desaparecido hoy: las modernas técnicas de comunicación permiten salvar sin dificultades el espacio, y la informática posibilita almacenar todos los datos que se obtienen a través de las comunicaciones y acceder a ellos en apenas segundos, por distante que fuera el lugar donde transcurrieron los hechos, o remotos que fueran éstos.

Así el art. 1 de la LORTAD, pretendía limitar el uso de la informática y otros medios de tratamiento automatizados, en aras de la protección del derecho al honor, la intimidad y la propia imagen, siendo de aplicación la norma sobre los ficheros automatizados o bases de datos tratadas por medios informáticos, dejando fuera los ficheros en cualquier otro soporte o medio de tratamiento.

ACTIVIDADES

- Explica por qué crees que surge la normativa de protección de datos en España. ¿Crees que los datos personales son empleados en ocasiones con un fin deshonesto? ¿Crees que los medios de comunicación protegen la intimidad de las personas?

B) La Ley Orgánica de Protección de Datos (LOPD)

En 1999 se aprueba la actual Ley Orgánica 15/1999, de 13 de diciembre, de Protección de Datos de Carácter Personal (LOPD), norma que deroga a la LORTAD y que tiene como finalidad principal transponer a la normativa nacional la Directiva 95/46/CE del Parlamento Europeo y del Consejo, de 24 de octubre de 1995, relativa a la protección de las personas físicas en lo que respecta al tratamiento de datos personales y a la libre circulación de esos datos.

Como principal novedad, la LOPD introduce en su ámbito de aplicación los **ficheros no automatizados o ficheros en papel**, centrando toda su protección en el tratamiento de datos de carácter personal sea cual sea el soporte o medio de su tratamiento, con el fin de proteger los derechos fundamentales y libertades públicas de los ciudadanos.

C) Objeto de la ley: bien jurídico protegido

Se establece como objeto de la Ley "...garantizar y proteger, en lo que concierne al tratamiento de los datos personales, las libertades públicas y los derechos fundamentales de las personas físicas, y especialmente, de su honor e intimidad personal y familiar".

El Objeto de la Normativa, o lo que es lo mismo, el Bien Jurídico Protegido, es el denominado **Habeas Data**, o el "control que a cada uno de nosotros nos corresponde sobre la información que nos concierne personalmente, sea íntima o no, para preservar, en último extremo, el libre desarrollo de nuestra personalidad", también denominada "Autodeterminación Informativa" o "Libertad Informática".

8.1.1 ÁMBITO DE APLICACIÓN DE LA LOPD

¿Qué datos/ficheros se regulan por la LOPD y cuáles no?

Una de las principales dudas que se encuentran los empresarios y profesionales con respecto a la LOPD es la determinación de qué ficheros o datos de carácter personal tratados se encuentran amparados por la normativa.

A) Ámbito de aplicación material, ¿Qué datos se encuentran incluidos en la LOPD?

La LOPD establece su ámbito de aplicación en el artículo 2, al establecer que "la presente Ley Orgánica será de aplicación a los datos de carácter personal registrados en soporte físico, que los haga susceptibles de tratamiento, y a toda modalidad de uso posterior de estos datos por los sectores público y privado".

Así, para la determinación de qué concretos ficheros o datos de carácter personal entran dentro del ámbito de aplicación de la LOPD debemos tener en cuenta tres conceptos: "dato personal", "fichero" y "tratamiento".

- "Dato de carácter personal", entendido como cualquier información concerniente a personas físicas, identificadas o identificables; es decir, toda información numérica, gráfica, fotográfica, acústica o de cualquier otro tipo susceptible de recogida, tratamiento o transmisión concerniente a una persona física identificada o identificable.

  Así, de cara a la ley, dato de carácter personal es cualquier elemento que permite determinar, de manera directa o indirecta, la identidad física, fisiológica, psíquica, económica, cultural o social de una persona física.

- "Fichero", entendido como conjunto organizado de datos de carácter personal, cualquiera que sea la forma o modalidad de su creación, almacenamiento, organización y acceso. Es, por tanto, el soporte físico, sea automatizado o no, en el que se recoge y almacena, de manera organizada, el conjunto de datos que integra la información.

- Tratamiento", entendido como las operaciones y procedimientos técnicos de carácter automatizado o no, que permitan la recogida, grabación, conservación, elaboración, modificación, bloqueo y cancelación, así como las cesiones de datos que resulten de comunicaciones, consultas, interconexiones y transferencias.

  Si bien entendemos que los ficheros de datos de carácter personal que se mantengan en soporte informático o telemático no presentan grandes dudas para su determinación, puesto que para su creación se exige, con carácter previo, la grabación, depuración y estructuración de una forma determinada, no sucede lo mismo para los ficheros en soporte papel (o ficheros no automatizados).

Para poder determinar cuándo los datos registrados en soporte papel son susceptibles de tratamiento, y en consecuencia, se encuentren incluidos en el ámbito de aplicación de la LOPD, hay que atender a los siguientes requisitos:

- Que el tratamiento no automatizado se refiera a datos comprendidos en un fichero en soporte papel. Y, que dichos datos se encuentren organizados estructurados u ordenados por criterios específicos, no considerándose, en consecuencia fichero, la existencia de carpetas no estructuradas, aunque estás contengan datos de carácter personal (por ejemplo: en una consulta médica las carpetas o fichas de pacientes ordenadas alfabéticamente por el nombre de los mismos, se consideraría un fichero susceptible de tratamiento, siéndole por tanto de aplicación la LOPD).

De este modo, la Ley concibe los **ficheros protegidos** desde una perspectiva dinámica; es decir, no los entiende como un mero depósito de datos, sino, como una **globalidad de procesos o aplicaciones que se llevan a cabo con los datos almacenados** (por ejemplo: en la consulta médica en la que los datos de los pacientes están recogidos en fichas, las mismas no suponen un mero depósito de datos, sino que permiten al médico efectuar un análisis de las distintas visitas que ha efectuado el paciente, revisar la historia clínica del paciente, y ofrecer un tratamiento o diagnóstico que se adapte a las circunstancias concretas de cada paciente).

8.1.1.1 Ámbito de aplicación temporal

¿Qué plazo existe para la adaptación de los ficheros a la LOPD?

Todos los ficheros de datos de carácter personal, automatizados o no, creados después de la entrada en vigor de la Ley deberán adecuarse a la normativa. Según la Disposición Final Tercera, **la LOPD entró en vigor el 14 de enero de 2000**.

El principal problema reside en la adecuación de los ficheros de datos preexistentes a dicha fecha. La Ley vino a establecer un régimen transitorio para los mismos en su Disposición Adicional Primera:

- **Para ficheros automatizados preexistentes al 14 de enero de 2000**, se establece que "los ficheros y tratamientos automatizados inscritos o no en el Registro de Protección de Datos deben adecuarse a la LOPD dentro del plazo de tres (3) años a contar desde su entrada en vigor...". Este plazo adicional para la adecuación a la LOPD finalizó el pasado 14 de enero de 2003.

- En relación a los **ficheros no automatizados preexistentes a la entrada en vigor de la LOPD** "su adecuación a la LOPD deberá cumplimentarse en el plazo de doce (12) años a contar desde el 24 de octubre de 1995, sin perjuicio del ejercicio de los derechos de acceso, rectificación y cancelación por parte de los afectados". De este modo, los ficheros no automatizados preexistentes a la entrada en vigor de la LOPD no se encuentran incluidos en el ámbito de aplicación de la LOPD hasta el **24 de octubre de 2007, pero sí les son de aplicación las obligaciones descritas para el ejercicio de los derechos de los usuarios (derechos de acceso, rectificación, cancelación y oposición).**

Ficheros excluidos del ámbito de aplicación de la LOPD.

El régimen de protección de los datos de carácter personal establecido por la LOPD no será de aplicación:

- A los ficheros mantenidos por personas físicas en el ejercicio de actividades exclusivamente personales o domésticas.
- A los ficheros sometidos a la normativa sobre protección de materias clasificadas.
- A los ficheros establecidos para la investigación del terrorismo y de formas graves de delincuencia organizada. No obstante, en estos supuestos el responsable del fichero comunicará previamente la existencia del mismo, sus características generales y su finalidad a la Agencia Española de Protección de Datos.

ACTIVIDADES →

- Indica cuáles de los siguientes datos y archivos están sujetos a la LOPD:
  - Archivo con base de datos de música en mi casa.
  - Ficha de inscripción en papel con datos de un centro polideportivo.
  - Apuntes en papel sobre un cliente en un restaurante.
  - Facturas emitidas con datos de clientes de un taller mecánico.

8.1.2 AGENCIA ESPAÑOLA DE PROTECCIÓN DE DATOS (AGPD)

Una vez han sido localizados y determinados los ficheros de datos de carácter personal se procederá a la notificación de los mismos a la Agencia Española de Protección de Datos para su inscripción.

La Agencia Española de Protección de Datos, a través de la Resolución de 30 de septiembre de 2000, aprobó los formularios que deben ser utilizados para la notificación de ficheros.

Dichos formularios están disponibles en la página web de la Agencia Española de Protección de Datos (www.agpd.es, en el apartado "Canal del Responsable de ficheros – Inscripción de ficheros"), tanto para efectuar la notificación en soporte papel, como para efectuarla por Internet o soporte magnético.

ACTIVIDADES →

- Busca cómo se realiza la notificación de ficheros por Internet o por soporte magnético, y explica el proceso. ¿Cuál es el medio recomendado por la AGPD para la notificación de ficheros?

El procedimiento establecido para la modificación y supresión de ficheros inscritos en la Agencia Española de Protección de Datos, es el mismo que el indicado para la creación de ficheros.

No obstante, y como principal diferencia entre dichos procedimientos, encontramos la necesidad de contar con el código de inscripción otorgado por la Agencia Española de Protección de Datos en el momento de la inscripción del fichero, para poder efectuar cualquier modificación del fichero inscrito, o bien para la supresión del mismo.

La LOPD establece una serie de limitaciones al tratamiento de los datos; limitaciones fijadas para garantizar un uso adecuado, lícito, no excesivo y con las debidas medidas de seguridad que impidan la alteración, pérdida o tratamiento no autorizado de los datos.

En la mayoría de los supuestos, la **voluntad se manifiesta a través del consentimiento** y, en los casos en los que operan excepciones legales al consentimiento, el afectado manifiesta su voluntad a través de su derecho de oposición al tratamiento de los datos (como, por ejemplo, en el caso de datos procedentes de fuentes accesibles al público, donde no es necesario recabar el consentimiento previo del afectado para su tratamiento).

La recogida de los datos es una operación previa al tratamiento; por ello, la recogida de datos no suele plantear problemas en referencia al consentimiento del afectado puesto que si éste nos proporciona los datos, se entiende que existe un consentimiento implícito (un acto consciente de voluntad). Pero, lo que sí es importante en la recogida es proporcionar al afectado una serie de informaciones o elementos fijados por la ley en el derecho de información (art. 5 de la Ley), para que el afectado pueda suministrar o no sus datos con el pleno conocimiento del alcance del tratamiento que se va a realizar. La información que habrá de proporcionarse es:

- ✓ El titular del fichero.
- ✓ Las finalidades del tratamiento.
- ✓ El carácter obligatorio/facultativo de las respuestas.
- ✓ De los derechos que le asisten y su posibilidad de ejercicio.
- ✓ De la dirección y, en su caso, las condiciones para ejercitar tales derechos.

Además, hemos de tener en cuenta que se regulan por la Ley una serie de casos en los que será necesario además, a la hora de la recogida de los datos, recabar el **consentimiento expreso** del afectado; estos supuestos son:

- ✓ Para el tratamiento de datos de salud, origen racial y vida sexual, y
- ✓ Para el tratamiento de datos de ideología, afiliación sindical, religión y creencias, además el consentimiento expreso será por escrito.

El tratamiento en sí consiste en las operaciones de grabación de datos, conservación, elaboración, modificación, bloqueo y cancelación, así como las cesiones y acceso a los datos.

Así y para la mayoría de estas operaciones entra en juego como principio básico el consentimiento. El afectado siempre podrá ejercer los derechos que le concede la Ley (impugnación de valoraciones, acceso, rectificación, cancelación y oposición) y **podrá revocar el consentimiento dado** al tratamiento de sus datos o manifestar su oposición parcial a dicho tratamiento (como en el supuesto de que los datos sean necesarios para el mantenimiento de una relación contractual laboral o administrativa, el afectado puede oponerse a que dichos datos sean utilizados para fines comerciales o promocionales).

Además, la Ley establece una serie de principios específicos para el tratamiento de los datos por parte del responsable del fichero; principios y obligaciones impuestas para garantizar su correcto tratamiento, conservación, acceso y destrucción.

Un ejemplo de la información a proporcionar al interesado a través de una Cláusula LOPD para un **formulario de recogida de datos** podría ser la siguiente:

"De conformidad con la Ley Orgánica 15/1999 de Protección de Datos Personales y a través de la cumplimentación del presente formulario, Vd. presta su consentimiento para el tratamiento de sus datos personales facilitados, que serán incorporados al fichero "XXXXXXX", titularidad de la EMPRESA XXX, inscrito en el Registro General de la Agencia Española de Protección de Datos, cuya finalidad es la gestión fiscal, contable y administrativa de la relación contractual, así como el envío de información comercial sobre nuestros productos y servicios.

Igualmente le informamos que podrá ejercer los derechos de acceso, rectificación, cancelación y oposición establecidos en dicha Ley a través de carta certificada, adjuntando fotocopia de su DNI/Pasaporte, en la siguiente dirección: EMPRESA XXX. Departamento de Atención al Cliente LOPD. C/ XXXXXX nº X. 46000 Localidad.

*Los campos señalados con * son obligatorios."*

ACTIVIDADES →

- Analiza la siguiente noticia, e indica qué requisitos deben cumplir las grabaciones de seguridad. ¿Es necesario pedir el consentimiento de las personas filmadas?

Muchos bancos incumplen la LOPD en materia de videovigilancia

La gran mayoría de las entidades bancarias de este país incumple la LOPD.

Todos conocemos la existencia de cámaras de videovigilancia que graban la actividad en los cajeros automáticos y en la entrada a las sucursales bancarias. Todos sabemos que en muchas ocasiones han grabado a atracadores, delincuentes e incluso terroristas.

Sin embargo, en muchas entidades bancarias falta por sistema un cartel que indique que se está accediendo a una zona videovigilada.

La instrucción 1/2006 de la Agencia Española de Protección de Datos deja muy claro que las instalaciones videovigiladas deben exhibir la indicación pertinente justo en una zona anterior al comienzo de la zona videovigilada. Vemaos su artículo 3. Información.

Los responsables que cuenten con sistemas de videovigilancia deberán cumplir con el deber de información previsto en el artículo 5 de La Ley Orgánica 15/1999, de 13 de diciembre. A tal fin deberán:

a) Colocar, en las zonas videovigiladas, al menos un distintivo informativo ubicado en lugar suficientemente visible, tanto en espacios abiertos como cerrados y

b) Tener a disposición de los/las interesados/as impresos en los que se detalle la información prevista en el artículo 5.1 de la Ley Orgánica 15/1999.

El contenido y el diseño del distintivo informativo se ajustará a lo previsto en el Anexo de esta Instrucción.

En él se puede incorporar la información sobre dónde pueden ejercer sus derechos los titulares de los datos (o sea, nosotros).

Algunas entidades bancarias que comienzan a poner el distintivo en la puerta, pero entidades como Caja Madrid, Santander, BBVA, etc., hacen caso omiso de esta obligación legal.

No sólo no informan de que se entra a una zona videovigilada sino que además tampoco indican el destinatario de los datos (tu imagen) ni donde poder ejercer tus derechos, tal como indica el Art. 5.1 de la LOPD.

Además del cartel, se deben cumplir el conjunto de preceptos de la LOPD, es decir:

- Cartel informativo en el acceso a la zona videovigilada.
- Documento informativo a disposición de los clientes.
- Si la cámara graba, inscripción del fichero en la AGPD.
- Documento de seguridad del fichero electrónico.
- Facilitar el ejercicio de los derechos de acceso, cancelación, rectificación y oposición a las personas.

Del mismo modo, las imágenes que captan las cámaras de video-vigilancia se consideran "datos de carácter personal" y deben destruirse en el plazo de un mes después de haber sido captadas.

Por lo tanto se puede afirmar con rotundidad que la mayoría de bancos y cajas de este país incumplen la LOPD en materia de videovigilancia.

8.1.3 NIVELES DE SEGURIDAD

La LOPD y el Reglamento de Medidas de Seguridad (RD 994/1999), establecen la obligación de establecer una serie de medidas de carácter técnico y organizativo que garanticen la seguridad de los datos de carácter personal, medidas que habrán de adoptarse/implementarse por la empresa o profesional que almacene estos datos. Entre estas medidas se incluye la elaboración de un **Documento de Seguridad** en el que se detallarán los datos almacenados, las medidas de seguridad adoptadas, así como las personas que tienen acceso a esos datos.

La ley identifica tres niveles de medidas de seguridad, BÁSICO, MEDIO y ALTO, los cuales deberán ser adoptados en función de los distintos tipos de datos personales (datos de salud, ideología, religión, creencias, infracciones administrativas, de morosidad, etc.). El Reglamento ha establecido los niveles de seguridad de forma acumulativa; es decir, que al nivel de seguridad Medio se aplicarán las medidas de seguridad del nivel Básico.

Tabla 8.1

TIPO DE DATOS	MEDIDAS DE SEGURIDAD OBLIGATORIAS
NIVEL BÁSICO	
✓ Nombre ✓ Apellidos ✓ Direcciones de contacto (tanto físicas como electrónicas) ✓ Teléfono (tanto fijo como móvil) ✓ Otros	✓ Documento de Seguridad ✓ Régimen de funciones y obligaciones del personal ✓ Registro de incidencias ✓ Identificación y autenticación de usuarios ✓ Control de acceso ✓ Gestión de soportes ✓ Copias de respaldo y recuperación
NIVEL MEDIO	
✓ Comisión infracciones penales ✓ Comisión infracciones administrativas ✓ Información de Hacienda Pública ✓ Información de servicios financieros	✓ Medidas de seguridad de nivel básico ✓ Responsable de Seguridad ✓ Auditoria bianual ✓ Medidas adicionales de Identificación y autenticación de usuarios ✓ Control de acceso físico

NIVEL ALTO	
✓ Ideología ✓ Religión ✓ Creencias ✓ Origen racial ✓ Salud ✓ Vida	✓ Medidas de seguridad de nivel básico y medio ✓ Seguridad en la distribución de soportes ✓ Registro de accesos ✓ Medidas adicionales de copias de respaldo

8.1.4 ÓRGANOS DE CONTROL Y POSIBLES SANCIONES

El órgano de control del cumplimiento de la normativa de protección de datos dentro del territorio español, con carácter general, es la Agencia Española de Protección de Datos (AEPD), existiendo otras Agencias de Protección de Datos de carácter autonómico, en las Comunidades Autónomas de Madrid, Cataluña y en el País Vasco.

Las sanciones tienen una elevada cuantía, siendo España el país de la Unión Europea que tiene las sanciones más altas en materia de protección de datos. Dichas sanciones dependen de la infracción cometida.

Se dividen en:

- ✓ Las **sanciones leves** van desde **601,01** a **60.101,21 €**
- ✓ Las **sanciones graves** van desde **60.101,21** a **300.506,05 €**
- ✓ Las **sanciones muy graves** van desde **300.506,05** a **601.012,10 €**

Pese al elevado importe de las sanciones, existen muchas empresas en España que todavía no se han adecuado a la misma, o lo han hecho de forma parcial o no revisan de forma periódica su adecuación; por lo que resulta esencial el mantenimiento y revisión de la adecuación realizada.

En el sector público, la citada Ley regula igualmente el uso y manejo de la información y los ficheros con datos de carácter personal utilizados por todas las Administraciones Públicas.

Procedimientos de inspección y de tutela de Derechos resueltos en 2008

El número de hechos denunciados ante la AEPD (junto con las investigaciones iniciadas de oficio) se incrementó en más del 45%, alcanzando la cifra de 2.362.

La AEPD resolvió en 2008 un total de 630 procedimientos sancionadores, casi un 58% más que en 2007, de los cuales 535 culminaron con la imposición de sanción.

Las multas impuestas ascendieron hasta los 22,6 millones de euros, lo que supone un incremento de un 15% respecto al año anterior.

Por lo que se refiere a los procedimientos resueltos de declaraciones de infracción cometidas por las **Administraciones Públicas**, hay que resaltar la subida de casi un 20% respecto al año anterior, pasando de 66 a 79.

De todos estos procedimientos resueltos en 2008, un total de 59 acabaron con una declaración de infracción.

ACTIVIDADES →

» Lee las siguientes noticias referentes a sanciones impuestas por incumplimiento de la LOPD. Explica exactamente qué ha ocurrido, qué tipo de incumplimiento se ha realizado, sobre qué datos, su nivel de seguridad y la sanción propuesta (nivel y cuantía).

Multan con 60.000 euros a Caja Vital por consultar nóminas sin permiso

La Agencia de Protección de Datos ha impuesto a Caja Vital una multa por valor de 60.000 euros por utilizar información de la nómina de un cliente sin que éste lo hubiera autorizado previamente. La sanción, que fue recurrida por la entidad de ahorro ante la sala de lo Contencioso de la Audiencia Nacional, ha sido ratificada por este tribunal.

Los hechos ocurrieron en 2005, cuando una persona con cartilla de ahorros en esa entidad solicitó una bonificación para las cuotas en un centro deportivo vitoriano. Una empleada de la Vital le informó que para concederle ese descuento debería tener una mayor vinculación con la Caja y le preguntó por su sueldo.

Ante esa demanda, el cliente, y posterior denunciante, le respondió que como autónomo no disponía de retribución. Pero la mujer realizó una consulta en su ordenador y le desmintió aclarando que era trabajador del Gobierno Vasco y que su nómina estaba domiciliada en Caja de Burgos. El hombre protestó porque en ningún momento había dado su autorización para que la corporación crediticia dispusiera de sus datos laborales.

Blanqueo de capitales

Tras una denuncia ante la Agencia de Protección de Datos, este organismo efectuó una inspección en la que comprobó que, en determinadas circunstancias, empleados de Vital accedían a datos laborales de personas que no cobran su nómina a través de Vital. Así, decidió abrir un expediente sancionador e imponer una multa de carácter "grave", cifrada en 60.000 euros, que todavía está pendiente de abonar.

La Caja recurrió la resolución ante la Audiencia Nacional, que la acabó desestimando, a pesar de que entre otros argumentos, Vital justificó esas operaciones por las normas de prevención del blanqueo de capitales.

Un portavoz autorizado de la entidad que preside Gregorio Rojo aseguró que los hechos habían ocurrido en un momento de transición y que ya se había corregido la capacidad de acceso a esas nóminas.

Multan a una empresa con 6.000 euros por criticar a un ex empleado en un foro

Una empresa ha sido multada con 6.000 euros por criticar a un antiguo empleado en un foro en Internet. El empresario comentó cosas como que estuvo de baja por estrés laboral, que llevaba tres años aprendiendo informática en la empresa y que era un incompetente que no pegaba un palo al agua.

El empleado denunció a la empresa ECOSMPE porque en el foro aparecían sus datos personales, nombre y apellidos, seguidos de críticas a su labor y de información personal del denunciante.

La empresa contaba en el foro que estuvo de baja por estrés laboral, que sufría de depresión, que estaba casado, que se hallaba esperando un hijo, y que fue despedido a los cuatro meses de la baja, por incompetente y por mala fe, según refleja la resolución R/01610/2009 instruida por la Agencia Española de Protección de Datos.

El denunciante había sido empleado de la empresa y ésta obtuvo sus datos para cumplir la legalidad vigente en materia laboral. Sin embargo, esto no le da permiso para utilizar los mismos más allá de temas de trabajo.

La Agencia Española de Protección de Datos ha resuelto una multa de 6.000 euros para la empresa por violación de datos personales.

ACTIVIDADES →

Extrae tres noticias de http://todonoticiaslopd.com/ y explica exactamente qué ha ocurrido, qué tipo de incumplimiento se ha realizado y la sanción propuesta (nivel y cuantía). ¿Qué datos y qué nivel de protección poseen los datos de carácter personal mal empleados?

ACTIVIDADES →

En su artículo 19, la LOPD indica con respecto al control de acceso físico (art.19): exclusivamente el personal autorizado en el Documento de Seguridad podrá tener acceso a los locales en donde se encuentren ubicados los sistemas de información con datos de carácter personal.

- ¿Qué tipos de medidas deberíamos de tomar para cumplir con la normativa? Realiza algunas recomendaciones técnicas.

8.2 INTRODUCCIÓN A LSSI, LEY DE SERVICIOS DE LA SOCIEDAD DE LA INFORMACIÓN

Durante la tramitación de la **LSSI, ley 34/2002 de 11 de julio, de Servicios de la Sociedad de la Información y de Comercio Electrónico (LSSICE)** surgió una importante polémica sobre cómo esta normativa vulneraba el derecho a la intimidad y la privacidad del *webmaster* o propietario de una página o espacio web que, bien fuera por negocio, bien por poner un simple *banner* para poder pagarse el alojamiento en el servidor y mantener así su *hobby*, resultaba obligado a poner a disposición de "cualquier" usuario de la página **datos personales** de tal importancia como su nombre y apellidos, su nif y su propio domicilio.

Pese a la polémica mencionada y posterior aprobación de la Ley las aguas volvieron a su cauce. Algunos cumplen con esta normativa desde la entrada en vigor de la Ley. Otros, comprensiblemente, aún son reacios a incluir sus datos personales en sus páginas alegando que tampoco a nadie le ha pasado nada por no ponerlos cuando, en la práctica, esto no es así...

No son pocos los *webmasters* a los que les ha tocado ser cabeza de turco y recibir una amenazante denuncia requiriéndole **entre 30.000 y 50.000 €** (entre 5.000.000 y 8.300.000 de las antiguas pesetas) porque, por ejemplo, muestra en su página un *banner* de Adense que apenas le da 15 € al año.

Este apartado no está dedicado a los profesionales en Derecho, sino al **webmaster** o simple usuario de Internet a fin de guiarle en el cumplimiento de esta Ley y de las posibles consecuencias que su incumplimiento le puede acarrear centrándonos exclusivamente en la obligación de incluir los **datos identificativos del titular de la página** de acuerdo con el artículo **10.1 de la LSSI.**

La Ley de servicios de la sociedad de la información y del comercio electrónico tiene como objeto la regulación del régimen jurídico de los **servicios de la sociedad de la información y de la contratación por vía electrónica**.

La Ley entiende por "servicio de la sociedad de la información", toda actividad que cumple con los siguientes requisitos:

- ✓ Recibe una contraprestación económica.
- ✓ La actividad se realiza a distancia (no presencial).
- ✓ Por medios electrónicos o telemáticos.
- ✓ A petición individual del destinatario del servicio.

Para el caso que nos interesa, y tal como se ha demostrado en la aplicación práctica de la LSSI por parte de la Administración, siempre que se pueda **percibir un ingreso económico** (independientemente de la cuantía) **a través de una página web, esta actividad entra en el ámbito de aplicación de esta Ley**.

8.2.1 ÁMBITO DE APLICACIÓN DE LA LSSI

El artículo 2 de la ley 34/2002 de 11 de julio, de Servicios de la Sociedad de la Información y de Comercio Electrónico establece el ámbito de aplicación subjetivo de la ley:

Artículo 2. Prestadores de servicios establecidos en España.

1. Esta Ley será de aplicación a los prestadores de servicios de la sociedad de la información **establecidos en España** y a los servicios prestados por ellos. Se entenderá que un prestador de servicios está establecido en España **cuando su residencia o domicilio social se encuentren en territorio español, siempre que éstos coincidan con el lugar en que esté efectivamente centralizada la gestión administrativa y la dirección de sus negocios**. En otro caso, se atenderá al lugar en que se realice dicha gestión o dirección.

2. Asimismo, esta Ley será de aplicación a los servicios de la sociedad de la información que los prestadores residentes o domiciliados en otro Estado ofrezcan **a través de un establecimiento permanente situado en España**. Se considerará que un prestador opera mediante un establecimiento permanente situado en territorio español cuando disponga en el mismo, de forma continuada o habitual, de instalaciones o lugares de trabajo, en los que realice toda o parte de su actividad.

Se aplica pues el criterio de la **residencia**, lo cual nos lleva a la **injusta situación** de que se establecen exigencias de control a las personas o empresas residentes, o con domicilio social en territorio español, mientras cualquier extranjero puede, con total impunidad, ofrecer sus servicios a residentes españoles **obviando dicha normativa**.

8.2.2 ARTÍCULO 10.1 DE LA LSSI

Según el artículo 10.1 de la LSSI, el prestador de servicios de la sociedad de la información estará obligado a disponer de los medios que permitan, tanto a los destinatarios del servicio como a los órganos competentes, acceder por medios electrónicos, de forma permanente, fácil, directa y gratuita, a la siguiente información:

1. ***Su nombre o denominación social; su residencia o domicilio*** *o, en su defecto, la dirección de uno de sus establecimientos permanentes en España; su dirección de correo electrónico y cualquier otro dato que permita establecer con él una comunicación directa y efectiva.*

2. ***Los datos de su inscripción en el Registro Mercantil*** *en el que, en su caso, se encuentren inscritos o de aquel otro registro público en el que lo estuvieran para la adquisición de personalidad jurídica o a los solos efectos de publicidad.*

3. **El número de identificación fiscal** que le corresponda.

4. **Precios del servicio.**

ACTIVIDADES

LSSI - CÓMO CUMPLIRLA

Veamos un ejemplo de cómo cumplir con el artículo 10.1 de la LSSI:

1. Para el caso de un autónomo: se deberá incluir un link a pie de página, de todas las páginas de la web, con el título "Información Legal", "Datos LSSI", o similar, en la forma que se muestra en este ejemplo:

   Nombre y Apellidos:
   Domicilio:Calle(C.P.) Localidad
   DNI/CIF:
   Email:
   Telf:

   Existen discrepancias sobre la obligación de incluir el teléfono, dado que, donde la ley no dice nada ni existe Directiva Comunitaria que se pronuncie en tal sentido, la Administración interpreta que por *"cualquier otro dato que permita establecer con él una comunicación directa y efectiva"* se entiende el teléfono.

2. Para el caso en que se trate de una empresa, se deberá incluir un **aviso legal – LSSI** con las **Condiciones Generales de Acceso y utilización del sitio web.**

» Busca al menos 2 web españolas, que no cumplan con la LSSI, explica por qué lo has deducido, y otras 2 que sí, indicando cómo has encontrado su aviso legal y qué indica éste con respecto a la LSSI.

8.2.3 INFRACCIONES Y SANCIONES

Según el artículo 38.2: Son **infracciones graves**:

b) El incumplimiento **significativo** de lo establecido en los párrafos a) y f) del artículo 10.1." (...)

4. Son **infracciones leves**:

   b) No informar en la forma prescrita por el artículo 10.1 sobre los aspectos señalados en los párrafos b), c), d), e) y g) del mismo, o en los párrafos a) y f) cuando no constituya infracción grave. (...)

   Por lo tanto, la gravedad del incumplimiento y del carácter "significativo" de la infracción se deja a criterio interpretativo de la Administración.

   De acuerdo con el artículo 39 de la LSSICE:

1. Por la comisión de las infracciones recogidas en el artículo anterior, se impondrán las siguientes **sanciones**:

   a) Por la comisión de infracciones muy graves, **multa de 150.001 hasta 600.000 euros**.

   La reiteración en el plazo de tres años de dos o más infracciones muy graves, sancionadas con carácter firme, podrá dar lugar, en función de sus circunstancias, a la sanción de prohibición de actuación en España, durante un plazo máximo de dos años.

   b) Por la comisión de infracciones graves, **multa de 30.001 hasta 150.000 euros**.

   c) Por la comisión de infracciones leves, **multa de hasta 30.000 euros**.

Queda pues patente la importancia por parte de todo *webmaster* de tratar de cumplir al máximo las exigencias de esta ley atendiendo a las cuantías que se barajan, además se deberá tener en cuenta que la LSSI es sólo una de las leyes por las que se puede ser sancionado; es de aplicación también, entre otras, la **LOPD (Ley Orgánica de Protección de Datos)** y la **LOCU (Ley Orgánica de Protección de Consumidores y Usuarios)**.

ACTIVIDADES

- Busca alguna noticia de infracción por incumplimiento de la LSSI, por no cumplir el artículo 10.1 de información legal en una web, qué sanción se le impuso, cuáles fueron los motivos.

8.2.4 COMUNICACIONES COMERCIALES

Entre otros aspectos, la LSSICE regula, en sus artículos 19 a 22, el envío de comunicaciones comerciales por vía electrónica. Es por ello que en este apartado nos centraremos en los supuestos de aplicación de la LSSICE más comunes: el envío de correos electrónicos, SMS y MMS, los mensajes en contestadores, los sistemas de mensajería vocal incluidos en los servicios móviles, las comunicaciones enviadas por Internet a una dirección IP y los boletines enviados por correo electrónico.

En todos estos supuestos, la LSSICE pretende impedir la proliferación del fenómeno conocido como *"spam"*, definido por la propia AEPD, como cualquier mensaje no solicitado y que, normalmente, tiene el fin de ofertar, comercializar o tratar de despertar el interés respecto de un producto, servicio o empresa determinada.

Requisitos para el envío de comunicaciones comerciales electrónicas. Consentimiento expreso.

El artículo 21.1 prohíbe de forma expresa el envío de comunicaciones comerciales electrónicas (por correo electrónico u otro medio equivalente), que no hubieran sido previamente solicitadas o autorizadas expresamente por su destinatario (persona física o jurídica). La LSSICE define comunicación comercial como *"toda forma de comunicación dirigida a la promoción, directa o indirecta, de la imagen o de los bienes o servicios de una empresa, organización o persona que realice una actividad comercial, industrial, artesanal o profesional"*.

¿Qué es una comunicación comercial?

La definición de comunicación comercial transcrita en el párrafo anterior e incluida en la letra f del anexo de definiciones de la LSSICE, se completa con un segundo punto donde se establece: *"A efectos de esta Ley, no tendrán la consideración de comunicación comercial los datos que permitan acceder directamente a la actividad de una persona, empresa u organización, tales como el nombre de dominio o la dirección de correo electrónico, ni las comunicaciones relativas a los bienes, los servicios o la imagen que se ofrezca cuando sean elaboradas por un tercero y sin contraprestación económica."*

En primer lugar, no tendrán la consideración de comunicaciones comerciales, aquellos datos que permiten acceder a la actividad de una empresa (nombre de dominio o direcciones de correo electrónico).

En segundo lugar, tampoco tendrán la consideración de comunicaciones comerciales, los mensajes de bienes o servicios elaborados por un tercero (distinto al que envía el mensaje) y con carácter gratuito.

Una vez obtenido el consentimiento previo y expreso para el envío de la comunicación comercial, el mensaje enviado deberá cumplir con los siguientes requisitos informativos:

Identificar de forma clara el nombre de la persona física o jurídica en nombre de la que se envía el mensaje publicitario. La ley dice expresamente "en nombre de la cual", lo que implica que si una determinada campaña a través del envío de comunicaciones comerciales electrónicas, es gestionada por un tercero por cuenta del beneficiario de la publicidad, en cada envío publicitario deberá informarse, al menos de los datos de dicho beneficiario.

Incluir en el comienzo del mensaje la palabra "Publicidad" (en los correos electrónicos) o "Publi" (especialmente en los SMS). Además de esta obligación genérica para las comunicaciones comerciales en general, en los casos que dicha comunicación contenga una oferta promocional, en el mensaje dicha oferta deberá ser identificable como tal. Las ofertas promocionales más comunes son las rebajas, las ventas de promoción o en oferta, las ventas de saldos y en liquidación, las ventas con obsequio, las ofertas de venta directa. En cualquier caso la LSSICE hace referencia expresa a los concursos y juegos promocionales que también deberían ser identificados como tales en los mensajes que los anuncien, además de cumplir con los trámites de autorización que en su caso correspondan.

Facilitar al receptor del mensaje la posibilidad de revocar el consentimiento de una forma sencilla y gratuita.

Excepciones a la regla general. La LSSICE prevé en su apartado segundo, que no será necesario el consentimiento previo del receptor del mensaje cuando los datos hubieran sido obtenidos de forma lícita en el marco de una relación contractual previa. En este caso pues, será posible el envío de comunicaciones comerciales electrónicas, sin el consentimiento previo de su receptor, siempre que se cumpla el requisito anterior y que las comunicaciones versen sobre productos o servicios similares a los inicialmente adquiridos o contratados y que sean de la propia empresa, organización o profesional. Este caso pues, viene a cubrir los supuestos en que un titular de un fichero dispone de datos de los clientes que le han adquirido algún producto o contratado alguno de sus servicios con anterioridad y quiere hacer uso de los mismos para informarle de productos o servicios similares y propios de quien hace el envío publicitario.

Infracciones y sanciones. La LSSICE establece en su artículo 38 el importante apartado de infracciones y establece como una infracción leve el envío de comunicaciones comerciales sin el cumplimiento de alguno de los requisitos recientemente analizados (sanción hasta 30.000 €). Recordamos en este punto que el incumplimiento de los citados requisitos puede llevar añadido una violación de la normativa de protección de datos, en cuyo caso sería aplicable también el régimen sancionador de dicha normativa.

En el caso de que se envíen tres o más comunicaciones comerciales a un mismo destinatario en el plazo de un año, sin cumplir con los requisitos establecidos, la infracción pasaría a ser considerada como grave (multa de 30.001 a 150.000 €).

ACTIVIDADES

- Busca alguna noticia de infracción por incumplimiento de la LSSI, por comunicación comercial, qué sanción se le impuso y cuáles fueron los motivos.
  - **a.** ¿Qué tipo de infracción se cometió?
  - **b.** ¿Ante qué organismo se interpuso la demanda?
  - **c.** ¿Crees que la sanción es proporcionada? Explica tus motivos.

ACTIVIDADES

- Analiza las preguntas frecuentes o FAQS de la web del Ministerio de Industria, Turismo y Comercio, en relación a la LSSI:

  http://www.mityc.es/dgdsi/lssi/faqs
- ¿Qué acción se puede realizar si nos envían *spam*? ¿A qué organismo se puede reclamar?
- Revisa en su web el aviso legal, ¿cumple la Administración con la LSSI? ¿Está obligado a ello?

8.3 REFERENCIAS WEB

- Sitio web de la agencia española de protección de datos:

  https://www.agpd.es/

- Web con noticias sobre la LOPD y LSSICE:

  http://www.leydeprotecciondedatos.com/

- Noticias sobre denuncias de LOPD:

  http://todonoticiaslopd.com/

- Guía práctica de Microsoft para adaptación a la LOPD:

  http://www.microsoft.com/business/smb/es-es/guias/lopd/home.mspx

- INTECO – sobre la LSSICE:

  http://cert.inteco.es/Formacion/Legislacion/Ley_de_Servicios_de_la_Sociedad_de_la_Informacion/

- Página web del Ministerio de Industria, Turismo y Consumo sobre la LSSICE:

  http://www.mityc.es/dgdsi/lssi/Paginas/Index.aspx

RESUMEN DEL CAPÍTULO

En este capítulo hemos analizado la normativa con respecto a dos puntos de vista:

- La Ley Orgánica de Protección de Datos (**LOPD**), que pretende proteger el uso de datos de carácter personal por parte de empresas y profesionales
- La Ley de Servicios de la Sociedad de la Información y de Comercio Electrónico (**LSSICE**), que regula ciertos aspectos de las web que posean a través de ellas actividades económicas, como publicidad, venta on-line, etc., así como las notificaciones comerciales electrónicas, como SMS o correos electrónicos publicitarios.

Estas leyes de reciente creación, a finales de los 90 (LOPD) y principios del presente siglo (LSSICE), suponen un inicio en la regulación normativa de la informática y sus aspectos de seguridad, garantizando los derechos de las personas y ciudadanos, evitando abusos sobre la privacidad de los datos personales, y ofreciendo un nuevo marco que dé transparencia a las operaciones comerciales a través de las redes de telecomunicaciones, y especialmente a través de Internet.

EJERCICIOS PROPUESTOS

■ **1.** Completa tu **manual de buenas prácticas y recomendaciones** a modo de resumen en dos ámbitos, calculando siempre el coste de la solución óptima, y la periodicidad de cambio o uso de las mismas:

A. A nivel de usuario, qué medidas y recomendaciones de equipamiento y uso tomarías.

B. A nivel de pequeña y mediana empresa, PYME, qué medidas y recomendaciones darías a un cliente, propietario de una PYME.

Complétalo con soluciones y recomendaciones tomadas con respecto al Capítulo 8 en base a:

- Recomendaciones y precauciones en base a los datos de carácter personal LOPD, y el regsitro de ficheros en la AEPD.
- Recomendaciones y precauciones en base a web y comunicaciones electrónicas con respecto a LSSIC.

TEST DE CONOCIMIENTOS

1 En qué año aparece la LOPD:

- **a)** 1990.
- **b)** 1995.
- **c)** 1999.
- **d)** 2004.

2 La LOPD afecta a ficheros:

- **a)** Sólo en soporte electrónico.
- **b)** Sólo en soporte electrónico pero estructurados.
- **c)** Tanto en soporte papel como electrónico.
- **d)** Sólo en soporte papel.

3 El organismo que regula y supervisa la protección de datos personales en los ficheros de empresa es:

- **a)** Agencia Estatal de la Energía (AEE).
- **b)** Asociación Española de Profesionales del Diseño(AEPD).
- **c)** Agencia Española de Protección Personal (AEPP).
- **d)** Agencia de Protección de Datos Españoles (APDE).
- **e)** Agencia Española de Protección de Datos (AGPD).

4 ¿En qué año aparece la LSSICE?

- **a)** 1990.
- **b)** 2002.
- **c)** 1999.
- **d)** 2004.

5 La LSSICE no regula aspectos como:

- **a)** El precio de los SMS.
- **b)** La información legal sobre los *webmaster*.
- **c)** La publicidad a través del correo electrónico.
- **d)** El comercio electrónico.

9 Auditorías de seguridad

Objetivos del capítulo

- ✓ Revisar los aspectos vistos en materia de seguridad informática, a todos los niveles.
- ✓ Aprender los distintos tipos de auditorías existentes.
- ✓ Valorar la importancia de realizar auditorías de seguridad periódicas y de forma metódica, bajo un procedimiento bien estructurado.

9.1 AUDITORÍA DE SEGURIDAD DE SISTEMAS DE INFORMACIÓN

Una auditoría de seguridad informática o auditoría de seguridad de sistemas de información (SI) es el estudio que comprende el **análisis y gestión de sistemas para identificar y posteriormente corregir las diversas vulnerabilidades** que pudieran presentarse en una revisión exhaustiva de las estaciones de trabajo, redes de comunicaciones o servidores.

Una vez obtenidos **los resultados, se detallan, archivan y reportan a los responsables quienes deberán establecer medidas preventivas de refuerzo**, siguiendo siempre un proceso secuencial que permita a los administradores mejorar la seguridad de sus sistemas aprendiendo de los errores cometidos con anterioridad.

Las auditorías de seguridad de SI permiten conocer en el momento de su realización cuál es la situación exacta de sus activos de información en cuanto a protección, control y medidas de seguridad.

Fases de una auditoría

Los servicios de auditoría constan de las siguientes fases:

- ✓ Enumeración de redes, topologías y protocolos.
- ✓ Identificación de los sistemas operativos instalados.
- ✓ Análisis de servicios y aplicaciones.
- ✓ Detección, comprobación y evaluación de vulnerabilidades.
- ✓ Medidas específicas de corrección.
- ✓ Recomendaciones sobre implantación de medidas preventivas.

Tipos de auditoría

Los servicios de auditoría pueden ser de distinta índole:

- **Auditoría de seguridad interna.** En este tipo de auditoría se contrasta el nivel de seguridad y privacidad de las redes locales y corporativas de carácter interno.

- **Auditoría de seguridad perimetral.** En este tipo de análisis, el perímetro de la red local o corporativa es estudiado y se analiza el grado de seguridad que ofrece en las entradas exteriores.

- **Test de intrusión.** El test de intrusión es un método de auditoría mediante el cual se intenta acceder a los sistemas, para comprobar el nivel de resistencia a la intrusión no deseada. Es un complemento fundamental para la auditoría perimetral.
- **Análisis forense.** El análisis forense es una metodología de estudio ideal para el análisis posterior de incidentes, mediante el cual se trata de reconstruir cómo se ha penetrado en el sistema, a la par que se valoran los daños ocasionados. Si los daños han provocado la inoperabilidad del sistema, el análisis se denomina análisis *postmortem*.
- **Auditoría de páginas web.** Entendida como el análisis externo de la web, comprobando vulnerabilidades como la inyección de código SQL, Verificación de existencia y anulación de posibilidades de Cross Site Scripting (XSS), etc.
- **Auditoría de código de aplicaciones.** Análisis del código tanto de aplicaciones de páginas web como de cualquier tipo de aplicación, independientemente del lenguaje empleado.

Realizar auditorías con **cierta frecuencia** asegura la integridad de los controles de seguridad aplicados a los sistemas de información. Acciones como el constante cambio en las configuraciones, la instalación de parches, actualización del software y la adquisición de nuevo hardware hacen necesario que los sistemas estén continuamente verificados mediante auditoría.

9.2 METODOLOGÍA DE AUDITORÍA DE SEGURIDAD

Una auditoría se realiza con base a un patrón o conjunto de directrices o **buenas practicas sugeridas**. Existen estándares orientados a servir como base para auditorías de informática.

Uno de ellos es **COBIT** (Objetivos de Control de las Tecnologías de la Información), dentro de los objetivos definidos como parámetro, se encuentra el de "garantizar la seguridad de los sistemas".

Adicional a este estándar podemos encontrar el estándar **ISO 27002**, el cual se conforma como un código internacional de buenas prácticas de seguridad de la información, este puede constituirse como una directriz de auditoría apoyándose de otros estándares de seguridad de la información que definen los requisitos de auditoría y sistemas de gestión de seguridad, como lo es el estándar **ISO 27001**.

Con una auditoría de seguridad se da una visión exacta del nivel de exposición de sus sistemas de información a nivel de seguridad.

En la auditoría se verifica la seguridad en la autenticidad, confidencialidad, integridad, disponibilidad y auditabilidad de la información tratada por los sistemas.

Los **objetivos** de una auditoría de seguridad de los sistemas de información son:

- ✓ Revisar la seguridad de los entornos y sistemas.
- ✓ Verificar el cumplimiento de la normativa y legislación vigentes
- ✓ Elaborar un informe independiente.

La metodología para una auditoría de sistemas de información establece su **ejecución por fases**:

1. **Definir el alcance de la auditoría**: análisis inicial y plan de auditoría.

2. **Recopilación de información, identificación y realización** de pruebas de auditoría, incluyendo, si se acuerda, acciones de *hacking* ético o análisis de vulnerabilidad de aplicaciones.

3. **Análisis de las evidencias**, documentación de los resultados obtenidos y conclusiones.

4. **Informe de auditoría** en el que se recogen las acciones realizadas a lo largo de la auditoría y las deficiencias detectadas. El informe contiene un resumen ejecutivo en el que se resaltan los apartados más importantes de la auditoría.

5. **Plan de mejora** con el análisis y las recomendaciones propuestas para subsanar las incidencias de seguridad encontradas y mantener en el futuro una situación estable y segura de los sistemas de información.

9.3 REFERENCIAS WEB

- Empresa de servicios de auditoría informática:
  http://auditoriasistemas.com/
- Portal de ISO 27001 en español:
  http://www.iso27000.es/
- Blog sobre auditoría y seguridad informática ISO 27001:
  http://sgsi-iso27001.blogspot.com/

RESUMEN DEL CAPÍTULO

En este capítulo hemos analizado y recopilado todos los fundamentos de la seguridad informática desde el concepto de **auditoría informática, que realiza un**:

Análisis y gestión de sistemas para identificar y posteriormente corregir las diversas vulnerabilidades, reportándose y estableciendo medidas preventivas de refuerzo.

La metodología para una auditoría de sistemas de información, como por ejemplo la que plantea el estándar ISO 27001 de seguridad en sistemas de información, establece su ejecución por fases:

1. **Definir el alcance de la auditoría**: análisis inicial y plan de auditoría
2. **Recopilación de información, identificación y realización de** pruebas de auditoría.
3. Análisis de las evidencias, documentación de los resultados obtenidos.

4. Informe de auditoría con las acciones realizadas en la auditoría y las deficiencias detectadas.
5. Plan de mejora con el análisis y las recomendaciones propuestas para subsanar las incidencias de seguridad encontradas.

La auditoría de sistemas de información analiza la seguridad desde todas las perspectivas analizadas en el presente libro:

- Seguridad física y ambiental. Capítulo 2.
- Seguridad lógica. Gestión de usuarios, privilegios, contraseñas, y actualizaciones. Capítulo 3.
- Software de seguridad, principalmente *antimalware*. Capítulo 4.
- Gestión de almacenamiento de la información, copias de seguridad y restauraciones. Capítulo 5.
- Seguridad en redes y comunicaciones. Capítulo 6.
- Encriptación de la información. Capítulo 7.
- Normativa legal en materia de seguridad. LOPD y LSSICE. Capítulo 8.

EJERCICIOS PROPUESTOS

PROYECTO FINAL

Llegados a este punto podemos **realizar una auditoría de seguridad** en los sistemas informáticos del aula, con el siguiente **plan de auditoría (punto 1)**:

Pruebas de auditoría: comprobación de:

✓ **Seguridad física** (acceso físico al equipo, biometría, control de temperatura, otras medidas de prevención, incendios, inundaciones, etc.) (Capítulo 2).

✓ **Seguridad lógica** (acceso al sistema, contraseña de BIOS y sistema operativo, opciones posibles sobre archivos y carpetas, grado de actualización del sistema operativo y aplicaciones (sobre todo navegadores web) (Capítulo 3).

- ✓ **Análisis malware** (análisis de malware: virus, espías, troyanos, etc.) (Capítulo 4).
- ✓ **Gestión de almacenamiento, copias de seguridad, y restauración**. Periodicidad y gestión de copias de directorios, archivos, drivers, archivos de sistema, configuraciones del sistema y aplicaciones (Capítulo 5).
- ✓ **Seguridad en redes**. Conexión inalámbrica, encriptación y políticas de filtrado mediante cortafuegos (Capítulos 6 y 7).
- ✓ Grado de cumplimiento **LOPD** (privacidad de datos personales) y **LSSICE** (Capítulo 8).

Documentar los resultados (evidencia). Medidas dispuestas actualmente y vulnerabilidades posibles.

Documentar las acciones realizadas en el equipo para ver disponibilidades y técnicas empleadas de seguridad, y resaltar las deficiencias.

Propuesta de plan de mejora y recomendaciones de uso del equipo. (contraseñas, copias de seguridad, periodicidad de cambios y análisis del sistema).

TEST DE CONOCIMIENTOS

1 ¿Cuál es el estándar ISO en materia de auditoría de sistemas de información?

- **a)** ISO 9001.
- **b)** ISO 27000.
- **c)** ISO 27002.
- **d)** ISO 27001.
- **e)** COBIT.

2 ¿Y el estándar de buenas prácticas en materia de seguridad informática?

- **a)** ISO 9001.
- **b)** ISO 27000.
- **c)** ISO 27002.
- **d)** ISO 27001.
- **e)** COBIT.

3 Con respecto al análisis forense:

a) Se realiza siempre a posteriori de detectar vulnerabilidades.

b) Se debe realizar semanalmente.

c) Se realiza tan sólo cuando el sistema de información "ha muerto".

d) Se realiza siempre a priori de detectar vulnerabilidades.

4 Una vez se realiza una auditoría:

a) Si todo se encuentra correcto no es necesario volver a realizar auditorías.

b) Es recomendable volver a realizarlas periódicamente.

c) Es poco probable que todo esté perfecto.

d) Es recomendable volver a realizarlas periódicamente, pero ya no tan exhaustivas.

5 Indica la fase que no es correcta, en una auditoría para un sistema de información:

a) Plan de auditoría.

b) Informe de auditoría.

c) Pruebas de auditoría.

d) Análisis de las medidas correctoras.

e) Plan de mejora.

Índice alfabético

C

D

TECHNIQUES INNOVANTES POUR LA CARACTÉRISATION OPTIQUE MICROSTRUCTURALE DE COUCHES MINCES

Collection
« Sciences et techniques de l'ingénieur »
Directrice de collection : Suzanne Laval
Conseiller scientifique : Olivier Sero Guillaume

Déjà parus

Marc BONNET, *Équations intégrales et éléments de frontière*, 1995
Joseph BAIXERAS, *Les Supraconducteurs*, 1998
Serge VACQUIÉ (sous la direction de), *L'Arc électrique*, 2000
Jean-Marie GEORGES, *Frottement, usure et lubrification*, 2000
Samir BENNACEF et Wolfgang MINKER, *Parole et dialogue homme-machine*, 2001
Evelyne DARQUE-CERETTI et Éric FELDER, *Adhésion et Adhérence*, 2003
Christophe BAILLY et Geneviève COMTE-BELLOT, *Turbulence*, 2003
Léon PERSONNAZ et Isabelle RIVALS, *Réseaux de neurones formels pour la modélisation, la classification et la commande*, 2003
Éric BRINGUIER, *Électrocinétique. Transport de l'électricité dans les milieux matériels*, 2005
– , *Électrocinétique, exercices. Transport de l'électricité dans les milieux matériels*, 2005